Karl Hepfer

Philosophische Ethik

Eine Einführung

Vandenhoeck & Ruprecht

Dr. Karl Hepfer ist Privatdozent an der Universität Erfurt.

Von ihm sind außerdem erschienen:
Die Form der Erkenntnis: Immanuel Kants theoretische Einbildungskraft. Freiburg: 2006
Motivation und Bewertung. Eine Studie zur praktischen Philosophie Humes und Kants. Göttingen: 1997
sowie:
David Hume. Eine Untersuchung der Grundlagen der Moral. Übersetzt und eingeleitet von Karl Hepfer. Göttingen: 2002

Bibliografische Information der Deutschen Nationalbibliothek

Die Deutsche Nationalbibliothek verzeichnet diese Publikation in der Deutschen Nationalbibliografie; detaillierte bibliografische Daten sind im Internet über http://dnb.d-nb.de abrufbar.

ISBN 978-3-8252-3117-0 (UTB)
ISBN 978-3-525-03325-8 (Vandenhoeck & Ruprecht)

Umschlaggestaltung: Atelier Reichert, Stuttgart
Satz: ⊕Hubert & Co., Göttingen
Druck und Bindung: CPI – Ebner & Spiegel, Ulm

ISBN 978-3-8252-3117-0 (**UTB-Bestellnummer**)

UTB

UTB **3117**

Eine Arbeitsgemeinschaft der Verlage

Böhlau Verlag · Köln · Weimar · Wien
Verlag Barbara Budrich · Opladen · Farmington Hills
facultas.wuv · Wien
Wilhelm Fink · München
A. Francke Verlag · Tübingen und Basel
Haupt Verlag · Bern · Stuttgart · Wien
Julius Klinkhardt Verlagsbuchhandlung · Bad Heilbrunn
Lucius & Lucius Verlagsgesellschaft · Stuttgart
Mohr Siebeck · Tübingen
C. F. Müller Verlag · Heidelberg
Orell Füssli Verlag · Zürich
Verlag Recht und Wirtschaft · Frankfurt am Main
Ernst Reinhardt Verlag · München · Basel
Ferdinand Schöningh · Paderborn · München · Wien · Zürich
Eugen Ulmer Verlag · Stuttgart
UVK Verlagsgesellschaft · Konstanz
Vandenhoeck & Ruprecht · Göttingen
vdf Hochschulverlag AG an der ETH Zürich

Inhalt

Dank

Ein besonderer Dank geht an Peter Baumann, Ingrid M. Heinekamp, Christina Heßling, Tobias Mohr und Frederick Patak für ihre Durchsicht des Manuskripts. Ihre vielfältigen Anregungen, Kommentare und Korrekturvorschläge haben sehr dazu beigetragen, den Text klarer und lesbarer werden zu lassen.

1 Allgemeine Einleitung: Der Gegenstand der Untersuchung

1.1 Was ist Ethik?

Die Grundfrage der Ethik ist einfach gestellt. In diesem Punkt unterscheidet sie sich nicht von den anderen großen Fragen der Philosophie. Sie lautet: „Wie soll ich handeln?“ beziehungsweise: „Wie sollen wir handeln?“. Und auch in einem weiteren Punkt besteht Übereinstimmung: Bei der Suche nach einer Antwort wird es schnell kompliziert. Das liegt nicht zuletzt daran, dass uns die einfache Anweisung „handle so!“, von wem auch immer sie kommt und mit welchem Nachdruck sie auch vorgetragen wird, oft nicht zufriedenstellt. Besonders dann, wenn wir annehmen müssen, dass unsere Entscheidungen und Handlungen von größerer Tragweite sein werden, wenn die Situation unübersichtlich ist, oder wenn unsere Entscheidungen in Frage gestellt werden, möchten wir nicht nur wissen, *wie* wir handeln sollen, sondern auch, *warum* gerade so und nicht anders. Wir verlangen nach einer Rechtfertigung. Der Versuch, Gründe für eine Handlungsweise anzugeben, d. h. die Warum-Frage zu beantworten, greift immer auf Prinzipien oder Grundsätze zurück. Und damit sind wir bereits mitten in der Diskussion. Denn unterschiedliche Prinzipien, oder auch schon die unterschiedliche Interpretation eines einzigen Prinzips, führen schnell zu unterschiedlichen Empfehlungen bei sonst gleichen Umständen.

Ethik beschäftigt sich mit der Begründung von Handlungen und Entscheidungen

Die Tatsache, dass sehr viel von den Prinzipien und ihrer Interpretation abhängt, lässt sich gut mit einem Beispiel deutlich machen. Nehmen wir an, wir wollten immer gemäß dem Grundsatz handeln, ausschließlich unser eigenes Interesse zu verfolgen. Folgt aus diesem Prinzip, dass wir auf die Interessen unserer Mitmenschen keinerlei Rücksicht nehmen sollten? Auf den ersten Blick wird man diese Frage vermutlich mit „ja“ beantworten: Schließlich geht es ausschließlich um unsere *eigenen* Interessen und gerade *nicht* um die von anderen Menschen. Doch bei genauerer Betrachtung stimmt es nachdenklich, dass der Erfolg, den wir faktisch mit der Durchsetzung und bei der Verwirklichung unserer Interessen haben, oft beträchtlich größer ist, wenn wir die Interessen von anderen wenigstens soweit beachten, dass wir sie durch unsere Handlungen nicht behindern. Wenn es aber zutrifft, dass wir, um unseren eigenen Interessen mit Erfolg nachgehen zu können, in vielen Fällen auf die Interessen von anderen Menschen achten sollten, was bedeutet das für unser Prinzip? Ist der geringere Erfolg, den wir dadurch haben, dass wir die Interessen anderer ignorieren, darauf zurückzuführen, dass wir einen an sich richtigen Grundsatz falsch interpretieren? Oder ist die paradoxe Feststellung, dass wir, um unsere *eigenen* Interessen durchsetzen zu können, auf die Interessen von *anderen* Rücksicht nehmen müssen, ein Einwand gegen den Grundsatz selbst?

Derartige Fragen, die mit den Prinzipien unserer Handlungen und Entscheidungen zu tun haben, verhandelt die Ethik. Sie ist eine philosophische Disziplin, die versucht, diese Fragen methodisch und systematisch anzugehen, die entsprechenden Gedanken unvoreingenommen gegeneinander abzuwägen und vor allem, ihre Überlegungen mit Argumenten zu begründen.

> Wir können also zunächst festhalten:
> - Die philosophische Ethik reflektiert unser Handeln und untersucht dessen Grundsätze methodisch und systematisch. Sie versucht, Positionen argumentativ zu begründen.

1.2 Warum betreiben wir Ethik?

Doch was veranlasst uns überhaupt, uns auf diese Weise mit unserem Handeln zu beschäftigen? Ganz allgemein gilt sicher, dass die Neugier, aus der heraus wir uns überhaupt theoretisch mit uns selbst und unserer Welt auseinandersetzen, auch hier eine treibende Kraft ist. Neben dieser allgemeinen und eher vagen Motivation gibt es aber auch spezifischere Antriebe. Einer von ihnen wurde bereits erwähnt: das Bedürfnis nach Klarheit, vor allem bei Entscheidungen, die aller Voraussicht nach bedeutende Auswirkungen für unser weiteres Leben oder für andere Menschen haben werden, bei besonders unübersichtlichen Entscheidungen, oder wenn unsere Entscheidungen oder unsere Handlungsweise in Frage gestellt werden. In allen diesen Fällen verwenden wir oft beträchtliche Energien darauf herauszufinden, wie wir entscheiden und handeln sollen und was für die eine und gegen die andere Möglichkeit spricht.

Ein weiteres wichtiges Motiv, vielleicht sogar das wichtigste, entspringt der Einsicht, dass der Mensch seiner Natur nach ein soziales Wesen ist: Von wenigen und eher bizarren Ausnahmen abgesehen, leben wir in Gemeinschaften. Da unsere Wünsche, Ziele und Interessen fast zwangsläufig im Konflikt mit den Wünschen, Zielen und Interessen anderer Menschen stehen, kann das Zusammenleben nur dann gelingen, wenn es verbindliche Verhaltensregeln für alle Beteiligten gibt. Die drastische Alternative formuliert der britische Philosoph Thomas Hobbes (1588–1679) prominent als den erbarmungslosen „Kampf jeder gegen jeden" [Hobbes (1651) Kap. 13]. Tatsächlich ist ein Grundbestand von Regeln in jeder menschlichen Gemeinschaft nachzuweisen. Ob es sich um Sitten, Gebräuche oder Gewohnheitsregeln des Umgangs handelt, oder ob, in größeren und weniger überschaubaren Gesellschaften, zusätzlich kodifizierte Verhaltensnormen hinzukommen, die ihren Ausdruck in Gesetzen finden: Das gemeinsame Ziel ist immer der Versuch, einer unbedachten und rücksichtlosen Verfolgung individueller Interessen auf Kosten der Mitmenschen Grenzen zu ziehen.

Der Mensch ist in seiner Natur ein soziales Wesen

Jede Gemeinschaft benötigt Regeln für den Ausgleich der verschiedenen Interessen

Der Interessenkonflikt zwischen Eigeninteresse und den Regeln des Zusammenlebens motiviert das Nachdenken über Grundsätze unseres Handelns in zweifacher Hinsicht. Zum einen präsentieren sich Regeln uns nicht in derselben Weise wie normale Alltagsgegenstände und müssen erst entdeckt oder „erfunden" werden. Zum anderen ist die Bandbreite an Grundsätzen groß: In verschiedenen Gemeinschaften scheinen oft sehr unterschiedliche Prinzipien zu gelten. Doch gerade in schwierigen Entscheidungssituationen wollen wir Gewissheit und würden uns deshalb gern auf Prinzipien berufen können, an deren Status und Geltung möglichst wenig Zweifel bestehen. Dies gilt für den individuellen Fall ebenso wie für den Umgang verschiedener Gemeinschaften oder Gesellschaften miteinander. Die unreflektierte Affirmation der Grundsätze, die innerhalb der eigenen Gemeinschaft gelten, ist schon deshalb unbefriedigend, weil ihre einzige „Begründung" in diesem Fall in ihrer faktischen Geltung besteht. Und schließlich sei noch auf zwei weitere offensichtliche Fälle hingewiesen, die eine eingehendere Beschäftigung mit den Prinzipien unseres Handelns nahelegen; erstens, wenn es für eine bestimmte Entscheidungssituation *keine einschlägigen Regeln* gibt. Dies ist oft der Fall, wenn neue (technische) Entwicklungen die Grundlagen des Zusammenlebens bedeutend verändern.

Oder aber auch, zweitens, wenn in einer konkreten Situation *mehrere Prinzipien* anwendbar sind, die unter Umständen sogar zu widersprüchlichen Empfehlungen führen.

Halten wir fest: Auf die Frage, warum wir uns methodisch und systematisch mit den Grundlagen unseres Handelns auseinandersetzen sollten, gibt es verschiedene Antworten. Die wichtigsten entspringen

- der Tatsache, dass die Wünsche, Ziele und Interessen von Menschen im Zusammenleben fast zwangsläufig in Konflikt miteinander geraten;
- der Einsicht, dass die Grundsätze, auf die wir unsere Entscheidungen stützen, nicht nur „erfunden" (menschengemacht) sind, sondern sehr wahrscheinlich auch aufgrund zufälliger Faktoren zustande kamen;
- der Feststellung, dass die Berufung auf geltende Grundsätze zu Widersprüchen führen kann oder dass bestimmte Bereiche von den Regeln und Grundsätzen der Gemeinschaft (noch) nicht erfasst werden;
- und schließlich: dem allgemeinen Bedürfnis, unsere Entscheidungen und Handlungen gut zu begründen.

1.3 Vergesellschaftung

Gerade wurde behauptet, der Mensch sei von Natur aus ein soziales Wesen. Diese Behauptung ist nicht nur weitgehend unstrittig, sie hat auch eine lange Tradition in der ethischen Argumentation. Bereits zu Beginn der abendländischen Philosophie formulierte Aristoteles (384–322 v.) in der *Nikomachischen Ethik*: „jeder Mensch lebt von Natur aus in einer Gemeinschaft" [Aristoteles *Nikomachische Ethik* 1097b]. Und etwa zwei Jahrtausende später bemerkte der schottische Philosoph David Hume (1711–1776) mit Nachdruck: „Eine vollkommene Einsamkeit ist vielleicht die schlimmste Strafe, die es für uns geben kann" [Hume (1739/40) 2.2.5.15]. Doch selbst wenn das Bedürfnis nach Gemeinschaft tatsächlich in der Natur des Menschen angelegt ist, so gibt es darüber hinaus einen guten, hiervon unabhängigen Grund für die Vergesellschaftung. Denn offensichtlich stellt der kooperative Zusammenschluss einen Vorteil im Kampf ums Überleben dar: er ermöglicht die gemeinsame Verteidigung gegen äußere Gefahren und bringt durch die Möglichkeit der Arbeitsteilung für alle Beteiligten Vorteile.

Die Kooperationsgewinne sind allerdings nur um den Preis eines Verlusts an persönlicher Freiheit zu haben. Die Unterwerfung unter soziale Regeln, die für ein Zusammenleben unerlässlich sind, beschränkt die Möglichkeit des Einzelnen, jederzeit zu tun, was er will. Im Gegenzug erfüllt sich sein natürliches Bedürfnis nach Gemeinschaft; er gewinnt Sicherheit, Wohlstand und Güter, die sich nur arbeitsteilig herstellen lassen. Außerdem gelangt, wer sich diesen Zusammenhang vor Augen führt, über die Einsicht in die Vorteile einer geregelten Kooperation erneut zu der Frage, nach *welchen* Regeln er sich in seinen Entscheidungen und Handlungen richten soll.

Vergesellschaftung erfordert einen Freiheitsverzicht

1.4 Erkennen und Handeln

Es gibt eine Reihe von Philosophen, die die Beschäftigung mit den Grundsätzen unseres Handelns für die wichtigste philosophische Disziplin überhaupt halten und insbesondere für wichtiger als die Beschäftigung mit den Prinzipien unseres Wissens. So gibt etwa der gerade erwähnte schottische Philosoph David Hume dieser Meinung Ausdruck, wenn er im Untertitel seines *erkenntnistheoretischen* Hauptwerks ausdrücklich ankündigt, hier werde der Versuch unternommen, unser *Handeln* („moral subjects“) zu untersuchen und wiederholt darauf hinweist, dass es dieses Thema sei, das vor allen anderen interessiere [s. z. B. Hume (1739/40) 3.1.1.1]. Auch ein anderer großer Denker, der die *Erkenntnistheorie* um einen revolutionären Gedanken bereichert hat, nämlich Immanuel Kant (1724–1804), ist ein herausragender Verfechter dieser Meinung. In der *Kritik der praktischen Vernunft* (1788), seinem zweiten eigenständigen Werk zur Ethik, widmet er dem Thema einen ganzen Abschnitt. Unter der Überschrift „Von dem Primat der reinen praktischen Vernunft in ihrer Verbindung mit der speculativen“ heißt es dort:

Vorrang der praktischen Philosophie: Untersuchung des Handelns ist wichtiger als die Untersuchung der Erkenntnis

> „Der speculativen Vernunft aber untergeordnet zu sein und also die Ordnung umzukehren, kann man der reinen praktischen gar nicht zumuthen, weil alles Interesse zuletzt praktisch ist, und selbst das der speculativen Vernunft nur bedingt und im praktischen Gebrauche allein vollständig ist.“ [Kant (1788) 1.2.2.3]

Davon, dass Kant den Vorrang unseres Interesses für Handlungszusammenhänge als eine Angelegenheit der theoretischen und praktischen *Vernunft* formuliert, sollte man sich nicht irritieren lassen. Seine Ausdrucksweise ist Folge seines allgemeinen theoretischen Modells, das „Vernunft“ als die höchste Autorität in allen abstrakten Überlegungen anerkennt. „Praktisch“ wird sie, wenn sie sich mit Handlungen beschäftigt, „theoretisch“ ist sie, wenn sie sich auf Erkenntnis bezieht; Kants Theorie findet sich ausführlicher in Abschnitt 5.3.3. Eine kurze Überlegung macht deutlich, dass diese Beurteilung der Ethik auch in der Sache berechtigt ist. Wir müssen uns dazu nur vor Augen führen, dass hinter jeder theoretischen Beschäftigung mit uns selbst und unserer Umwelt letzten Endes ein Handlungsinteresse steht: Selbst die erhebliche Mühe, die wir auf theoretische Grundlagenforschung verwenden, speist sich in letzter Konsequenz aus der Hoffnung, in Zukunft angemessener auf gegebene Verhältnisse reagieren zu können – und uns dadurch das (praktische) Leben einfacher zu machen.

1.5 „Ethik“ und „Moral“

Eng verbunden mit dem Begriff der Ethik ist der Begriff der Moral. Die griechischen Ausdrücke *ĕthos* (ἔθος) und *ēthos* (ἦθος), die unserem Fremdwort „Ethik“ zugrunde liegen, stehen beide für „Gewohnheit“, „Brauch“ und „Sitte“; der zweite Begriff kann sich darüber hinaus auf den „Charakter“ oder auch den „Seelenzustand“ beziehen [vgl. Aristoteles *Nikomachische Ethik* 2.1]. Dieselben Bedeutungen hat auch der Begriff in seiner lateinischen Version, auf die unser Ausdruck „Moral“ zurückgeht: mōs (plural: mōres); hier kann er allerdings zusätzlich „Gesetz“ und „Vorschrift“ bedeuten und nicht nur den „Charakter“, sondern allgemein den „Lebenswandel“ bezeichnen.

Obwohl die antiken Ausdrücke in ihrer Bedeutung eng beieinander liegen – unser umgangssprachlicher Gebrauch trägt dem noch heute Rechnung –, so werden „Ethik“ und „Moral“ in der neueren philosophischen Diskussion oft in Anspruch genommen, um eine in der Sache nützliche Unterscheidung zu treffen. Moral bezieht sich auf *konkrete* Handlungszusammenhänge, Ethik dagegen bezeichnet die Disziplin, die *über* die Moral nachdenkt. So würde man etwa von der ökonomischen Moral sprechen, wenn man die konkreten Entscheidungen und Handlungen von Menschen in wirtschaftlichen Kontexten meint, oder von Alltagsmoral, von juristischer oder medizinischer Moral. Sobald man jedoch über die Ver-

Ethik denkt über Moral nach

haltensmuster von Menschen nachdenkt und nach der *Begründung* alltäglicher, ökonomischer, juristischer oder medizinischer Entscheidungen und Regeln fragt, spricht die Fachdebatte für gewöhnlich von „Ethik". In diesem Sinn werden die Ausdrücke auch in dieser Einführung verwendet.

1.6 Praktische Philosophie und Metaethik

Zwei weitere wichtige Begriffe, die uns in der Fachdebatte oft begegnen, sind „Praktische Philosophie" und „Metaethik". Das Adjektiv „praktisch", ebenfalls mit griechischem Ursprung (πρᾶγμα/*prāgma*, πρᾶχις/*prāxis*: Handlung), bedeutet in diesem Zusammenhang: „auf unser Handeln bezogen"; sein Gegenbegriff „theoretisch" zeigt in der philosophischen Diskussion an, dass es um Fragen des Wissens oder der Erkenntnis geht. In einem weiten Gebrauch ist „Praktische Philosophie" die Überschrift für eine Reihe von Disziplinen, die sich reflektierend mit unserem Handeln beschäftigen. Dazu gehören neben Ethik und Handlungstheorie auch die Politische Philosophie und die Ästhetik. In einem engen Sinn kennzeichnet der Ausdruck oft auch allein die Ethik und die Handlungstheorie.

„praktisch": auf das Handeln bezogen

Der Begriff „Metaethik" besitzt ebenfalls eine enge und eine weite Bedeutung. Im ersten Fall untersucht die Metaethik die Bedeutung moralischer Ausdrücke. Vor allem die analytische Philosophie der Gegenwart versteht den Begriff in dieser Weise. In seiner weiten Bedeutung bezeichnet der Ausdruck die Reflexion über die Methoden, mit denen moralische Sätze begründet werden. Da Begründungs- und Argumentationsformen nicht neutral gegenüber inhaltlichen Aussagen sind, kommt der Metaethik in diesem Fall eine limitierende Funktion für die Ethik zu: Sie stellt fest, welche Begründungen zulässig sind und welche nicht – und schließt damit offensichtlich einige Verfahren und Begründungsstrategien aus.

Metaethik:
- Reflexion über die Bedeutung moralischer Ausdrücke
- Reflexion über die Methoden der Rechtfertigung

1.7 Angewandte Ethik

In den letzten Jahrzehnten hat sich unter der Überschrift „angewandte Ethik" eine eigene Disziplin der praktischen Philosophie etabliert. Der Ausdruck ist ein Sammelbegriff für die reflektierende Beschäftigung mit konkreten Entscheidungen in bestimmten *Bereichen* des Lebens. Vor allem für Medizin, Ökonomie und Ökologie

Die „Angewandte Ethik" stellt Überlegungen für bestimmte Lebensbereiche an

gibt es inzwischen eine stattliche Zahl verschiedener Ansätze, die mit dem Anspruch auftreten, eingeschränkt auf den jeweiligen Bereich philosophische Entscheidungshilfen zu geben. Die entsprechenden Überlegungen werden in dieser Einführung nur eine geringe Rolle spielen. Das hängt damit zusammen, dass die Herangehensweise der angewandten Ethik für die Frage der allgemeinen Begründung von Handlungsgrundsätzen wenig ergiebig ist. Zwar ist der Hinweis berechtigt, dass die philosophische Ethik oft sehr abstrakt ist, so dass es manchmal einiger Überlegung bedarf, um von der theoretischen Reflexion zur Praxis zu gelangen; daraus aber abzuleiten, dass sich Ethik vornehmlich mit Anwendungsproblemen und der Rechtfertigung konkreter Entscheidungen in einzelnen Lebensbereichen beschäftigen sollte, ist vorschnell. Auch wenn es oft schwierig ist, eine Brücke von abstrakten philosophischen Überlegungen zur Alltagserfahrung zu schlagen, so unterscheidet sich die Ethik in diesem Punkt keineswegs von anderen Wissenschaften: Es gibt wohl kaum jemanden, der „konkreten" Ingenieurslösungen vertrauen würde, wenn er annehmen müsste, diese seien nicht im Rückgriff auf eine gut begründete physikalische Theorie gesichert, und sei diese Theorie noch so abstrakt.

Betrachtet man die verschiedenen Lebensbereiche, in denen die „angewandte Ethik" philosophische Hilfestellung verspricht, drängt sich außerdem die Frage auf, ob es tatsächlich verschiedene „Ethiken" für verschiedene Lebensbereiche geben kann. Sollten die ethischen Grundsätze, die den Überlegungen etwa zur Humangenetik zugrunde liegen, tatsächlich andere sein als diejenigen, nach denen in der Ökonomie oder in der Ökologie zu entscheiden ist? Dies wäre eine seltsame Vorstellung, ebenso seltsam wie die Ansicht, dass beim Bergsteigen eine und beim Segeln eine andere Physik gilt. Warum sollte dieser Zusammenhang ausgerechnet in der Ethik außer Kraft sein, also etwa eine „ökologische Ethik" unter anderen Prinzipien stehen als eine „medizinische" oder „ökonomische Ethik"? Verschiedene Untersuchungen, die abseits der Theoriedebatte jeweils nur einen bestimmten Lebensbereich in den Blick nehmen, führen allerdings mit großer Wahrscheinlichkeit zu genau diesem Ergebnis. Deshalb muss der Versuch, ethische Prinzipien zu begründen, auf einer Diskussionsebene stattfinden, auf der die Überlegungen zur angewandten Ethik in der Regel kaum einschlägig sind.

1.8 Aufbau dieser Einführung

Die folgenden Ausführungen teilen sich in sechs Teile. Im Anschluss an diese Einleitung werden im zweiten Abschnitt zentrale Begriffe der Fachdebatte vorgestellt; damit wird gleichzeitig ein erster thematischer Überblick gegeben. Der dritte Abschnitt untersucht die verschiedenen Thesen, von denen das Nachdenken über Ethik seinen Ausgang nimmt. Diese Thesen ergeben sich aus der weitgehend unstrittigen Minimaldefinition des Menschen als einem *sozialen* Wesen, das sowohl von *Gefühlen* als auch von *Vernunft* geleitet wird. Der Exkurs des vierten Abschnitts betrachtet die Möglichkeiten und Grenzen ethischer Rechtfertigung. Anschließend geht es um wirkungsreiche historische Theorien, die bis heute in der Diskussion präsent sind. Ordnungskriterium dieses Abschnitts ist wiederum das Merkmal, das die jeweilige Argumentation maßgeblich bestimmt: der *soziale* Aspekt, *Emotionen* oder die *Vernunft*. Selbstverständlich ist diese Einteilung nur eine grobe Orientierungshilfe und weit davon entfernt, trennscharf und eindeutig zu sein. Der letzte Teil des Haupttextes betrachtet eine Reihe von Theorien, die sich anhaltender Popularität erfreuen, bei genauerer Betrachtung allerdings derart große Schwächen offenbaren, dass sie nicht in die engere Wahl für eine seriöse Rechtfertigung ethischer Prinzipien kommen können. Ergänzt wird der Haupttext durch Übungsaufgaben (Abschnitt 7), einige Übersichtstabellen (Abschnitt 8), ein Literaturverzeichnis und Hinweise auf weiterführende Literatur (Abschnitt 9) und ein Glossar, das die wichtigsten Fachbegriffe erläutert (Abschnitt 10). Zitiert wird nach den gebräuchlichen Konventionen; das bedeutet für Werke älteren Datums manchmal die Angabe von Paragrafen- und Abschnittsnummern oder Ähnlichem anstelle einer Seitenzählung: Die Zitate können damit unabhängig von der jeweils verwendeten Ausgabe, etwa über Angaben in den Marginalien, leicht aufgefunden werden. Verschiedene Titel ein und desselben Autors erschließen sich anhand der Jahreszahlen über das Verzeichnis in Abschnitt 9.1.

1.9 Zum Umgang mit dem Text

Wer von der Philosophie letzte Antworten erwartet, wird in den meisten Fällen enttäuscht. Dies gilt auch für die philosophische Ethik. Ein nicht geringer Teil des Philosophierens besteht darin, verschiedene mögliche Antworten gründlich zu durchdenken und ihr Für und Wider gegeneinander abzuwägen, um zu einer gut begründeten eigenen Meinung zu gelangen. Diese Einführung versucht dabei zu helfen, indem sie das Thema systematisch und im Überblick darstellt. Dennoch kann sie das Studium der Originaltexte und die aktive Auseinandersetzung nicht ersetzen. Ebensowenig kann sie „letzte Antworten" geben. Sie soll vielmehr den Einstieg in das Thema erleichtern und eine Anregung sein, sich selbständig und eingehender mit ihm zu beschäftigen.

Fragen

- Warum ist die Frage der Begründung von Entscheidungen und Handlungen von zentraler Bedeutung, wenn wir wissen wollen, wie wir handeln sollen?
- „Gut ist nur das, was mir selbst nützt": Nennen Sie mögliche Schwierigkeiten dieses Handlungsgrundsatzes!
- Ist die Forderung nach freiem Zugang zu Informationen als Grundlage ethischen Handelns bereits selbst eine Forderung der Ethik? Begründen Sie ihre Antwort!
- Welche Einzelheiten einer Situation müssen bekannt sein, um eine kompetente ethische Entscheidung treffen zu können? Überlegen und begründen Sie!

2 Grundlagen und Schlüsselbegriffe

Dieser Abschnitt stellt einige der grundlegenden Begriffe, Gedanken und Probleme vor, mit denen sich jede philosophische Ethik auseinandersetzen muss. Dazu gehört die Frage nach den Adressaten und dem Anwendungsbereich ethischer Prinzipien, der Unterschied zwischen deskriptiven und normativen Aussagen und das Problem der menschlichen Freiheit. Dazu gehören ebenfalls Fragen nach dem „Guten", nach der Motivation zu ethischen Handlungen und der Gerechtigkeit. Bei den im folgenden vorgestellten Unterscheidungen, Begriffen und Themen handelt es sich selbstverständlich um eine Auswahl. Auch ist die Argumentationstiefe zwangsläufig begrenzt. Wer wichtige Themen vermisst, sei deshalb daran erinnert, dass der Überblickscharakter einer Einführung Vollständigkeit von vornherein ausschließt. Die aristotelische Einsicht, „in jedem einzelnen Gebiet nur so viel Präzision zu verlangen, als es die Natur des Gegenstandes zulässt" [Aristoteles *Nikomachische Ethik* 1094b], mag manchmal etwas restriktiv gehandhabt worden sein, andererseits zwingen schon die progressive Vermehrung der Literatur in den letzten Jahrzehnten und die fortschreitende Ausdifferenzierung von Positionen zur rigorosen Beschränkung. Wem aufgrund des breiten Themenspektrums gelegentlich der „rote Faden" verloren geht, der sei auf den fünften Abschnitt verwiesen, in dem die Schlüsselbegriffe und Grundgedanken auf unterschiedliche Weise in einen Zusammenhang gebracht werden.

2.1 Die Adressaten ethischer Überlegungen

An wen wendet sich die Ethik, für wen gelten ihre Überlegungen? Die eingangs formulierte Grundfrage der Ethik, „Wie sollen wir handeln?", scheint eine einfache Antwort nahezulegen: „an Menschen". Doch diese naheliegende Auskunft benötigt wenigstens eine Erläuterung. Wendet sie sich an *alle* Menschen, oder nur an *einige*? Oder geht es am Ende sogar nur um den Einzelnen, d.h. nur darum, die Frage zu beantworten: „Wie soll *ich* handeln?"

Beginnen wir mit der letzten Frage: Eine der wichtigen Motivationen für die theoretische Auseinandersetzung mit den Grundsätzen unseres Handelns besteht zwar darin, dass der Einzelne für sich eine Orientierung in schwierigen Entscheidungssituationen sucht. Dennoch sind wir in aller Regel nicht der Meinung, Handlungsprinzipien hätten nur für uns selbst Gültigkeit. Im Gegenteil: Die Suche nach Grundsätzen und der Versuch, eine bestimmte Entscheidung oder Handlung durch sie argumentativ abzusichern und zu begründen, zielt darauf, Entscheidungen zu treffen, die auch für andere verständlich, nachvollziehbar und gültig sind. Wir wollen nach Grundsätzen handeln, nach denen sich andere Menschen in ähnlichen Situationen ebenfalls richten können. Und sind wir von einer Begründung überzeugt, fordern wir ein entsprechendes Verhalten auch von anderen Menschen in vergleichbaren Situationen ein. Damit richten sich ethische Überlegungen offensichtlich bereits an mehrere Personen. Diese Behauptung ist unproblematisch.

Wie weit reichen ethische Prinzipien?

Strittig ist allerdings die Frage der tatsächlichen Reichweite ethischer Grundsätze. Der Streit bewegt sich zwischen zwei Positionen, die beide nicht nur in der Geschichte der Philosophie ernsthaft vertreten wurden, sondern bis heute die Diskussion bestimmen. Auf der einen Seite stehen diejenigen, die behaupten, ethische Grundsätze seien *universell* oder allgemeingültig, d.h., sie seien unabhängig von Zeit, Ort oder besonderen Umständen für *alle* Menschen gleichermaßen gültig. Auf der anderen Seite stehen diejenigen, die diesen Anspruch für überzogen halten und behaupten, ethische Grundsätze seien *relativ.* Die Verbindlichkeit ethischer Prinzipien hängt für Vertreter dieser Position von einem (gemeinsamen) kulturellen, historischen oder weltanschaulichen Hintergrund ab. Der ethische Relativismus räumt also ein, dass in verschiedenen Gemeinschaften unterschiedliche ethische Prinzipien gelten können, ohne dass eine Position der anderen vorzuziehen wäre. Der Unterschied zwischen *Universalisten* und *Relativisten* lässt sich an der Diskussion um die „Menschenrechte“ veranschaulichen. Universalisten behaupten, es gebe solche Rechte, sie seien allgemein und unveräußerlich und jeder Mensch besitze sie in seiner Eigenschaft als Angehöriger der Gattung homo sapiens. Dagegen wenden Relativisten ein, dass dieser Gedanke Ergebnis einer bestimmten geistesgeschichtlichen Entwicklung sei. So könne die Kenntnis dieser Entwicklung die Vorstellung der Menschenrechte zwar verständlich machen, doch die ausdrückliche Anbindung an einen solchen Entstehungskontext offenbare auch bereits die Schwachstelle dieser

► Universalismus
► Relativismus

Vorstellung: Wer einer anderen Kultur angehört, der muss den Glauben an Menschenrechte nicht teilen, eben *weil* er einer anderen Kultur mit einer unterschiedlichen Tradition angehört. Die an den Relativisten gerichtete Aufforderung des Universalisten, „Menschenrechte" einzuhalten, muss deshalb ins Leere laufen; denn der Einwand des Relativisten richtet sich schließlich nicht gegen einzelne dieser Rechte, sondern zielt auf die Vorstellung der Menschenrechte insgesamt. Er bestreitet schlicht, dass es Rechte gibt, die für alle Menschen gleichermaßen gelten.

Halten wir fest: Die Frage nach der Reichweite ethischer Überlegungen berührt einen zentralen Punkt der Ethik. Gelten die Grundsätze unseres Handelns *universell*, für alle Menschen und unabhängig von besonderen Umständen, oder gelten sie bestenfalls *relativ* zu einer Gruppe von Menschen? Es liegt nahe, dass es erhebliche Auswirkungen auf die Art und Weise der Rechtfertigung und die Last der Begründung haben wird, welche Antwort hier gegeben wird.

Die Diskussion bewegt sich im Wesentlichen zwischen zwei Positionen:

- dem *Universalismus*. Er behauptet: Ethische Grundsätze sind für *alle* Menschen gleichermaßen verbindlich, unabhängig von Zeit, Ort oder besonderen Umständen;
- und dem *Relativismus*. Er behauptet: Ethische Grundsätze gelten jeweils nur für eine Gruppe von Menschen, die sich über einen gemeinsamen (kulturellen, historischen, weltanschaulichen oder religiösen) Hintergrund definiert.

2.2 Anwendungsbereich

Eine Frage, die leicht mit der Frage nach den Adressaten ethischer Forderungen zu verwechseln ist, ist die nach ihrem *Anwendungsbereich*. Auf wen erstreckt sich die Ethik? Sind ethische Grundsätze nur im Umgang mit unseren Mitmenschen einschlägig, oder auch im Umgang mit Tieren, beziehungsweise mit unserer Umwelt allgemein? Hier gibt es, nicht zuletzt aufgrund der Debatten der „angewandten Ethik", weit auseinandergehende Auffassungen. Dennoch besteht wenigstens in einem Punkt Einigkeit: Ihr Anwendungsbereich ist auf jeden Fall der gesellschaftliche Umgang, denn als ein von Natur aus soziales Wesen ist der Mensch für ein fruchtbares Zusammenleben auf ethische Regeln angewiesen.

Mögliche Gründe dafür, uns auch Tieren gegenüber ethisch zu verhalten:
- Als höher entwickelte Spezies trägt der Mensch eine besondere Verantwortung;
- das Verhalten gegen Tiere hat Folgen für den Umgang mit Menschen

Für die Ansicht, ethische Überlegungen seien auch im Hinblick auf unseren Umgang mit Tieren oder unsere gesamte Umwelt einschlägig, werden verschiedene Überlegungen angeführt. Zu den überzeugenderen gehören die folgenden. Erstens: Zu einem ethischen Verhalten gegenüber Tieren sollte uns bereits die Tatsache anhalten, dass Tiere leidensfähige Wesen und wir die „überlegene" Spezies sind. Obwohl keine Gegenseitigkeit zu erwarten ist – der Tiger verschont uns nicht deshalb, weil wir ihn verschonen –, verpflichten uns bereits unsere Einsichtsfähigkeit, unsere Vorstellungskraft und unser Einfühlungsvermögen, anderen empfindungs- und vor allem leidensfähigen Wesen wenigstens nicht mutwillig zu schaden. Denn *wir* wissen, was es heißt, Schmerzen zu empfinden, ebenso wie wir erkennen können, wann und womit wir sie anderen Lebewesen zufügen. Zweitens: Es steht zu vermuten, dass unser Verhalten gegenüber Tieren Auswirkungen auf unser Verhalten unseren Mitmenschen gegenüber hat: Wer Tiere quält, verliert unter Umständen auch die Hemmungen gegenüber Menschen.

ethisches Verhalten gegenüber unserer Umwelt und das kollektive Eigeninteresse des Menschen

Will man begründen, warum die Beachtung ethischer Prinzipien im Umgang mit unserer übrigen Umwelt angebracht ist, bedarf es anderer Überlegungen, denn hier geht es nicht (vorrangig) um leidensfähige Wesen, denen wir durch Gedankenlosigkeit oder sogar absichtlich Schaden zufügen. Eine prominente Strategie ist es deshalb, auf das wohlverstandene Eigeninteresse des Menschen zu verweisen: Ein Schaden für die Umwelt wird am Ende ein Schaden auch für uns selbst sein, denn wir werden entweder unter den schädlichen Folgen unseres unbedachten Handelns leiden oder sie mit erheblichem Aufwand reparieren müssen. Und selbst wenn wir dies für die eigene Person und unsere unmittelbare Umgebung mit einiger Sicherheit ausschließen können, gilt dies nicht unbedingt für unsere Kinder und Enkel, für Menschen in anderen Teilen der Welt, oder auch für andere empfindungsfähige Wesen. Sofern deren Wohl uns nicht vollkommen gleichgültig ist, gäbe es also auch hier einen guten Grund für ethisches Verhalten. Um es zusammenfassen:

An ethische Prinzipien halten wir uns zwar in erster Linie im Umgang mit unseren Mitmenschen, dennoch gibt es eine Reihe von Gründen, die es plausibel erscheinen lassen, sie über diesen Bereich hinaus auszudehnen. Einige sind:

- gegenüber Tieren: die besondere Verantwortung als höher entwickelte Spezies und die möglichen Folgen für das Verhalten unseren Mitmenschen gegenüber;
- gegenüber unserer Unwelt: das (kollektive) Eigeninteresse.

2.3 Philosophische Ethik – eine normative Wissenschaft

Die philosophische Ethik unterscheidet sich in einem zentralen Punkt von fast allen anderen Wissenschaften. Sie ist ausdrücklich eine *normative* oder *präskriptive* Disziplin. Das bedeutet, ihre Grundsätze treten uns als Forderungen gegenüber. Die Art und Weise, wie wir mit den Behauptungen der Ethik einerseits und den Behauptungen anderer Wissenschaften andererseits umgehen, verdeutlicht den Unterschied. Denn prinzipiell gibt es zwei Reaktionsmöglichkeiten, wenn ein behaupteter Sachverhalt nicht vorliegt: Entweder macht man die Behauptung verantwortlich oder aber die Zustände der Welt. Im ersten Fall handelt es sich um eine *deskriptive*, d.h. um eine beschreibende Aussage: Wenn nicht zutrifft, was in ihr behauptet wird, dann erfasst sie die Wirklichkeit falsch und wir ändern sie entsprechend. Von dieser Art sind die Behauptungen und Sätze der meisten Wissenschaften, etwa: „die Erde ist eine Scheibe" oder „Koalas sind keine Beuteltiere". Im zweiten Fall dagegen handelt es sich um eine *präskriptive*, eine vorschreibende Aussage. Wenn Aussage und Weltzustand nicht übereinstimmen, geben wir der Wirklichkeit die Schuld, halten an der Aussage fest, und versuchen die Verhältnisse so zu ändern, dass sie der „Norm" genügen, die in der jeweiligen Aussage formuliert wird. Von dieser Art sind die Sätze der Ethik, etwa: „du sollst nicht lügen" oder „es ist verboten, andere Menschen zu töten". Wenn wir also versuchen, die Frage „wie sollen wir handeln?" zu beantworten, fragen wir offensichtlich danach, wie die Welt sein *sollte*, nicht danach, wie sie ist. In fast allen anderen Wissenschaften dagegen geht es darum, zu ermitteln, wie die Welt *ist*.

deskriptiv und präskriptiv

Ethik fragt danach, wie die Welt sein *sollte*, und nicht danach, wie sie ist

Dennoch: Lassen sich die Verhaltensgrundsätze von Menschen nicht genauso gut nur beschreiben, und kann Ethik nicht auf dieselbe Weise betrieben werden wie die überwiegende Mehrheit der Wissenschaften auch? In Grenzen scheint dies in der Tat möglich zu sein. Allerdings lässt sich so die Frage, wie wir handeln *sollen*, eben nicht beantworten. Eine Antwort – wie auch immer sie letztlich

Kann es eine deskriptive Ethik geben?

ausfallen mag – kann hier in keinem Fall in einer Beschreibung bestehen! Deshalb ist das Unterfangen einer „deskriptiven Ethik", einer Beschreibung der Handlungsgrundsätze, an denen Menschen sich tatsächlich orientieren, ein Unternehmen nicht der Philosophie, sondern empirischer Wissenschaften wie der Soziologie, der Anthropologie, der Ethnologie oder der Psychologie. So gut diese Wissenschaften auch darin sein mögen, Gesetze zur Beschreibung menschlichen Verhaltens zu *finden*, Vorschriften *begründen* können sie nicht.

2.3.1 Humes Gesetz

Die Feststellung, dass eine „deskriptive Ethik" wenig – wenn überhaupt etwas – mit der philosophischen Ethik zu tun hat, geht darauf zurück, dass sich aus einer Beschreibung keine Vorschriften ableiten lassen. Diese Behauptung ist in der Fachdiskussion als *Humes Gesetz* bekannt, denn es war der schottische Philosoph David Hume, der als erster ausdrücklich und mit großer Klarheit auf diesen Zusammenhang hinwies und klarstellte: Aus deskriptiven Aussagen können unter keinen Umständen (berechtigt) normative Aussagen abgeleitet werden. In seiner *Abhandlung über die menschliche Natur* (*A Treatise of Human Nature: Being an Attempt to Introduce the Experimental Method of Reasoning Into Moral Subjects*) von 1739/40 schreibt er:

> „Noch in jeder Ethik, der ich bis jetzt begegnet bin, ist mir jedesmal aufgefallen, dass der Verfasser für eine Weile ganz normal seinen Überlegungen nachgeht und die Existenz Gottes bestätigt oder Beobachtungen anstellt über die menschlichen Angelegenheiten; wenn ich plötzlich voller Überraschung feststelle, dass mir anstelle der üblichen Verbindungswörter von Aussagen, *ist* und *ist nicht*, keine Aussage mehr begegnet, die nicht durch ein *sollte*, oder *sollte nicht*, verbunden ist. Dieser Übergang ist nicht wahrzunehmen, aber doch von größter Wichtigkeit. Denn weil dieses *Sollte* oder *Sollte nicht* eine neue Verbindung oder Behauptung ausdrückt, ist es nötig dass sie beachtet und erklärt wird; und dass gleichzeitig ein Grund für etwas angegeben wird, was ganz und gar unglaublich scheint, nämlich wie diese neue Verbindung von anderen abgeleitet werden kann, die vollkommen verschieden von ihr sind." [Hume (1739/40) 3.1.1.27]

Auf die *Diagnose*, dass der Übergang von deskriptiven Sätzen zu normativen in der ethischen Diskussion oft nicht hinreichend gekennzeichnet ist, folgt in der zitiertenPassage zunächst der *Hinweis*, dass der Wechsel von Beschreibungen zu Vorschriften nicht trivial

Aus Beschreibungen können keine Vorschriften abgeleitet werden

und durchaus erklärungsbedürftig ist, bevor Hume diese Passage endlich mit der *Pointe* beschließt, die sie berühmt gemacht hat: Aus Beschreibungen können keine Vorschriften folgen.

Im Lauf der Philosophiegeschichte hat es immer wieder Versuche gegeben, die Falschheit dieser Behauptung nachzuweisen, bevorzugt anhand von Beispielen. Das Ziel derjenigen, die versuchen, die Gültigkeit von „Humes Gesetz" in Zweifel zu ziehen, ist selbstverständlich, wenigstens *eine Beschreibung* zu finden, aus der tatsächlich eine *Vorschrift* folgt. Manchmal gelingt dies auch auf eine zunächst überzeugende Weise, und erst bei der genaueren Untersuchung stellt sich dann heraus, dass die anfängliche Plausibilität auf einer unzulässigen Strategie beruht: Ausnahmslos jedes Beispiel, das die Gültigkeit von „Humes Gesetz" überzeugend in Frage zu stellen scheint, verwendet bereits auf der Seite der Beschreibung *normative* Ausdrücke, und zwar bevorzugt solche, deren normativer Gehalt nicht sofort zu erkennen ist. So formulieren viele Beschreibungen bereits verdeckt bestimmte Erwartungen an diejenigen, auf die sie angewendet werden: Von einem Kapitän wird erwartet, dass er zum Führen eines Schiffes in der Lage ist, von einer Vegetarierin nimmt man an, dass sie auf Fleisch verzichtet. Es ist deshalb nicht schwer, aus der jeweiligen Beschreibung etwa darauf zu „schließen", dass jemand beim Steak nicht herzhaft zulangen *sollte* oder in der Lage sein *müsste*, Back- und Steuerbord zu unterscheiden. *So* kann tatsächlich leicht aus einer Beschreibung eine Vorschrift „abgeleitet" werden. Ein stichhaltiger Einwand gegen „Humes Gesetz" kommt aber weder auf diese noch auf andere Weise zustande.

2.3.2 Exkurs: die logische Struktur von Argumenten

Dass es sich wirklich so verhält, wie Hume behauptet, lässt sich mit einen kurzen Exkurs zur logischen Struktur von Argumenten verdeutlichen. Argumente bestehen in aller Regel aus mehreren Voraussetzungen (Prämissen), die nach bestimmten Regeln miteinander zu einer Schlussfolgerung (Konklusion) verknüpft werden. Entscheidend dabei ist, dass die Konklusion eines schlüssigen Arguments, d.h. eines Arguments, in dem wahre Prämissen nach den Regeln der Logik korrekt zu einer Schlussfolgerung verbunden werden, nichts enthalten kann, was nicht wenigstens in einer der Prämissen bereits formuliert ist. Betrachten wir zur Verdeutlichung dieses Zusammenhangs ein einfaches Beispiel:

1. Prämisse	Alle Waschbären sind reinlich.
2. Prämisse	Winfried ist ein Waschbär.
Konklusion	Winfried ist reinlich.

Dieses Argument ist logisch korrekt, der Übergang von den Prämissen zur Konklusion folgt gültigen Verknüpfungsregeln. Das bedeutet: Sofern die Prämissen wahr sind, ist jedes Argument, das diese Form hat, schlüssig, so dass seine Konklusion zwingend einen wahren Sachverhalt behauptet.

Anders dagegen sieht es aus, wenn, ohne dass sich etwas an den Prämissen ändert, in der Konklusion statt des Prädikats „reinlich" etwa plötzlich das Prädikat „intelligent" auftritt. Denn in diesem Fall wäre das Argument bereits aus *formalen* Gründen falsch: Sein Schlussmechanismus verstieße gegen die Regeln der Logik, weil in der Konklusion ein Prädikat erscheint, von dem in den Prämissen nicht die Rede war. Wenn dagegen zusätzlich zur Änderung des Prädikats in der Konklusion auch das Prädikat in den Prämissen geändert wird, so wird das Argument zwar wieder *formal* richtig, weil die Schlussfolgerung nichts enthält, was nicht schon in den Voraussetzungen enthalten wäre. Doch dafür ist es nun nicht mehr schlüssig, weil wenigstens eine seiner Prämissen falsch ist: Intelligenz ist, anders als Reinlichkeit, keine Eigenschaft, die wir mit Waschbären in Verbindung bringen. Das Argument ist nun aus inhaltlichen und nicht mehr aus formalen Gründen zurückzuweisen.

Was geschieht bei Änderungen:
(1) des Prädikats in den Prämissen?
(2) des Prädikats in den Prämissen und der Konklusion?

„Humes Gesetz" folgt diesem Muster. Wenn es gegen Ende der zitierten Passage heißt, dass „es ganz und gar unglaublich erscheint", dass aus Prämissen, in denen kein normatives Prädikat enthalten ist, berechtigterweise eine normative Schlussfolgerung gezogen werden könne, weist Hume damit darauf hin, dass alle entsprechenden Argumente bereits aus *formalen* Gründen zurückgewiesen werden müssen. Der Sache nach ist seine Formulierung sogar noch zu zurückhaltend: anstatt zu behaupten, dass die Ableitung normativer aus deskriptiven Eigenschaften „ganz und gar unglaublich *scheint*", könnte er tatsächlich behaupten, dass sie es *ist*. Und das ist wohl auch das, was er meint. Jedenfalls ist sein „Gesetz" weder durch Beispiele noch auf andere Weise zu widerlegen – es sei denn, man wollte die Regeln der Logik in Frage stellen. Wer einen verdeckt normativen Ausdruck in den Prämissen unterbringt, um durch ein Gegenbeispiel nachzuweisen, dass „Humes Gesetz" falsch ist, argumentiert offensichtlich an Hume vorbei. Der Feststellung, dass auch in der Prämissenmenge mindestens ein „Sollen", „Nichtdürfen" oder ähnliches vorhanden sein muss, wenn man eine normative Konklusion erhalten will, könnte Hume dagegen ohne Einschränkungen zustimmen. Halten wir an dieser Stelle fest:

> „Humes Gesetz":
> ► Aus deskriptiven Aussagen können keine präskriptiven Aussagen abgeleitet werden.

2.3.3 Der naturalistische Fehlschluss (G. E. Moore)

Humes Gesetz wird in der modernen Diskussion häufig mit dem sogenannten „naturalistischen Fehlschluss" gleichgesetzt. Der Ausdruck geht auf den englischen Philosophen George Edward Moore (1873–1958) zurück. Er hatte ihn in seinem ethischen Hauptwerk (*Principia Ethica*; 1903) zur Kennzeichnung eines Problems verwendet, das thematisch zwar in engem Zusammenhang mit Humes Überlegung steht, sich allerdings von dessen Behauptung in wenigstens einem wichtigen Punkt unterscheidet. Das Hauptanliegen Moores in den *Principia Ethica* war die Suche nach einer Definition des Wortes „gut". Sie endete dort mit der Tautologie: „gut ist gut". Damit verlieh Moore seiner Ansicht Nachdruck, dass es sich bei „gut" um einen undefinierbaren und nicht weiter zu analysierenden „Gegenstand" handelt. Die etwas befremdlich klingende Ansicht, wir hätten es hier mit einem *Gegenstand* zu tun, geht darauf zurück, dass Moore erklärter Anhänger eines realistischen Ansatzes war, d. h. er vertrat – nicht nur in der Ethik – eine Position, die sich auf eine Reihe gehaltvoller Annahmen stützt, und die ihn in diesem Zusammenhang von „Gegenständen" sprechen lässt. In diesen Hintergrundannahmen besteht die entscheidende Differenz zwischen dem „naturalistischen Fehlschluss" und Humes Gesetz: Zwar geht es beiden Denkern darum, auf die kategoriale Verschiedenheit beschreibender und vorschreibender Ausdrücke aufmerksam zu machen. Doch Hume formuliert diesen Gedanken eben nicht als Ausdruck einer voraussetzungsreichen und umstrittenen Theorie. Für Moore dagegen ist es entscheidend, dass der nicht-natürliche *Gegenstand* „gut" sich nicht auf *Gegenstände* reduzieren lässt, wie sie in der Natur vorkommen. Aus diesem Grund ist der Versuch, „gut" in natürlichen Kategorien zu erfassen, für ihn ein „naturalistischer" Fehlschluss oder Irrtum (*fallacy*). Diejenigen, die „Humes Gesetz" mit Moores „naturalistischem Fehlschluss" gleichsetzen, übersehen oft, dass Moore seine Ansicht auf der Grundlage einer gehaltvollen

Der „naturalistische Fehlschluss" ist voraussetzungsreicher als „Humes Gesetz" und problematischen Theorie formuliert, „Humes Gesetz" dagegen keinen speziellen theoretischen Rahmen voraussetzt. Es empfiehlt sich daher, die beiden Positionen in der Argumentation auseinanderzuhalten.

2.3.4 Werte und Tatsachen

Wie trennscharf ist die Unterscheidung zwischen deskriptiven und präskriptiven Aussagen?

Bisher wurde vorausgesetzt, deskriptive und normative Aussagen, Beschreibungen und Vorschriften, ließen sich tatsächlich klar voneinander trennen. Doch ist dies tatsächlich so? Um dieser Frage auf den Grund zu gehen, betrachten wir am besten kurz die Behauptung eines einflussreichen Vertreters dieser Unterscheidung, des deutschen Sozialtheoretikers Max Weber (1854–1920). Weber vertrat um die vorletzte Jahrhundertwende mit Nachdruck die These, dass *Werte* und *Tatsachen* vollkommen unabhängig voneinander seien. Seine Terminologie lässt sich problemlos auf die hier verwendete beziehen: Werte sind die Voraussetzung für *präskriptive Aussagen*, denn ohne die *wertende* Abstufung verschiedener Optionen gibt es keinen Grund für Vorschriften. Tatsachen dagegen *beschreiben* Verhältnisse, sind also das Korrelat deskriptiver Aussagen. Wenn man der bis heute vielfach vertretenen These Webers folgt, dann ist die Formulierung von Tatsachen ohne den Bezug auf Werte möglich. Auch der verbreiteten Einteilung der Wissenschaften in Geistes- und Naturwissenschaften, die auf den Neukantianismus des späten 19. und frühen 20. Jahrhunderts zurückgeht, liegt die Differenz zwischen Werten und Tatsachen zugrunde. In den Geisteswissenschaften, so die entsprechende Behauptung, geht es um Absichten von Menschen, um Sinnfragen und eben um *Werte*; in den Naturwissenschaften dagegen geht es um „harte" *Tatsachen*, um Aussagen, die frei von Werten sind. Auch wenn es naheliegend ist, die Unterscheidung von Werten und Tatsachen in dieser Weise auf die Einteilung der Wissenschaften in Geistes- und Naturwissenschaften zu beziehen, so ist die Korrelation nicht zwingend; eine gewisse Vorsicht in der Sache ist deshalb angebracht.

Doch ist die im Gefolge der weberschen Unterscheidung behauptete Neutralität von Tatsachen gegenüber Werten durchzuhalten? Ein erster Zweifel daran entspringt dem Gedanken, dass sich alle (empirischen) Gegebenheiten unter verschiedenen Gesichtspunkten betrachten lassen. Das Glas kann halb voll oder aber halb leer sein. Und es ist nicht klar, ob es sich bei diesen beiden Betrachtungsweisen um nur *eine* Tatsache oder um *zwei verschiedene* Tatsachen handelt. Dies lässt sich nur beantworten, wenn wir uns über unsere Absichten klar werden: Was wollen wir in diesem Zusammenhang wissen? Und dazu müssen wir *bewerten*, was uns in diesem Zusammenhang wichtig ist. Interessiert uns ein physikalischer Zusammenhang, ein psychologischer, oder ein linguistischer? Im ersten Fall macht es vermutlich keinen allzu großen Unterschied, welche Formulierung wir für den Füllzustand des Glases wählen, und wir wären geneigt, hier von nur einer Tatsache zu sprechen. Unter psychologischen oder linguistischen Vorzeichen dagegen ist die Angelegenheit im besten Fall unklar: Hier kann es von großer Bedeutung sein, ob wir uns über halb volle oder halb leere Gläser unterhalten. Wenigstens in diesem schwachen Sinn sind vermeintlich wertfreie „Tatsachen"-Behauptungen also von „Werten" oder normativen Entscheidungen abhängig. Der Zweifel daran, dass sich die Unterscheidung trennscharf durchhalten lässt, verstärkt sich noch, wenn wir uns vor Augen halten, dass sich alle Wissenschaften an grundlegenden Maßstäben orientieren. Das heißt, wissenschaftliche Aussagen *sollen* einem Standard oder einer Norm genügen: Sie *sollen* „wahr" oder „rational" sein. Damit werden Tatsachenbehauptungen auch in dieser Beziehung von Werten beeinflusst. Der wesentliche Unterschied zwischen den Tatsachen-Aussagen – etwa in den Naturwissenschaften – und den normativen Aussagen der Ethik besteht wohl darin, dass die Ethik Normativität ausdrücklich als ein definierendes Merkmal ihres Gegenstandsbereichs anerkennt, während in den Naturwissenschaften Normativität ein regulatives Moment der Theoriebildung ist, das oft uneingestanden bleibt.

„Werte" in den „harten" Wissenschaften

2.3.5 Geboten, verboten, freigestellt

Die Normativität ethischer Aussagen artikuliert sich in zwei Arten von Vorschriften, negativen und positiven, Ge- und Verboten. Diese Einteilung ist allerdings nicht vollständig. Ein Beispiel: Man kann zwar durchaus der Meinung sein, auch jede Alltagsentscheidung wie etwa die, ob man zum Frühstück Tee oder Kaffee trinken soll, müsse einer *ethischen* Überprüfung standhalten können. Dennoch bedeutet dies nicht, dass das Ergebnis einer solchen Überprüfung zwangsläufig entweder in einem Gebot oder einem Verbot besteht. Es ist gut möglich – und bei den meisten Entscheidungen des täglichen Lebens wohl tatsächlich auch der Fall –, dass es in *ethischer* Hinsicht keinen Unterschied macht, für was wir uns hier entscheiden. Die Handlung ist ethisch neutral und damit freigestellt.

Der Sache nach ist die Dreiteilung unserer Entscheidungen und Handlungen in gebotene, verbotene und freigestellte nicht trivial. Denn die Aufteilung in drei Klassen ist der Grund dafür, dass sich aus der Negation von Geboten nicht einfach die Verbote ergeben und umgekehrt. Eine Theorie, die es unternimmt, das ethisch *Gebotene* zu ermitteln und zu rechtfertigen, hat deshalb eine andere Begründungslast zu tragen als ein Programm, dem es um die Rechtfertigung von *Verboten* geht. Gäbe es die Klasse der freigestellten Handlungen nicht, d. h. wäre die Einteilung in Gebote und Verbote vollständig, wäre die Begründungslast gleich, da das Gegenteil des Gebotenen verboten wäre und das Gegenteil des Verbotenen geboten. So aber ist die Angelegenheit komplizierter. Was beispielsweise folgt daraus, dass es ethisch *verboten* ist, anderen Menschen Schaden zuzufügen? Offensichtlich jedenfalls nicht ohne weiteres, dass es damit schon *geboten* ist, ihnen aktiv zu helfen. *Geboten* ist zunächst nur, alles zu *unterlassen*, was ihnen tatsächlich oder möglicherweise schadet.

Die Dreiteilung in *geboten*, *verboten* und *freigestellt* wirkt sich auf die Begründungslast aus

Halten wir fest: Für die Ethik gibt es drei Klassen von Handlungen:

- gebotene,
- verbotene,
- freigestellte.

Theorien, die versuchen ethische *Gebote* zu begründen, tragen deshalb eine andere Begründungslast als solche, die es unternehmen, ethische *Verbote* zu begründen

2.3.6 Deontologische und teleologische Ethik

Es gibt verschiedene Strategien, um das Fundament für die Rechtfertigung normativer Aussagen zu legen. Die beiden gebräuchlichsten sind die Orientierung an einem *intrinsischen* Wert von Handlungen oder Entscheidungen und die Orientierung am Wert der *Folgen* von Handlungen. Seit der britische Philosoph Charlie Dunbar Broad (1887–1971) in seinem klassifikatorischen Werk *Five Types of Ethical Theory* (*Fünf Typen ethischer Theorie*; 1930) zwischen „deontologischen“ und „teleologischen“ Ethiken unterschied, hat sich diese Unterscheidung durchgesetzt. Auch diese beiden Begriffe haben ihren Ursprung im Griechischen: (τὸ) δέον, δεῖ/*(to) dẹon, deī* bedeutet „das Nötige“, „es ist nötig“, „man muss“; τέλος/*tẹ̆los* dagegen bedeutet „Ziel“ oder „Zweck“. Eine deontologische Ethik konzentriert sich also darauf, dass wir etwas tun *müssen*, und zwar deshalb, weil die Handlung *in sich* gut ist, beziehungsweise etwas unterlassen sollen, weil die Handlung *in sich* schlecht ist. Eine teleologische Ethik betrachtet Handlungen dagegen immer als *Mittel zu einem Zweck*: Wir sollen so und nicht anders handeln, weil dadurch (voraussichtlich) ein guter Zweck erreicht wird, beziehungsweise eine Handlung deshalb unterlassen, weil ihr (erwartetes) Ergebnis schlecht ist.

Die beiden Ansätze führen in vielen Fällen zu unterschiedlichen Antworten auf die Frage, wie wir handeln sollen. Dies lässt sich mit einem in der Literatur oft diskutierten Beispiel von Bernard Williams (1929–2003) illustrieren. In seiner *Kritik des Utilitarismus* stellt er folgendes Szenario vor: Jim kommt auf den Dorfplatz einer südamerikanischen Urwaldsiedlung, vor ihm eine Reihe von Ureinwohnern, die gerade von einem Erschießungskommando zusammengetrieben wurden. Nachdem sich der Anführer des Kommandos davon überzeugt hat, dass Jim tatsächlich ein zufällig vorbeikommender Tourist aus einem anderen Land ist und nichts weiter mit der Situation zu tun hat, erklärt er dem Gast die Lage. Die Ureinwohner sollen, weil sie sich an einer Rebellion gegen die Regierung beteiligt haben, allesamt in Kürze hingerichtet werden – schon um möglichen Nachahmern die Vorteile staatstragenden Verhaltens nahezubringen. Doch um dem Besucher zu zeigen, dass man auch im Urwald zivilisiert sein und Gnade vor Recht ergehen lassen kann, darf Jim als Ehrengast eine Person auswählen und eigenhändig erschießen. Lässt er sich darauf ein, werden die anderen freigelassen. Weigert er sich allerdings, sieht sich der Commandante leider gezwungen, dem ursprünglichen Plan zu folgen und alle Rebellen hinzurichten, vgl. Smart/Williams (1973) 98. Auf die Frage: „Wie soll Jim (beziehungsweise: Wie sollten *wir* an seiner Stelle) handeln?“ lautet die deontologische Antwort üblicherweise, jemanden zu töten sei *in sich* schlecht und unter keinen Umständen ethisch zulässig. Aus diesem Grund dürfe Jim auf das Angebot des Commandante keinesfalls eingehen, unabhängig von den voraussichtlichen oder möglichen *Folgen* seiner Weigerung. Anhänger einer teleologischen Ethik würden andererseits etwa folgende Überlegung anstellen: Töten ist zwar aus ethischen Gründen verwerflich, aber wenn Jims Weigerung zur Folge hat, dass nicht nur eine Person getötet wird, sondern eine große Zahl von Menschen, so ist es Jim nicht nur erlaubt, sondern es ist ihm sogar ethisch geboten, das

Teleologische Ethiken können sich in ihren Handlungsempfehlungen deutlich von deontologischen unterscheiden kleinere Übel der eigenhändigen Erschießung eines Einzelnen in Kauf zu nehmen, um schlimmere Folgen – die Erschießung aller „Rebellen" – zu verhindern.

Zu dem Beispiel von Williams, der Unterscheidung von Broad und der Diskussion, die sich an sie anschließt, gibt es einiges zu sagen. Auf der Hand liegt zunächst der Generaleinwand, dass die beschriebene Situation abwegig und weit hergeholt ist. Und auch die Annahme, dass es außer der Weigerung Jims und seiner Mittäterschaft keine weiteren Handlungsoptionen geben soll, erscheint vielleicht nicht allzu überzeugend. Letztlich kommt es aber darauf auch nicht wirklich an. Ausschlaggebend ist, dass das Beispiel, selbst wenn es nicht unbedingt unserer Alltagserfahrung entspricht, nachvollziehbar ist und wir uns die Situation vorstellen können. Lassen wir uns gedanklich auf das Szenario ein, hilft es uns zu verstehen, in welcher Weise sich deontologisch und teleologisch motivierte Empfehlungen unterscheiden. Wenn Jim sich auf deontologischer Grundlage weigert, durch seine Handlungen zum Mittäter eines Verbrechens zu werden, so gibt er damit seinem eigenen Befinden, seiner persönlichen Integrität, ein besonderes Gewicht. Lässt er sich andererseits, auf teleologischer Grundlage, auf das Angebot des Commandante ein, so stellt er diesen Aspekt in seinen Überlegungen in den Hintergrund: Er betrachtet die Situation so, als ob nicht er es wäre, der einen Menschen persönlich erschießen soll.

► „agent neutral"
► „agent relative"

Diesen Bezug auf den Handelnden in der Betrachtung und Bewertung einer Situation halten viele, besonders in der angelsächsischen Diskussion, sogar für die entscheidende Differenz der beiden Ansätze: Deshalb wird die teleologische Argumentation hier häufig als „agent neutral" bezeichnet, d.h. als eine Überlegung, die vom Handelnden selbst absieht, und die deontologische entsprechend als „agent relative", als eine Überlegung, die den Handelnden selbst (an wichtiger Stelle) berücksichtigt. Allerdings ist diese Zuordnung nicht unproblematisch. Denn es liegt auf der Hand, dass auch für eine teleologische Theorie, in der allein das Ergebnis beziehungsweise die Folgen von Handlungen eine Rolle spielen, der Handelnde selbst wichtig werden kann. Dazu genügt es bereits, den Folgen, die eine Handlung für den Handelnden selbst hat, ein entsprechendes Gewicht einzuräumen. So lässt sich im Beispiel leicht nachvollziehen, dass die mehr oder minder erzwungene Mittäterschaft Jims eine Reihe von ernsthaften Konsequenzen für seinen weiteren Lebensweg und sein zukünftiges Verhalten anderen Menschen gegenüber haben kann. Und vor diesem Hintergrund lässt sich eine teleologische Ethik kaum noch als „agent neutral“ bezeichnen. Dem Versuch, die Unterscheidung zwischen teleologischen und deontologischen Ansätzen auf die „agent neutral“ – „agent relative“ Unterscheidung abzubilden, ist also mit Vorsicht zu begegnen.

Vorsicht ist auch geboten bei der scharfen Gegenüberstellung von teleologischen und deontologischen Theorien. Denn abgesehen von den jeweiligen Extrempositionen, die in der Diskussion kaum vertreten werden, ignoriert kein Vorschlag die Grundeinsicht des jeweils anderen Ansatzes vollständig: Weder bestreiten gemäßigte Vertreter einer deontologischen Ethik, dass die Folgen von Handlungen für die ethische Betrachtung eine Rolle spielen, noch leugnen gemäßigte Verfechter eines teleologischen Modells, dass Handlungen unter Umständen auch intrinsische Qualitäten besitzen. Insofern dient die Unterscheidung eher einer schnellen Orientierung als einer trennscharfen Auszeichnung von Positionen, indem sie hilft, die *Tendenz* einer Theorie schlagwortartig zu erfassen.

Schließlich gibt es noch einen weiteren Vorbehalt gegen die Einteilung sämtlicher ethischen Begründungsmodelle in deontologische und teleologische. Besonders in der letzten Zeit hat nämlich ein drittes Modell der ethischen Argumentation (wieder) an Bedeutung gewonnen, das nicht in dieses Raster zu passen scheint: die *Tugendethik*. Die zentrale Behauptung dieser Theorie ist, dass die Normativität ethischer Aussagen von Tugenden begründet wird. Für die Behauptung, es handle sich hier um einen eigenständigen Typ der ethischen Argumentation, spricht, dass Tugenden langfristige Verhaltensdispositionen sind und damit die ethische Qualität einer einzelnen Handlung nur dadurch ermittelt werden kann, dass sie in einen größeren Zusammenhang eingeordnet und in Beziehung zum Charakter einer handelnden Person gesetzt wird. Das bedeutet: Bei einer Tugendethik entscheiden weder die *intrinsische* Qualität, wie in deontologischen Theorien, noch die *Folgen*, wie in teleologischen Modellen, über den Wert einer Handlung.

Halten wir daher fest: Die Unterscheidung zwischen teleologischen und deontologischen Ethiken ist zwar einleuchtend, sie ist in ihrer Trennschärfe und Reichweite allerdings begrenzt. Weder deckt sie die Menge der Möglichkeiten vollständig ab, noch ist sie exklusiv: Deontologische Modelle enthalten in der Regel teleologische Momente und umgekehrt. Solange man dies berücksichtigt, ist sie nützlich zur schnellen Verständigung über die Tendenz eines Begründungsmodells.

2.3.7 Sollen und Können

Ein bekannter allgemeiner Grundsatz der Ethik lautet *ultra posse, nemo obligatur*, also etwa: Über das hinaus, wozu jemand in der Lage ist, kann er nicht verpflichtet werden. Dieses Prinzip setzt den Vorschriften der Ethik eine einleuchtende Grenze. Denn wie kann es sinnvoll sein, von Menschen etwas zu fordern, das zu erfüllen ihnen nicht möglich ist? Jede „sinnvolle" Konzeption ethischen Sollens scheint deshalb ein „Können" vorauszusetzen – obwohl es natürlich auch hier Philosophen gibt, die dies bestreiten. Die Einschränkung, in der Ethik nichts Unmögliches zu fordern, lässt sich auf verschiedene Weise verstehen. In einem schwachen Sinn schließt das Prinzip alle logisch unmöglichen Forderungen aus und auch diejenigen, die nach den Gesetzen der Naturwissenschaften unmöglich zu erfüllen sind. In einem starken Sinn dagegen – und das ist der in diesem Zusammenhang interessante – erstreckt sich der Grundsatz aber auch auf alle Forderungen, die von Menschen aufgrund bestimmter *äußerer* oder *innerer* Umstände nicht erfüllt werden können.

Jedes „Sollen" setzt ein „Können" voraus

Betrachten wir auch für diese Unterscheidung ein Beispiel und nehmen an, jemand solle, als einziger Zeuge eines Verkehrsunfalls, erste Hilfe leisten. Dies ist prima facie keine unbillige Forderung; für alle diejenigen, die nie einen Erste-Hilfe-Kurs belegt haben, ist sie jedoch kaum zu erfüllen. Sie werden beim Versuch, dem Verletzen zu helfen, mit einiger Wahrscheinlichkeit mehr Schaden verursachen als nützen. Die „Unmöglichkeit", die Forderung zu erfüllen, liegt hier in einem *äußeren* Umstand begründet, dem Umstand, niemals einen Erste-Hilfe-Kurs besucht zu haben. Anders hingegen, wenn die entsprechenden Kenntnisse zwar vorhanden sind, die Aufforderung zur medizinischen Erstversorgung sich aber an jemanden richtet, der beim Anblick von Blut regelmäßig in Ohnmacht fällt. Hier ist die Forderung aufgrund *innerer* Umstände nicht zu erfüllen. In beiden Fällen scheint es wenig sinnvoll, auf ihrer Erfüllung zu bestehen, doch die Gründe sind verschieden. Interpretiert man den Grundsatz *ultra posse, nemo obligatur* nun in einem starken Sinn, wäre weder im einen noch im anderen Fall die unterlassene Hilfeleistung ethisch zu tadeln – obwohl es weder logisch noch aufgrund der Naturgesetze unmöglich ist, Hilfe zu leisten.

Das Beispiel ist absichtlich nicht aus dem Kernbereich ethischen Nachdenkens gewählt, denn je stärker die Diskussion um Sollen und Können *ethische* Entscheidungen und Handlungen berührt, desto leichter verdrängen andere Überlegungen die Frage, ob innere und äußere Umstände eine Forderung gegenstandslos machen. So liegt es aus ethischer Perspektive etwa näher zu fragen, inwieweit einer Person ein Vorwurf daraus zu machen ist, dass sie es versäumt hat, bestimmte Fertigkeiten zu erwerben, oder ob es einen Unterschied macht, wie leicht oder schwer dies möglich gewesen wäre. Und hier hilft die Berufung auf den Grundsatz, dass niemand über seine Fähigkeiten hinaus gefordert werden kann, in der Tat kaum weiter. Doch obwohl nach diesem Prinzip ein Nichtkönnen manches Versäumnis entschuldigen und manche Forderungen gegenstandslos machen kann, so kann es selbstverständlich nicht die Grundlage einer allgemeinen Entschuldigungsstrategie sein. Es geht nicht an, sich ethischen Forderungen dadurch zu entziehen, dass man sich weigert, seine Anlagen und Fähigkeiten zu entwickeln. Entsprechend sehen viele Philosophen, unter ihnen an herausragender Stelle erneut Immanuel Kant, „die Erweiterung unserer Talente" bereits als eine *ethische* „Pflicht" an [s. Kant (1785) 401 Fn.].

2.4 Allgemeine Grundsätze und konkrete Situationen

Wenn wir uns in schwierigen Entscheidungssituationen an die Ethik wenden, so erwarten wir gezielte Hilfe und sind nicht selten enttäuscht, wenn wir erfahren, dass die Antworten eher allgemeiner Natur sind und die Anwendung auf den konkreten Fall einiges Nachdenken erfordert. Dies gilt weitgehend unabhängig von der jeweils befragten Theorie und hängt damit zusammen, dass die Prinzipien, mit deren Rechtfertigung sich die Ethik beschäftigt, so allgemein formuliert sein müssen, dass sie eine Vielzahl von Fällen erfassen. Wenn Ethik nicht zu einer kasuistischen Disziplin werden soll – und es spricht einiges dafür, dass dies kein gangbarer Weg ist (s. auch 6.3) –, dann *kann* sie keine exakten Empfehlungen für den Einzelfall geben: Erstens gibt es kaum zwei Situationen, die in allen (relevanten) Aspekten gleich sind. Eine Ethik, die konkrete Anweisungen geben wollte, würde also eine unüberschaubare Zahl von Direktiven bereithalten müssen – und wäre aller Voraussicht nach schon aus diesem Grund kaum praxistauglich. Zweitens gibt es meistens eine Vielzahl verschiedener Wege zum Ziel. Dieser Tatsache Rechnung zu tragen, würde nicht nur eine erneute Vermehrung von Einzelfallanweisungen nach sich ziehen, sondern es wäre jedes

Ethische Regeln müssen allgemein formuliert sein, auch wenn dies ihre Anwendung erschwert

Mal zu überprüfen, ob die verschiedenen Möglichkeiten gleichwertig sind, ob es jeweils bessere und schlechtere Optionen gibt, oder gar eine „beste“. Erneut hilft ein Beispiel. Betrachten wir etwa die Unterstützung, die viele wohlhabende Gesellschaften notleidenden Regionen dieser Welt gewähren. Obwohl das erklärte Ziel der Hilfsprogramme in allen Fällen dasselbe ist – nämlich Menschen in Not zu helfen –, so wird es mit unterschiedlichen Mitteln und in verschiedenem Umfang verfolgt: durch finanzielle Unterstützung, den Transfer von Gütern und Dienstleistungen, durch gezielte Ausbildung und Anleitung für eine „Hilfe zur Selbsthilfe“ oder eine Kombination dieser Maßnahmen. Eine Ethik, die stets verbindliche Handlungsanweisungen geben wollte, müsste in jeder einzelnen Situation entweder eine dieser Maßnahmen oder Maßnahmenkombinationen als die einzig richtige auszeichnen, oder aber ein Verfahren bereitstellen, das den Akteuren die Entscheidung zwischen den verschiedenen Möglichkeiten abnimmt; schließlich ist dies die Erwartung, die hinter dem Verlangen nach konkreten Handlungsanweisungen für jeden Einzelfall steht. Beides ist absurd: Die erste Möglichkeit widerspricht der gerade erwähnten Tatsache, dass sich ein Ziel auf verschiedenen Wegen erreichen lässt. Die zweite führt nicht nur zu einer Entmündigung des Handelnden und der abermaligen Vermehrung von Regeln, sondern gerät auch in Gefahr, durch zusätzliche Entscheidungsregeln für alle nur denkbaren Gegebenheiten zu Ergebnissen zu gelangen, die der eigentlichen Absicht schließlich zuwiderlaufen; analog etwa einer überdifferenzierten Rechtssprechung, die mit einem gigantischen Regelwerk nach Gerechtigkeit in jedem einzelnen Fall strebt und gerade dadurch ihr Ziel, gerecht zu entscheiden, weit verfehlt.

So enttäuschend es also für alle sein mag, die sich mit hohen Erwartungen in einem konkreten Fall ratsuchend an die philosophische Ethik wenden: Das Verlangen, für jede Situation eine eindeutige Anweisung zu erhalten, kann sie nicht erfüllen. Das Gegenteil zu versprechen ist unseriös; ohne die Entwicklung des eigenen Urteilsvermögens und ohne die Bereitschaft, sich über die Anwendung allgemeiner Grundsätze Gedanken zu machen, wird keine philosophische Ethik eine Hilfe in konkreten Situationen sein können. Denn selbst dann, wenn es die feststehenden, allgemeingültigen und gut gerechtfertigten Prinzipien wirklich gäbe, wäre die Erwartung verfehlt, diese würden zwangsläufig zu eindeutigen konkreten Anweisungen führen. Denn auch bei „gleichen zugrunde liegenden moralischen Grundsätzen ‚können‘ vollkommen verschiedene ‚moralische Landschaften‘ entstehen“ [Patzig (1983) 79]. Dies ist ein „Nachteil“, wenn man eindeutige Antworten erwartet, aber auch ein Vorteil, wenn eine Ethik fähig sein soll, auf neue Umstände und Fälle zu reagieren.

2.5 Was beurteilt die Ethik?

Ein weiterer Gesichtspunkt ethischer Reflexion ist die unterschiedliche Auffassung darüber, was Gegenstand der Bewertung und Beurteilung sein kann. Drei Möglichkeiten bestimmen die Diskussion. Die erste Auffassung behauptet, die Ethik bewerte *Handlungen* beziehungsweise ihre erwarteten oder tatsächlichen *Folgen*. Dies ist, wie wir gesehen hatten, der Standpunkt sowohl teleologischer als auch deontologischer Ansätze; eine deontologische Ethik beurteilt Handlungen anhand ihres „intrinsischen“ Wertes, eine teleologische Ethik konzentriert sich auf die Qualität von Handlungsfolgen. Eine zweite Auffassung erklärt, die Ethik bewerte (langfristige) Handlungs*dispositionen*, d. h. Charaktereigenschaften von Personen. Dies ist, wie erwähnt, der Gesichtspunkt, der in Tugendethiken im Vordergrund steht. Eine dritte Auffassung nimmt an, die Ethik beurteile vor allem die *Gründe*, die für eine Entscheidung oder eine Handlung angeführt werden. Diese Auffassung lässt sich offensichtlich keiner bestimmten Argumentationsstrategie zuordnen. Gründe spielen – außer in extremen Formen des Nonkognitivismus und Emotivismus (diese Positionen werden in den Abschnitten 3.2.1 und 5.2.1 näher erläutert) – in *allen* Grundlegungsversuchen eine zentrale Rolle. Dies nicht zuletzt deshalb, weil das systematische Nachdenken über die Frage, wie wir handeln sollen, das Projekt einer philosophischen Ethik, immer schon der Versuch ist, Gründe für Entscheidungen und Handlungen zu ermitteln, und das heißt: diejenigen Gedanken und Überlegungen, die zu ihrer Rechtfertigung vorgebracht werden können.

Ein ethisches Urteil kann sich beziehen auf:
- Handlungen,
- Charaktereigenschaften,
- Gründe

Bedauerlicherweise gestaltet sich die Beurteilung von Gründen in der Praxis oft schwierig, weil sie in aller Regel schwerer festzustellen sind als die Folgen einer Handlung oder auch die langfristigen Verhaltensdispositionen von Personen. Gründe lassen sich nicht direkt beobachten und das, was Menschen über ihre Gründe mitteilen, ist oft wenig zuverlässig. Oft sind sich die Handelnden selbst nicht einmal über ihre Motive im Klaren, oder sie stellen ihre Gründe absichtlich falsch dar. Dennoch stellt dies das theoretische Unternehmen, die Gründe zu ermitteln, nach denen wir idealerweise handeln sollten (sofern wir ethisch handeln wollen), nicht prinzipiell in Frage: Die theoretische Suche nach der besten Begründung für Entscheidungen und Handlungen ist unabhängig davon, ob wir *feststellen* können, dass tatsächlich nach den besten Gründen gehandelt wurde.

Halten wir an dieser Stelle also fest: Es gibt verschiedene Möglichkeiten, den Gegenstand der ethischen Bewertung zu bestimmen. Die wesentlichen Varianten sind die Beurteilung von:

- Handlungen, Handlungsfolgen (deontologische und teleologische Ethiken);
- Handlungsdispositionen: Charaktereigenschaften, emotionale Dispositionen (Tugendethik);
- Gründen, Motiven, Absichten (gilt für alle kognitivistischen Ansätze).

2.6 Freiheit

Eines der Themen, das für erhebliche Verwirrung sorgt, ist die Frage nach der Freiheit des Menschen, weil sich damit eine Vielzahl ganz unterschiedlicher Überlegungen verbindet. Auch dieses Thema gehört in den Kernbereich der Ethik. Naheliegende und wichtige Fragen in diesem Zusammenhang sind: „Wie frei ist der Mensch in seinen Entscheidungen und Handlungen?“ und: „Sind wir auch dann für unsere Handlungen verantwortlich, wenn wir durch äußere Umstände oder andere Menschen (vermeintlich) zu ihnen gezwungen werden?“. Solche Fragen sind schwer zu beantworten. Dies liegt vor allem an drei Faktoren: Erstens bewegt sich die Diskussion auf wenigstens zwei verschiedenen Ebenen; zweitens, und eng damit verbunden, gibt es verschiedene Begriffe von Freiheit, die sich zwar berühren, aber nur bedingt etwas miteinander zu tun haben; und drittens ist die Angelegenheit selbst in hohem Maß unübersichtlich.

2.6.1 Transzendentale Freiheit und Kausalität

Auf der ersten Diskussionsebene stehen sich Freiheit und die Bestimmung des Menschen durch die kausalen Gesetze der Natur gegenüber. Hier lautet die zentrale Frage: Können wir überhaupt frei entscheiden, wenn die Welt und wir selbst als Teil dieser Welt durch

Kausalgesetze vollständig determiniert sind? Oder anders: Wie kann unser Wille frei sein, wenn wir so sicher den Gesetzen der Natur folgen wie eine einmal ins Rollen gebrachte Billardkugel ihrer Bahn? Bilden wir uns in diesem Fall nicht nur ein, wir hätten uns anders entscheiden oder verhalten können, ohne dass dies tatsächlich möglich gewesen wäre? Und ist damit nicht eigentlich die ganze Diskussion um richtiges und falsches, gutes und schlechtes Handeln hinfällig?

transzendentale Freiheit und Determinismus

Sehen wir uns die Angelegenheit etwas genauer an. Zunächst einmal: Diese gerade angedeutete Betrachtungsweise unterstellt offensichtlich, dass menschliche *Freiheit* und die *Kausalbestimmungen* der Natur in einem unversöhnlichen Widerspruch zueinander stehen und suggeriert, der Mensch sei tatsächlich nur dann frei, wenn er *nicht* von der Naturkausalität bestimmt wird. Auf den ersten Blick ist diese Behauptung einsichtig. Allerdings begeben wir uns mit einer Gegenüberstellung von Freiheit und kausaler Determination gedanklich auf einen Standpunkt *außerhalb* unserer Welt und betrachten sie sozusagen „von oben". Wir geben vor, beurteilen zu können, wie unsere Welt „wirklich" beschaffen ist. Und tatsächlich ist dies auch der Ursprung der Verwirrung: Den Standpunkt, auf den wir uns stellen müssen, um die Alternative überhaupt formulieren zu können, vermögen wir tatsächlich *nur* in Gedanken einzunehmen – uns wirklich auf ihn zu stellen, ist uns unmöglich. Denn jeder Standpunkt, auf den wir uns tatsächlich stellen können, wird dadurch zu einem Standpunkt *innerhalb* unserer Welt. Und das bedeutet eben: Die Frage, ob wir in einer durchgängig kausal bestimmten Welt leben oder nicht, können wir unter keinen Umständen beantworten. Diese Diskussion bedient sich einer Voraussetzung, die unseren Erkenntnishorizont übersteigt. Deshalb wird eine Freiheit, die der Kausalbestimmung der Natur in dieser Weise gegenübergestellt wird, oft auch als „transzendentale Freiheit" bezeichnet (lat. *transcendere*: übersteigen).

Die Frage, ob wir in einem transzendentalen Sinn frei sind, können wir prinzipiell nicht beantworten

Wenn die Frage, ob der Mensch in einem transzendentalen Sinn frei ist oder nicht, prinzipiell nicht zu beantworten ist, so macht dies den Versuch, es dennoch zu tun, ebenso suspekt, wie es etwa die vermeintlichen Ergebnisse einer „Naturwissenschaft" wären, die sich ausschließlich auf Gedankenexperimente stützt. Zu Recht würde man hier einwenden, dass Gedankenexperimente keine *wirklichen* Experimente sind und ihre „Ergebnisse" der unabhängigen Überprüfung an der Erfahrung bedürften. Im Unterschied zu der Annahme, die für die Formulierung des Begriffs der transzendentalen Freiheit nötig ist, können die Resultate von Gedankenexperimenten allerdings in vielen Fällen tatsächlich durch *reale* Experimente gestützt oder widerlegt werden. Für die Entscheidung zwischen einer vollständig von kausalen Gesetzen bestimmten oder einer indeterministischen Welt kann es solche Experimente dagegen unter keinen Umständen geben. Unabhängig von unserer Fähigkeit, den Beobachterstandpunkt, von dem aus die Alternative formuliert wird, *in Gedanken* einzunehmen, besteht hier keine Möglichkeit, die Hypothese abzusichern oder zu widerlegen. Solange die Auseinandersetzung um die menschliche Freiheit sich auf den transzendentalen Aspekt konzentriert, behindert sie die Diskussion deshalb mehr, als sie sie voranbringt.

Ist transzendentale Freiheit eine Voraussetzung der Ethik?

Neben der prinzipiellen Unentscheidbarkeit der Frage lässt auch eine zweite Überlegung Zweifel daran aufkommen, ob transzendentale Freiheit eine Voraussetzung sinnvollen ethischen Nachdenkens sein kann. Nehmen wir an, wir lebten tatsächlich in einer Welt, in der *wenigstens einige* und vielleicht sogar *alle* Ereignisse nicht dem Gesetz von Ursache und Wirkung unterliegen: Was könnte in diesen Fällen an die Stelle ihrer kausalen Bedingtheit treten? Die einzige Alternative scheint die Herrschaft des Zufalls zu sein. Wenn dies so ist, dann hätten diejenigen, die in der transzendentalen Freiheit eine Voraussetzung des freien Willens sehen, eine plausible Erklärung dafür zu geben, dass das Wirken des Zufalls Ereignisse zu *unseren* Entscheidungen macht. Die Aufgabe, die sie zu lösen hätten, ließe sich mit dem Unternehmen vergleichen, überzeugend darzulegen, dass ein durch Würfeln herbeigeführtes konkretes Ergebnis sich als Resultat einer menschlichen Entscheidung verstehen lässt. Denn hier ist allenfalls die Aktion selbst, nämlich einen Würfel zur Hand zu nehmen, nicht aber das Ergebnis des Wurfs, unsere Entscheidung. Der Versuch, das konkrete Ergebnis als eine menschliche Entscheidung auszuweisen, ist genauso aussichtslos wie der Versuch, den Nachweis zu führen, dass ein indeterministisches Ereignis eine menschliche Willensentscheidung ist. Nicht umsonst sprechen wir in derartigen Zusammenhängen davon, dass der Zufall „entscheidet".

Fassen wir zusammen: Wer darauf beharrt, dass die transzendentale Freiheit eine Voraussetzung ethischen Handelns ist, setzt damit voraus, dass wir eine Frage wahrheitsgemäß beantworten können, bei der uns dies aus prinzipiellen Gründen nicht möglich ist. Und selbst wenn man diesen an sich schon zwingenden Einwand ignoriert, bleibt die Behauptung, transzendentale Freiheit sei eine Voraussetzung der Ethik, im besten Fall suspekt; denn um ein Ereignis als Ergebnis einer menschlichen Entscheidung interpretieren zu können, müssen wir annehmen, dass es gerade *kein* Produkt des Zufalls ist.

2.6.2 Freiheit und Verantwortung

Es scheint, als würden wir mit dieser Überlegung geradewegs in ein unlösbares Dilemma steuern. Glauben wir – wie gesagt: ohne die Möglichkeit, dies je entscheiden zu können –, dass ein durchgängiger Kausaldeterminismus unsere Welt angemessen beschreibt, so müssen wir uns als Spielball der Kausalgesetze der Natur betrachten. Uns scheint in diesem Fall genauso wenig Verantwortung für unser Verhalten zu treffen wie die Billardkugel dafür, dass und wie sie über den Tisch rollt, denn schließlich sind wir nicht dazu in der Lage, uns anders zu verhalten. Andererseits: wenn wir – wiederum ohne die Möglichkeit, dies je entscheiden zu können – der Meinung sind, die Welt sei in letzter Konsequenz indeterministisch, dann müssen wir unser Verhalten als Produkt des Zufalls betrachten. Der Ausgang ist zwar offen, doch haben wir auch hier keinen Einfluss auf ihn. Deshalb ist es auch in diesem Fall schwer zu sehen, warum wir für ein bestimmtes Verhalten verantwortlich sein sollen: Wenn der Zufall „entscheidet", was als nächstes geschieht, und nicht wir selbst, so liegt die Verantwortung für die weiteren Ereignisse bei ihm und nicht bei uns. Also: Entweder ist Freiheit eine Einbildung, oder aber Ereignisse unterliegen dem Zufall (und sind in diesem Sinn „frei"), sind dann aber nicht mehr das Ergebnis einer eigenen Entscheidung. In beiden Fällen scheinen wir keine Verantwortung für das zu haben, was geschieht, denn offensichtlich haben wir so oder so keinerlei Einfluss auf die Ereignisse.

Verantwortung zwischen Zufall und kausaler Determination

Diese Diagnose entspricht nun augenscheinlich nicht unserem Selbstbild; denn in aller Regel sind wir durchaus der Meinung, für das verantwortlich zu sein, was wir tun. Sowohl Bestrafung und Lob als auch unser Rechtssystem, sowohl die Schuldgefühle, die uns für Versäumnisse und falsche Entscheidungen plagen, als auch das Gefühl, zu einem bestimmten Verhalten verpflichtet zu sein, sind ein sichtbarer Ausdruck dieses Selbstverständnisses. Wenn die Debatte um transzendentale Freiheit und Determinismus so offensichtlich mit unserem Selbstbild in Konflikt gerät, drängt sich daher die Frage auf: „Was stimmt hier nicht?"

Eine Möglichkeit, das Dilemma zu entschärfen und den Konflikt aufzulösen, besteht darin, die Differenz zwischen den Meinungen, die wir über die Welt haben und den tatsächlichen Gegebenheiten der Welt konsequent zu beachten. Der entscheidende Gedanke dabei ist, dass sich unsere Meinungen über Gegebenheiten für gewöhnlich verändern, wenn wir wahrnehmen, dass diese Gegebenheiten selbst sich ändern: Die Welt setzt unseren Meinungen Widerstände entgegen. Dies trifft im Fall der transzendentalen Freiheit aber offensichtlich nicht zu; denn der nur in Gedanken eingenommene Beobachterstandpunkt, von dem aus wir unsere Meinungen über die transzendentale Freiheit formulieren, immunisiert die entsprechenden Hypothesen gegen alle empirischen Widerstände. Ähnlich wie in der Frage, ob es einen Gott gibt oder nicht, sind die entsprechenden Meinungen *invariant* gegenüber den „realen" Zuständen und verändern sich nicht entsprechend. So können wir mit der gleichen empirischen Berechtigung der *Meinung* sein, es gebe einen Gott oder es gebe keinen; ebenso wie wir mit der gleichen empirischen Berechtigung der *Meinung* sein können, die Welt sei vollständig kausal bestimmt oder sie sei es nicht. Das bedeutet: Es gibt weder einen Beleg für die eine noch für die andere Auffassung. Aus diesem Grund haben eine Reihe von Philosophen, besonders in der Tradition des naturwissenschaftlich inspirierten „Logischen Positivismus", Behauptungen und Fragen dieser Art generell und ohne weitere Diskussion für *sinnlos* erklärt. Der Verzicht auf jede weitere Auseinandersetzung ist jedoch vorschnell, denn immerhin sind die Behauptungen über transzendentale Freiheit zunächst ja durchaus verständlich. Weitaus befriedigender ist es deshalb, die Verwicklungen durch eine genauere Untersuchung zu klären. Stellen wir dazu zunächst die bisherige Diagnose noch einmal in einem Schema dar:

Meinungen und reale Weltzustände

(1) Wie ist die Welt wirklich beschaffen?	(1.1) die Welt ist vollständig kausal bestimmt (*Determinismus*)		(1.2) die Welt ist *nicht* vollständig kausal bestimmt (*Indeterminismus*)	
(2) Welche Meinung haben wir über (1)?	(2.1) Die Welt ist vollständig kausal bestimmt	(2.2) Die Welt ist **nicht** vollständig kausal bestimmt	(2.1) Die Welt ist vollständig kausal bestimmt	(2.2) Die Welt ist **nicht** vollständig kausal bestimmt

Der horizontale Strich zeigt an, dass keine reale, mit unseren Mitteln überprüfbare Verbindung zwischen den Antworten auf die erste und die zweite Frage besteht. Die Pointe ist, dass die Entscheidung für (2.1) oder (2.2) durch (1) *nicht* festgelegt wird.

Dies Ergebnis allein hilft allerdings noch nicht viel. Denn selbst dann, wenn die prinzipielle Unentscheidbarkeit von (1) die entsprechenden *Meinungen* nicht präjudiziert, ist weder (2.1) noch (2.2) eine Position, auf deren Grundlage sich ethisches Handeln explizieren lässt. Beide entheben uns – wenn auch aus unterschiedlichen Gründen – der Verantwortung für unsere Entscheidungen und Handlungen. Eine verbreitete Reaktion auf diese Einsicht ist deshalb eine Modifikation der Behauptungen unter (2): Die Ausdrücke „vollständig kausal bestimmt" und „nicht vollständig kausal bestimmt" werden zu „frei" und „nicht frei" geändert. Die schematische Darstellung wandelt sich dadurch folgendermaßen:

(1) Wie ist die Welt wirklich beschaffen?	(1.1) die Welt ist vollständig kausal bestimmt (*Determinismus*)		(1.2) die Welt ist **nicht** vollständig kausal bestimmt (*Indeterminismus*)	
(2) Welche Meinung haben wir über (1)?	(2.1') Der Mensch ist **nicht** frei	(2.2') Der Mensch ist frei	(2.1') Der Mensch ist **nicht** frei	(2.2') Der Mensch ist frei

Dabei ist der Perspektivwechsel unter (2) im Großen und Ganzen unproblematisch. Dadurch, dass die Aussage sich nur noch auf den Menschen *als einen Teil der Welt* bezieht, verringert sich lediglich die Beweislast, ohne dass sich an der Behauptung grundlegend etwas ändert. Umso aufschlussreicher ist dagegen die Ersetzung von „kausal bestimmt" und „nicht kausal bestimmt" durch „nicht frei" und „frei". Denn mit der Umformulierung von (2.1) zu (2.1') und (2.2) zu (2.2') verbindet sich schließlich die Hoffnung, die gerade genannten Probleme vermeiden zu können – sonst wäre die Änderung sinnlos. „Frei" und „nicht frei" *müssen* hier also etwas anderes bedeuten als das Bestehen oder die Abwesenheit kausaler Bestimmungen. Wenn dies so ist, dann liegt der Verdacht nahe, dass die Diskussion um die praktische Freiheit wenig, wenn überhaupt etwas, mit der Diskussion um einen durchgängigen Kausaldeterminismus zu tun hat. Das heißt: Die Frage, inwieweit wir in unseren Entscheidungen und Handlungen „frei" sind oder sein müssen, um für unsere Handlungen verantwortlich sein zu können, ist keine „transzendentale" Frage.

Die Frage nach der ethischen Freiheit ist *keine* Frage nach der transzendentalen Freiheit des Menschen

2.6.3 Entscheidungsfreiheit

Und tatsächlich: In den Überlegungen zur praktischen Freiheit des Menschen, die sich nicht mit transzendentalen Hypothesen beschäftigt – und dies ist die zweite Ebene, auf der sich die Diskussion bewegt –, fallen vor allem zwei Begriffe: „Entscheidungsfreiheit“ und „Handlungsfreiheit“. Beide Ausdrücke, oder besser: unsere Meinungen hinsichtlich der durch sie bezeichneten Sachverhalte, sind entscheidend für unser Selbstverständnis als handelnde Personen. Weder die Handlungs- noch die Entscheidungsfreiheit setzt die transzendentale Freiheit voraus. Allerdings sind sie eng miteinander verbunden, denn Handlungsfreiheit ist die Freiheit, eine Entscheidung auch in die Tat umsetzen zu können. Erst dann, wenn wir sowohl über Entscheidungs- als auch über Handlungsfreiheit verfügen, stehen unser Tun und unsere Unterlassungen wirklich „in unserer Macht“ [vgl. Aristoteles *Nikomachische Ethik* 3.7].

Betrachten wir zunächst die Entscheidungsfreiheit etwas genauer. Hier geht es in erster Linie darum, dass wir zwischen verschiedenen Möglichkeiten wählen können. Und auch wenn es nahe liegt, an dieser Stelle erneut in die Diskussion um die Bestimmung durch Kausalursachen oder deren Abwesenheit einzutreten, so ist dies nicht nur unnötig, sondern wäre auch kontraproduktiv. Wenn wir eine Wahl treffen, wenn wir uns für eine Handlung und gegen eine andere entscheiden, so ist dies eine Angelegenheit von *Gründen*. Die Frage, welche *Ursachen* eine Entscheidung hat, geht dagegen an der Sache vorbei. Ein Beispiel: Wenn wir etwa gefragt werden, warum wir die Bahn und nicht das Auto genommen haben, so wird erwartet, dass wir die Überlegungen mitteilen, die hinter der Entscheidung stehen – und nicht etwa ihre Ursachen. Wir antworten also vielleicht mit dem Hinweis auf den dichteren Straßenverkehr an Feiertagen. Wenig erhellend dagegen wäre es, wenn wir in diesem Zusammenhang Vermutungen darüber anstellten, wie uns die während unserer Sozialisation erworbene Präferenz für das Bahnfahren oder auch die Tatsache, dass das Auto gerade zur Reparatur ist, kausal auf dieses Verhalten festgelegt haben. Denn der Verweis auf Ursachen kann Entscheidungen allenfalls erläutern, nur durch die Angabe von Gründen wird der Reflexionsprozess und die Entscheidung als sein Ergebnis dagegen transparent. Gründen können wir ein stärkeres oder geringeres Gewicht beilegen, wir können sie unterdrücken oder außer acht lassen oder besonders wichtig nehmen. Für Kausalursachen gilt dies nicht: Sie sind Gegebenheiten der Welt, auf die wir selbst wenig Einfluss haben, wir können sie weder „unterdrücken“ noch ohne weiteres missachten. Das bedeutet natürlich nicht, dass kausale Zwänge keinen Einfluss auf unsere Entscheidungen hätten: Sie begrenzen unsere Entscheidungsmöglichkeiten. In unserem Beispiel nötigt etwa der Werkstattaufenthalt des Autos zur

Gründe und Ursachen

Suche nach anderen Möglichkeiten, doch damit wird nur der Rahmen abgesteckt, in dem sich die Entscheidung bewegt. Je nachdem, wie stark kausale Faktoren, auf die wir keinen direkten Einfluss haben, von uns gewichtet werden – die Verfügbarkeit eines Mietwagens oder einer Flugverbindung, die Notwendigkeit, die Fahrt tatsächlich zu dieser Zeit zu unternehmen –, begrenzen sie unsere Entscheidungsmöglichkeiten. Doch die „Ursache", dass der Wagen sich in der Werkstatt befindet, entfaltet nur dann eine „Wirkung" als Grund, die Bahn zu benutzen, wenn uns der Aufwand für andere Möglichkeiten (ein Auto zu mieten, die Fahrt zu verschieben etc.) zu groß ist. Maßgeblich für unsere Entscheidungen sind Gründe, nicht Ursachen.

Freiwilligkeit als Voraussetzung einer freien Entscheidung

Wenn wir davon sprechen, dass eine Entscheidung *frei* ist, nehmen wir an, dass der Reflexionsprozess, der zu ihr geführt hat, einige Voraussetzungen erfüllt. Eine erste ist die *Freiwilligkeit* der Entscheidung. In dem oben angeführten Beispiel von Bernhard Williams etwa wird man kaum behaupten, Jim habe eine wirklich freie Entscheidung treffen können, denn er wurde vom Anführer des Regierungstrupps *gezwungen*, sich so oder so zu entscheiden. Man mag in diesem Zusammenhang einwenden, dass eine ähnliche Unfreiwilligkeit auf viele unserer Entscheidungen zutrifft – nur dass es meistens nicht dubiose Figuren der modernen Volksmythologie sind, die uns zwingen, sondern schlicht die (kausalen) Bedingungen des Alltags, also das Fehlen von Alternativen. Wie können wir es uns etwa angesichts hoher Arbeitslosenzahlen und der Raten für Haus, Auto oder Einrichtung leisten, unseren Arbeitsplatz nach ethischen Gesichtspunkten zu wählen? Ist Entscheidungsfreiheit, wenn man sie an Freiwilligkeit bindet, nicht auch illusionär? Die Antwort ist offensichtlich: Unsere gegenwärtige Situation ist zu einem großen Teil eine Folge unserer Entscheidungen für oder gegen eine bestimmte Lebensweise, und diese haben wir selbst zu einem früheren Zeitpunkt getroffen, ohne dass uns jemand mit vorgehaltener Waffe gezwungen hätte. Wir bewegen uns oft freiwillig auf einem Wohlstandsniveau, das es erschwert, unseren Arbeitsplatz nach ethischen Gesichtspunkten zu wählen.

Ein zweites Kriterium der Entscheidungsfreiheit ist die Fähigkeit, (körperliche) Bedürfnisse so weit zurückzustellen, dass die ernsthafte Erwägung verschiedener Optionen möglich wird. In Situationen, in denen wir „blind" vor Zorn oder Schmerz sind, in denen wir von übermächtigen Grundbedürfnissen getrieben werden oder in denen ein Suchtverhalten jede andere Möglichkeit dominiert, ist eine freie

Entscheidung kaum möglich: „Freiheit im praktischen Verstande ist die Unabhängigkeit der Willkür von der Nötigung durch Antriebe der Sinnlichkeit“ [Kant (1781) A 534/B 562]. Und schließlich drittens muss es der handelnden Person möglich sein, Alternativen zu erkennen und sie realistisch einzuschätzen. Dies setzt entsprechende kognitive Fähigkeiten voraus, aber auch, dass die relevanten Informationen zugänglich sind.

Fassen wir zusammen. Entscheidungsfreiheit setzt verschiedene Dinge voraus, nämlich:

- Freiwilligkeit, d. h. die Möglichkeit, Entscheidungen ohne äußeren Zwang zu treffen;
- die Fähigkeit, sich durch die eigenen Bedürfnisse und Triebe nicht den Blick auf die Sache verstellen zu lassen;
- Wissen um die Situation und die Kompetenz, mit diesem Wissen umzugehen.

Eine so verstandene Freiheit ist, anders als die transzendentale Freiheit, eine notwendige Voraussetzung ethischen Handelns.

2.6.4 Handlungsfreiheit

Obwohl Handlungsfreiheit eng mit Entscheidungsfreiheit verbundenen ist, ist es sinnvoll, die beiden auseinanderzuhalten. Handlungsfreiheit ist die Freiheit, einmal getroffene (freie) Entscheidungen auch *umzusetzen.* Offensichtlich gibt es eine Reihe von Situationen, in denen uns die freie Entscheidung möglich ist, nicht aber deren Umsetzung. Und umgekehrt gibt es Situationen, in denen es ungehindert möglich wäre, einer Entscheidung Taten folgen zu lassen, die Entscheidung selbst aber nicht frei getroffen werden kann.

Handlungsfreiheit ohne Entscheidungsfreiheit und Entscheidungsfreiheit ohne Handlungsfreiheit sind möglich

Der erste Fall ist gegeben, wenn eingeschränkte oder fehlende physische Freiheit uns an einer Ausführung hindern, wenn durch Drohungen, Einschüchterung oder Erpressung aktiv Druck auf uns ausgeübt wird, oder auch dann, wenn sozialisationsbedingte Faktoren oder die Widrigkeiten des Lebens die Umsetzung einer Entscheidung unmöglich machen. Der umgekehrte Fall ist die Entscheidung unter Zwang oder die Unfähigkeit, überhaupt zu einer Entscheidung zu gelangen, obwohl einer Umsetzung nichts im Weg steht. Im Beispiel von Williams etwa wird Jim zwar zu einer Entscheidung gezwungen und ist deshalb nicht wirklich frei in seiner

Entscheidung, doch wenigstens ihm selbst drohen keine Konsequenzen, selbst wenn er sich weigert, an der Exekution mitzuwirken – sieht man davon ab, dass er mit den Folgen seiner Entscheidung wird leben müssen. Er wäre daher frei, seine Entscheidung, wie auch immer sie ausfällt, *umzusetzen*, obwohl sie unter Zwang getroffen wurde. Ähnlich liegt der Fall, wenn es deshalb nicht zu einer freien Entscheidung kommt, weil relevante Informationen fehlen, übermächtige Emotionen den Blick auf die Sache verstellen oder der Handelnde nicht in der Lage ist, sein Wissen auf eine konkrete Situation zu beziehen, der freien Ausführung aber grundsätzlich nichts im Weg steht.

2.7 Bedeutungen von „gut"

„gut" ist das, wonach wir streben

Ein weiterer Begriff, der im Zusammenhang der Ethik eine überragende Rolle spielt, ist der Ausdruck „gut“ bzw. sein Gegensatz „schlecht“. Alle unsere Bewertungen können in letzter Konsequenz auf dieses Begriffspaar zurückgeführt werden. Weitgehend unkontrovers lässt sich das Gute mit Aristoteles als dasjenige bestimmen, was wir erstreben: „Jede Kunst und jede Lehre“, so stellt er zu Beginn der *Nikomachischen Ethik* fest, „ebenso jede Handlung und jeder Entschluss scheint irgendein Gut zu erstreben. Darum hat man mit Recht als das Gute dasjenige bezeichnet, wonach alles strebt“ [Aristoteles *Nikomachische Ethik* 1094a]. Dass hier die Substantivierungen „Gut“ und „das Gute“ auftreten, ist semantisch zu vernachlässigen, denn das „Gute“ ist das, worauf das Adjektiv „gut“ Anwendung findet; die Äußerungen lassen sich also ohne große Schwierigkeiten entsprechend umformen. Doch selbst wenn die allgemeine Bestimmung des Guten, die Aristoteles gibt, unkontrovers ist, so ist damit selbstverständlich nicht alles gesagt. Die Auseinandersetzung beginnt wie immer bei den Details. Die grundsätzliche Schwierigkeit besteht darin, dass „gut“ in ganz unterschiedlichen Zusammenhängen Verwendung findet. Erstens: Nicht alles, wonach wir streben, d.h. was wir nach der gerade genannten Bestimmung als gut bezeichnen, ist in einem *ethischen* Sinn gut. Besonders offensichtlich wird dies in Fällen, in denen wir mit der Verfolgung unserer eigenen Interessen oder dem Versuch, unsere Bedürfnisse zu befriedigen – also in dem Bestreben, das für uns Gute zu verwirklichen –, anderen Menschen Schaden zufügen oder sie auch nur in der Verfolgung ihrer Interessen behindern. Deshalb gilt:

Auch wenn ein bestimmtes Verhalten individuell „gut“ sein mag, folgt daraus noch nichts über seine ethische Qualität. Es empfiehlt sich, die ethische Verwendung und die außerethische Verwendung von „gut“ auseinanderzuhalten.

Verschiedene Verwendungen von „gut“:
- außerethisch
- ethisch
- instrumentell
- unbedingt

Außerdem kann „gut“, sowohl innerhalb als auch außerhalb der Ethik, in einem instrumentellen oder in einem unbedingten Sinn verwendet werden, d.h. etwas kann *als geeignetes Mittel zu einem Zweck* ausgezeichnet werden oder aber als *an sich selbst* und unabhängig von weiteren Zwecken gut. Auch hier wird es schnell unübersichtlich. So kann die instrumentelle Güte eines Gegenstands oder einer Handlung davon abhängen, ob der Zweck, der erreicht werden soll, gut ist oder nicht, sie muss es aber nicht. Wenn etwas unabhängig von der Güte des zu erreichenden Zwecks als instrumentell gut ausgezeichnet wird, dann stellt sich allein die Frage nach seiner Eignung als Mittel. Dies ist bei *Gegenständen* des Alltags oft der Fall und an einem Beispiel leicht nachzuvollziehen. Ein „gutes“ Messer ist ein Messer, das scharf ist und „gut“ schneidet; dann erfüllt es seinen Zweck. Es spielt für die Güte des Messers dagegen keine Rolle, ob dieser Zweck im Brotschneiden besteht oder ob es Werkzeug bei einem Kapitalverbrechen ist. Bei *Handlungen*, die Mittel zum Zweck sind, lassen sich die Bewertung ihrer instrumentellen Güte und die Bewertung der Güte des Zwecks nicht so klar voneinander trennen. Auch hier hilft ein Beispiel. Nehmen wir die verbreitete Meinung, es sei gut, andere Menschen bei der Erreichung ihrer Ziele zu unterstützen. Hier scheint das angestrebte Ziel durchaus wichtig für die Bewertung zu sein: Es macht einen Unterschied, ob wir jemandem dabei helfen, einen Mord zu *verhindern* oder einen Mord zu *begehen.* Anders als im Fall des guten Messers kommt es für die Bewertung unseres Verhaltens nicht nur darauf an, ob die betreffende Person dank unserer Hilfe ihr Ziel erreicht. Neben diesen Schwierigkeiten, die im Zusammenhang der instrumentellen Güte auftreten, gibt es oft auch Probleme bei der trennscharfen Gegenüberstellung von instrumenteller und unbedingter Güte. Ein Buch etwa kann gut sein, weil es hilfreich für die Vorbereitung auf eine Prüfung ist, oder so spannend, dass es eine lange Reise abkürzt; doch wenigstens bei den Werken der „Weltliteratur“ stellt sich die Frage, ob ein Buch nicht auch in einem nicht-instrumentellen Sinn und unabhängig von irgendwelchen Zielen gut sein kann. Schließlich kann „gut“ eine Auszeichnung sein, die sich auf einen *allgemeinen* Sachverhalt bezieht oder auf einen *besonderen.* Allgemein könnte man beispielsweise darauf hinweisen, dass Eigenschaften wie Weisheit oder Wohlwollen, Institutionen, oder Gegenstände und Handlungen einer bestimmten Art „gut" sind; speziell dagegen ist der Hinweis darauf, dass *diese* Eigenschaft, *diese* Institution, *dieser* Gegenstand oder *diese* Handlung gut ist. Dabei gilt allerdings der triviale Zusammenhang: Wenn man bereit ist, *ein* Exemplar mit dem Prädikat „gut" zu belegen, legt man sich darauf fest, auch *alle anderen* Exemplare, die dem ersten in der entsprechenden Hinsicht gleichen, mit diesem Prädikat auszuzeichnen.

Dies sind nur einige der Unterscheidungen und Gesichtspunkte, die eine Bestimmung des Ausdrucks „gut" kompliziert machen; tatsächlich füllt die Beschäftigung mit diesem Begriff ganze Monografien. Doch ein kurzer Ausblick auf die Schwierigkeiten einer genaueren begrifflichen Bestimmung soll an dieser Stelle ausreichen [für einen erweiterten Überblick s. z. B. Frankena (1963) 99 f. und Quante (2003) 37], denn die grammatische und semantische Analyse tritt hinter die wichtigere Frage zurück, was denn „gut" oder „das Gute" sei. Diese Frage zu beantworten ist schwierig genug; eine Begriffsanalyse oder eine Untersuchung dessen, was wir für gut halten, kann nicht mehr als ein erster Anhaltspunkt für die Ermittlung dessen sein, was gut ist. Wenden wir uns daher den Theorien zu, die versucht haben und versuchen, Antworten zu geben.

2.7.1 Theorien des Guten

Was ist „gut"? Die Philosophie macht verschiedene Vorschläge. Drei einflussreiche Theorien werden im Folgenden kurz vorgestellt. Naheliegend ist der erste Ansatz: Er nimmt die Bedürfnisse des Menschen zum Ausgangspunkt seiner Überlegungen und die Lust, das Vergnügen oder das angenehme Gefühl, die aus der Befriedigung von Bedürfnissen entstehen. Die zentrale These lautet: „gut ist das (und nur das), was Vergnügen beziehungsweise Lust bereitet". Diese Position geht zurück auf den griechischen Philosophen Epikur (341–271 v. Chr.) und findet sich in der Fachdiskussion unter der Überschrift „Hedonismus" (ἡδονή/*hedonē*: Lust, Genuss, Begierde, Vergnügen). Die moderne Variante des Hedonismus ist ein „Utilitarismus" (utilitas: Nützlichkeit, Nutzen), der sein oberstes Ziel, den Nutzen oder die Nützlichkeit, im Hinblick auf die Befriedigung menschlicher Bedürfnisse definiert. Eine zweite Möglichkeit, die Frage nach dem Guten zu beantworten, hat ebenfalls bereits eine lange Geschichte. Dieser Ansatz setzt „gut" in Beziehung zum guten

Klassische Theorien des Guten:
- Hedonismus
- Eudaimonismus
- Theorie des „absolut" Guten

oder gelungenen Leben. Seine zentrale These lautet: „Gut ist all das, was zu einem glücklichen oder gelungenen Leben beiträgt". Diese Antwort wird bereits von Aristoteles vertreten [Aristoteles *Nikomachische Ethik* z.B. 1095a; 1199bf.] und ist unter der Überschrift „Eudaimonismus" (εὐδαιμονία/*eudaimonịa*: Glück, Glückseligkeit, glückliche Lage) Gegenstand der Diskussion. Es liegt auf der Hand, dass die Trennlinie zwischen dem ersten und dem zweiten Ansatz nicht scharf ist: Die Erfüllung wenigstens eines Teils unserer Bedürfnisse wird für jede Konzeption des glücklichen oder gelungenen Lebens ebenso eine Rolle spielen, wie jede Theorie, die sich auf Vergnügen oder Lust gründet, wenigstens rudimentäre Vorstellungen von einem gelungenen oder glücklichen Leben haben muss. Drittens: Eine weitere Möglichkeit, die Frage nach dem Guten zu beantworten, ist der Versuch, etwas zu ermitteln, das *ohne Bedingungen* (also gerade nicht im Hinblick auf menschliche Bedürfnisse, Ziele oder Zwecke) gut ist. Die entsprechende These lautet: „Es gibt etwas, das unbedingt und ohne Einschränkung gut ist". Diese Position wurde in der säkularen Ethik am prominentesten von Immanuel Kant vertreten. Im Wesentlichen sind es diese drei Ansätze, welche die Diskussion um das Gute in der Philosophie bestimmen. Darüber hinaus ist noch der – in der abendländischen Philosophie eher selten vertretene – Standpunkt erwähnenswert, „gut" sei das Leben in Askese, also das Streben nach völliger Bedürfnislosigkeit oder auch der asketische Zustand selbst. Die ersten beiden Positionen unterscheiden sich wenigstens in einem wichtigen Punkt von der dritten. Sie sind *allgemeine* Theorien des Guten und sind nicht auf die Ethik beschränkt. Der dritte Ansatz dagegen wird, jedenfalls von seinem herausragendsten Vertreter, ausdrücklich schon als eine Theorie des *ethisch Guten* konzipiert. Sehen wir uns die Vorschläge etwas genauer an.

2.7.2 Hedonismus

„gut" ist alles, was Lust bereitet

Die Grundthese des Hedonismus ist einfach und intuitiv einleuchtend: „gut ist das (und nur das), was Vergnügen oder Lust bereitet". Wie erwähnt gibt eine Theorie, die das Gute auf dieser Grundlage bestimmt, nicht ohne Weiteres Auskunft darüber, was in *ethischer* Hinsicht gut ist. Oft ist sogar das Gegenteil der Fall. Das, was sie als gut auszeichnet, kann unter ethischen Gesichtpunkten fragwürdig oder schlecht sein. Folgen wir nämlich jeweils dem Grundsatz, unsere Bedürfnisse zu befriedigen und unsere Lust zu steigern, so schließt dies auch eine Bedürfnisbefriedigung auf Kosten anderer ein, etwa, um nur zwei Standardfälle zu nennen, durch den Verbrauch knapper allgemeiner Güter oder das Ausleben sadistischer Neigungen. Vertreter einer hedonistischen Interpretation des Guten müssen daher einräumen – was sie für gewöhnlich auch tun –, dass einige nach ihrem Kriterium „gute" Dinge *ethisch* schlecht sind. Soll dieser Ansatz zum Ausgangspunkt einer Konzeption des *ethisch* Guten werden, muss er daher durch weitere Prinzipien ergänzt werden, die sicherstellen, dass der individuellen Bedürfnisbefriedigung und dem Lustgewinn auf Kosten anderer Grenzen gesetzt sind. Sinnvoll ist hier beispielsweise die Forderung, dass die Lustbilanz sich durch Handlungen nicht nur für den Handelnden selbst, sondern insgesamt vergrößern sollte, und zwar so, dass es dabei am Ende wenigstens niemandem schlechter geht: Selbst ein großer Lustzuwachs für eine Person sollte in keinem Fall eine moderate Verschlechterung für eine andere rechtfertigen können. Diese Forderung wird oft im Zusammenhang mit der sogenannten „Pareto-Effizienz" diskutiert. Der Ausdruck geht zurück auf den italienischen Wirtschaftswissenschaftler Vilfredo Pareto (1848–1923), der um die vorletzte Jahrhundertwende feststellte, dass eine Gemeinschaft genau dann effizient organisiert ist, wenn es keine praktikablen Alternativen zu den Handlungen ihrer Mitglieder gibt, die wenigstens einen der Beteiligten besser stellt, *ohne* dies zu Lasten anderer zu tun. Dennoch: Auch wenn man die Grundthese des Hedonismus in dieser Weise erweitert und ergänzt, bleibt der Ansatz problematisch. Schwierigkeiten machen etwa die Fragen, ob und wie sich Lust oder Vergnügen *messen* lassen, wie verschiedene Arten der Lust und des Vergnügens gegeneinander *verrechnet* werden können und ob etwa eine rein *quantitative* Verrechnung möglich ist, oder ob auch *qualitative* Faktoren zu berücksichtigen sind. Und schließlich ist auch die Frage der Verteilung von Lust und Vergnügen wichtig. Gerade im Hinblick auf ein fruchtbares Zusammenleben wäre nämlich immer noch zu klären, ob eine *starke* Erhöhung der Lustbilanz einer einzigen oder einiger weniger Personen zulässig sein soll, wenn sich die Bilanz der anderen nicht oder nur *geringfügig* erhöht. Für die meisten dieser Fragen und Einwände gibt es Überlegungen, wie sie zu beantworten und zu entkräften sein könnten; ein in allen Punkten stimmiges Modell ist allerdings bisher nicht gefunden worden. Man kann daher festhalten, dass der Hedonismus eine Theorie des Guten ist, die sich jedenfalls nicht

„Pareto-Effizienz"

ohne Weiteres als Grundlage einer Theorie des *ethisch* Guten eignet.

Mit den gerade genannten Problemen ist die Liste der Einwände allerdings nicht abgeschlossen. Denn es gibt einen schwerwiegenden Einwand, welcher gegen die Theorie von einem externen Standpunkt aus erhoben werden kann, also noch bevor überhaupt diskutiert wird, ob sich der Hedonismus eventuell als Ausgangspunkt für ethische Überlegungen eignet. Die Kritik lautet, es sei fraglich, ob Lustgewinn oder Bedürfnisbefriedigung, so wie es der Hedonismus behauptet, tatsächlich das ist, wonach Menschen in erster Linie streben. Der deutsche Philosoph Friedrich Nietzsche (1844–1900) etwa vertrat prominent die Ansicht, Menschen strebten in erster Linie nach *Macht* – und eben nicht nach Vergnügen oder Lust. Ebenso, und weniger kontrovers als Nietzsches Vorschlag, scheinen *Wahrheit* und *Weisheit* Ziele zu sein, die Menschen zum Teil unter beträchtlichen Einbußen in ihrer (individuellen) Lustbilanz verfolgen. Wenn dies zutrifft, dann würde die grundlegende Behauptung des Hedonismus also bei Weitem nicht die Allgemeinheit erreichen, die nötig wäre, um als generelle These über das Gute überzeugen zu können und als Grundlage einer Theorie des ethischen Guten zu dienen.

Ist Lustgewinn wirklich ein universelles Ziel der Menschen?

Und schließlich ist in diesem Zusammenhang auch noch ein weiterer klassischer Einwand gegen den Hedonismus zu erwähnen; er ist unter der Bezeichnung „hedonistisches Paradox“ bekannt. Dahinter verbirgt sich folgende Überlegung: Die Grundthese, alle Menschen strebten ausschließlich nach Vergnügen oder Lust, legt nahe, man solle Lust und Vergnügen *direkt* anstreben. Eine solche Handlungsanweisung führt aber paradoxerweise fast zwangsläufig dazu, dass das Ziel verfehlt wird: Anstelle von Lust und Vergnügen stellen sich bei ihrer direkten Verfolgung Überdruss und Langeweile ein, so wie das Vergnügen aus dem zehnten Dessert in Folge bei den meisten Menschen kaum mit dem aus dem ersten vergleichbar ist. Es scheint, als seien Lust und Vergnügen Begleiterscheinungen oder Nebenprodukte verschiedener Aktivitäten, so dass sie sich eben gerade nicht auf direktem Weg verwirklichen lassen.

das hedonistische Paradox

2.7.3 Eudaimonismus

Der zweite oben genannte Ansatz zur Bestimmung des Guten ist der Eudaimonismus. Seine zentrale Behauptung ist: „Gut ist all das, was zu einem glücklichen oder gelungenen Leben beiträgt“. Wie

„gut" bestimmt sich im Hinblick auf ein glückliches Leben

schon erwähnt, teilen eudaimonistische Ansätze mit dem Hedonismus die Eigenschaft, nicht ohne weiteres eine Theorie des *ethisch* Guten zu sein. Ein wichtiger Vorzug eudaimonistischer Theorien gegenüber hedonistischen Ansätzen besteht allerdings darin, dass der Eudaimonismus offen ist für eine Vielzahl von inhaltlichen Bestimmungen. Er kann, ohne in Widersprüche zu geraten, einräumen, dass Menschen ihr Glück auf unterschiedlichste Weise verfolgen, und muss sich nicht darauf festlegen, dass allein ein bestimmtes Gefühl oder ein bestimmter mentaler Zustand „gut" ist. Der Eudaimonismus eignet sich damit eher als der Hedonismus als Grundlage einer Theorie des *ethisch* Guten; jedenfalls dann, wenn wir anerkennen, dass ein erfolgreiches Zusammenleben mit anderen Menschen Teil des gelungenen Lebens ist. In diesem Fall führt das Zugeständnis, dass andere Menschen ebenfalls einen berechtigten Anspruch auf die Verwirklichung ihrer Ziele haben und wir uns deshalb bestimmten Regeln (des Interessenausgleichs) unterwerfen müssen, nicht in einen Konflikt. Wo der Hedonismus einschränkender Zusatzannahmen bedarf, die Zweifel an der ethischen Tauglichkeit seiner Ausgangsthese aufkommen lassen, kann das Grundprinzip des Eudaimonismus die Rücksichtnahme auf die Interessen anderer Menschen mühelos integrieren. Wenn es zutrifft, dass der Mensch von Natur aus ein Bedürfnis nach Gemeinschaft hat (wie im Abschnitt 1.3 bereits erwähnt), dann liegt es sogar nahe, die eudaimonistische Ausgangsthese in dieser Weise zu interpretieren. Für die antiken Vertreter eudaimonistischer Theorien jedenfalls war dieser Gedanke völlig selbstverständlich: Erfolgreiche und fortgesetzte soziale Interaktion wurde als ein notwendiger Bestandteil des gelungenen Lebens betrachtet. Sie präsentierten deshalb oft eine Liste sozialer Tugenden – also Tugenden, die anders als etwa Mut und Stärke, nicht nur demjenigen nützen, der sie besitzt –, deren Befolgung das Zusammenleben erfolgreich verlaufen lassen sollte. Andererseits gab es bereits in der Antike Stimmen, die Zweifel an einer tugendethischen Interpretation des Eudaimonismus äußerten. So lässt schon Platon den Sophisten Trasymachos im ersten Buch des *Staates* die fundamentale Kritik äußern, dass die Ausrichtung des Lebens an bestimmten Tugenden das gelungene und glückliche Leben nicht nur nicht fördere, sondern sogar behindere, und zwar deshalb, weil sie den Einzelnen in seinen Handlungsmöglichkeiten zu stark einschränke.

Wie dem auch sei: Aristoteles, einer der herausragenden und mit seinen Gedanken bis heute einflussreichen Vertreter des eudaimonistischen Ansatzes, bestimmt das gelungene Leben so: Es bestehe schlicht in der Realisierung der besonderen geistigen und körperlichen Anlagen des Menschen [Aristoteles *Nikomachische Ethik* 1097a f.]. Damit erteilt er gleichzeitig der Grundthese des Hedonismus eine deutliche Absage. Durch die Befriedigung materieller Bedürfnisse lassen sich Anlagen offensichtlich nicht entwickeln, sondern nur durch eine aktive Tätigkeit, die stete Arbeit an ihnen, ein harmonisches Zusammenleben mit anderen Menschen und das Streben nach der Verwirklichung intellektueller Bedürfnisse und konkreter Ziele. Dabei war Aristoteles, anders als Sokrates oder die Vertreter der Stoa (einer einflussreichen Philosophenschule der Antike), der Meinung, Tugendhaftigkeit *allein* sei noch kein Garant für ein gelungenes Leben; denn auch wenn ein tugendhaftes Leben im Allgemeinen weniger anfällig für die Wechselfälle des Schicksals sei, so gelte doch, dass sich ohne hinzukommende günstige äußere Umstände „die Glückseligkeit aufreibt und trübt" [Aristoteles *Nikomachische Ethik* 1100b27 f.].

2.7.4 Der „Gute Wille"

Der dritte Versuch, das Gute zu bestimmen, zielt darauf, ein *absolutes* und *unveränderliches* Kriterium des Guten nachzuweisen. In der Form, in der die Theorie von ihrem wohl bedeutendsten Vertreter, Immanuel Kant, vertreten wird, dient sie ihrem Anspruch nach bereits ausdrücklich der Bestimmung des *ethisch* Guten. Auch damit unterscheidet sie sich also von den beiden gerade vorgestellten Ansätzen. Kants Kandidat für unbedingte Güte ist der „Gute Wille".

Absolut gut ist allein der Gute Wille

Im ersten Satz des Haupttextes der *Grundlegung zur Metaphysik der Sitten* heißt es: „Es ist überall nichts in der Welt, ja überhaupt auch außer derselben zu denken möglich, was ohne Einschränkung für gut könnte gehalten werden, als allein ein *guter Wille*" [Kant (1785) 393]. Der Gute Wille soll also per Definition unabhängig von veränderlichen Bedingungen und Zielen sein und durch die Zeit für alle Menschen gleichermaßen gelten.

Die Tatsache, dass Kant ausgerechnet einen „Willen" als das einzige unbedingt Gute auszeichnet, mag befremden. Hier liegen die Antworten, die der Hedonismus und der Eudaimonismus auf die Frage nach dem Guten geben – d.h. die Spezifikation durch einen erstrebenswerten Zustand oder Lebensvollzug –, jedenfalls deutlich eher auf der Hand. Darüber hinaus scheint der Vorschlag, das Gute durch den „guten" Willen zu bestimmen, auch noch zirkulär zu sein: Wie kann eine Antwort befriedigen, die genau den Ausdruck enthält, über den wir erst etwas in Erfahrung bringen wollen? Trotz dieser naheliegenden Kritikpunkte ist es vorschnell, Kants Vorschlag ungeprüft zu den Akten zu legen. Er mag intuitiv weniger einleuchten als die konkurrierenden Ansätze; ob er in der Sache überzeugen kann, wird sich aber erst durch die genauere Untersuchung der Theorie ermitteln lassen. Weil dies ein umfangreicheres Unterfangen ist, muss die Untersuchung allerdings zurückgestellt werden und kann erst dort stattfinden, wo es um die Theorie Kants im Gesamtzusammenhang geht (in Abschnitt 5.3.3). An dieser Stelle müssen zwei vorläufige Bemerkungen genügen, um den Eindruck zu mildern, die Theorie sei von vornherein zum Scheitern verurteilt.

Erstens: Der „Gute Wille" ist eine terminologische Festlegung. Der Begriff hat zwar Berührungspunkte mit dem alltäglichen Sprachgebrauch, weicht aber insgesamt deutlich von ihm ab. Viele Einwände, die, unter Berufung auf unseren normalen Sprachgebrauch, in diesem Zusammenhang gegen Kants Ethik vorgebracht werden, sind deshalb gegenstandlos. Zweitens: „Der gute Wille ist nicht durch das, was er bewirkt oder ausrichtet, nicht durch seine Tauglichkeit zur Erreichung irgendeines vorgesetzten Zweckes, sondern allein durch das Wollen, d. i. an sich gut…" [Kant (1785) 394]. Zu erwarten ist also eine nähere Erläuterung dessen, was einen Willen zu einem *guten* Willen macht, durch die Aufklärung der *Struktur* dieses „Wollens". Wenn eine solche Explikation gegeben wird und überzeugen kann, entschärft sich der Zirkularitätsverdacht. Ohne diese beiden Gedanken hier weiterverfolgen zu können, sei deshalb vorläufig festgehalten: Kants Theorie des „absolut" Guten ist eine echte Alternative zu den „relativen" hedonistischen oder eudaimonistischen Bestimmungen des Guten durch eine Liste von Gegenständen, Eigenschaften, oder Zuständen.

2.7.5 G. E. Moore: „gut" ist undefinierbar

Kehren wir zum Abschluss des Themas noch einmal zurück zur semantischen Frage: „Was bedeutet ‚gut'"? Wie im Zusammenhang der Diskussion um den naturalistischen Fehlschluss bereits kurz erwähnt, vertrat George Edward Moore zu Beginn des letzten Jahrhunderts mit Nachdruck die radikale These, dass es sich bei diesem Prädikat um einen (was die Ethik betrifft) undefinierbaren und nicht weiter zu analysierenden „Gegenstand" handelt. Obwohl seine

These das Resultat einer Argumentation ist, die auf einem voraussetzungsreichen ethischen Realismus beruht, ist sie in der Folge oft losgelöst von diesem Hintergrund zu der populären allgemeinen Behauptung verkürzt worden, das Prädikat „gut“ – immerhin ein grundlegender Begriff der Ethik – lasse sich überhaupt nicht weiter bestimmen. Nach dem, was gerade über „gut“ beziehungsweise „das Gute“ und die verschiedenen Theorien des Guten gesagt wurde, kann eine solche Ausweitung der These Moores nicht überzeugen. Erstens lässt sich der Ausdruck in einem gewissen Umfang durchaus bestimmen, wie es schon Aristoteles mit seiner Definition nahelegt. Auch lässt er sich selbstverständlich mit Erfolg auf seine grammatischen Merkmale und seine logischen Funktionen hin untersuchen [z. B. von Kutschera (1999) 12 ff.]. Zweitens: Selbst wenn die Untersuchung des Sprachgebrauchs und der Verwendungen des Prädikats „gut“ zu keinen weiterführenden Einsichten führte, erwüchsen dem Unterfangen einer philosophischen Ethik – anders als es die schlagwortartig verkürzte These Moores nahe legt – daraus nicht zwingend grundsätzliche Schwierigkeiten. Denn wichtiger als die linguistischen und logischen Aspekte ist immer noch die Ermittlung dessen, was tatsächlich gut ist.

Die Untersuchung der logischen und semantischen Eigenschaften des Ausdrucks hilft bei der Theoriebildung, kann diese aber nicht ersetzen

Fassen wir zusammen: Die Frage, welche Handlungen gut sind (oder: wie wir handeln *sollen*), lässt sich nicht durch eine Untersuchung des Sprachgebrauchs beantworten, auch wenn diese erste Anhaltspunkte geben kann. Auch die logische Analyse ist unbestritten hilfreich, weil sie Ungereimtheiten in der Argumentation und Fehlschlüsse aufdeckt. Letztlich muss es aber darum gehen, eine Theorie zu finden, die begründet, ob wir das, was wir für gut halten, berechtigterweise für gut halten. Dies ist schon allein deshalb nötig, weil „das Gute“ ein Grundelement jeder Ethik ist.

Halten wir daher fest: Es gibt im Wesentlichen zwei Arten, sich der Frage nach dem Guten zu nähern, nämlich zu fragen:

- Wie *verwenden* wir das Prädikat „gut"? Was bedeutet der Ausdruck? Diese Fragen lassen sich durch eine Analyse des Sprachgebrauchs beantworten.
- Welche Dinge (Eigenschaften, Zustände, Gegenstände) *sind* gut? Dies ist eine Sachfrage, die nur im Zusammenhang einer Theorie beantwortet werden kann.

Die Antwort auf die erste Frage gibt allerdings Hinweise für die zweite.

2.8 Motivation: Internalismus und Externalismus

Ein Thema, das die Ethik ebenfalls seit ihren Anfängen begleitet, ist die Frage nach der Motivation zu (ethischen) Handlungen. Offensichtlich ist es eine Sache zu wissen, was das Gute ist, und eine andere Sache, entsprechend zu handeln. Das Thema, das in der Antike unter dem Begriff „Akrasia" (ἀκρασία/*akrasịa*: Unmäßigkeit) erörtert wurde, wird heute oft unter den Überschriften „Internalismus" und „Externalismus" diskutiert. Diese beiden Begriffe markieren die möglichen Extrempositionen in der Motivationsfrage. Der Internalismus behauptet, wenn wir *erkennen*, was das Gute ist (bzw., dass eine ethische Aussage begründet ist), dann sind wir dadurch bereits motiviert, entsprechend zu *handeln*. In seiner extremen Ausprägung behauptet er sogar, das Wissen um die ethische Güte einer Handlung sei bereits eine *hinreichende* Motivation für deren Ausführung. In dieser Extremform ist der Internalismus allerdings wenig plausibel: Er hat vor allem große Schwierigkeiten zu erklären, wie es kommt, dass wir trotz der Einsicht in das Gute oft eben nicht entsprechend handeln. In jedem derartigen Fall nachzuweisen, dass die entsprechende Einsicht nicht vorhanden war, dürfte so gut wie unmöglich sein. Aus diesem Grund werden internalistische Positionen meistens zurückhaltender formuliert. Die abgeschwächte und dafür weitaus überzeugendere Behauptung ist, dass die Einsicht in das Gute uns zwar zwangsläufig zu entsprechenden Handlungen motiviert, dass diese Motivation in ihrer Stärke aber oft nicht ausreicht, um sich gegen konkurrierende Motivationen (oder auch nur gegen die eigene Bequemlichkeit) durchzusetzen. Trotz eines notwendigen Zusammenhangs von Einsicht und *Motivation* wird also nicht behauptet, dass die Einsicht automatisch zu einer entsprechenden *Handlung* führt.

Das Akrasia-Problem: Wie stark motiviert die Einsicht (in das Gute) zu entsprechenden Handlungen?

Der Externalismus dagegen bestreitet von vornherein, dass ein solcher Zusammenhang von Einsicht und Handlungsmotivation gegeben ist. Gegen den Internalismus weist er darauf hin, dass dort nicht zwischen verschiedenen Arten von Gründen unterschieden werde, nämlich zwischen *rechtfertigenden* Gründen einerseits und *motivierenden* Gründen andererseits. Was der Externalismus dagegen nicht in Abrede stellt, ist, dass beide Arten von Gründen zusammenkommen können – wenn jemand nach einer Einsicht handelt, dann geschieht dies trivialerweise –; er verneint lediglich, dass „rechtfertigende" Gründe zwangsläufig „motivierende" Gründe sind. Internalismus und Externalismus unterscheiden sich also vor allem in der Erklärung für die Tatsache, dass wir oft nicht entsprechend unserer Einsicht in das Gute handeln. Ein (gemäßigter) Internalismus verweist auf konkurrierende Motivationen, die stärker sein können als diejenige Motivation, die aus der Einsicht in das Gute entspringt; er hält aber daran fest, dass zwischen Einsicht und Motivation ein notwendiger Zusammenhang besteht. Der Externalismus bestreitet von vornherein die Zwangsläufigkeit der Motivation durch eine Einsicht.

Verschiedene Versionen des Internalismus: Die Motivation entspringt
(1) der menschlichen Natur,
(2) dem Eigeninteresse,
(3) unserem Selbstbild,
(4) der Einsicht in die Vernünftigkeit des Menschen

Die meisten Theorien, die im Lauf der Philosophiegeschichte aufgestellt wurden, sind gemäßigt internalistisch. Diskutiert werden dabei folgende Optionen. Erstens: Die Motivation zu ethischem Handeln lässt sich direkt auf die *menschliche Natur* zurückführen. Grundlegend für diesen Ansatz ist die Behauptung, der Mensch sei von Natur aus „gut" und habe deshalb von vornherein eine Disposition, gemäß seiner Einsicht in das Gute zu handeln: Anderen Menschen wissentlich Leid zuzufügen wird hier auf eine fehlgeleitete Sozialisation zurückgeführt. Zweitens: Die Motivation zu ethischem Handeln entspringt dem *Eigeninteresse*. Ignorieren wir ethische Einsichten oder verstoßen gegen sie, hat dies soziale Sanktionen zur Folge, die wir im eigenen Interesse vermeiden wollen. Drittens: Die Motivation zu ethischem Handeln erklärt sich aus unserem *Selbstbild*. Einerseits sind wir bestrebt, Brüche und größere Widersprüche in unserer Selbstwahrnehmung zu vermeiden, und streben nach Kohärenz. Andererseits bestimmt sich unser Selbstbild zu einem guten Teil durch die Rückmeldung unserer Mitmenschen. Eine positive Rückmeldung von ihnen scheint aber vorauszusetzen, dass unsere Worte und Taten weitgehend stimmig sind und wir nicht fortwährend wider besseres Wissen handeln. Viertens: Die Motivation zu ethischem Handeln ist auf die *Vernunft* zurückzuführen. Ausgangspunkt dieser Überlegung ist, dass der Mensch sich in erster Linie durch seine Fähigkeit zur Reflexion des eigenen Verhaltens von anderen Lebewesen unterscheidet. Das Vermögen, das uns diese Reflexion ermöglicht, verdient deshalb besonderen Respekt. Wir sind deshalb durch die Einsicht in das Gute zu Handlungen motiviert, weil nach allem was wir wissen, nur der Mensch in der Lage ist, sein Verhalten zu reflektieren.

Als Spezifikation der ersten These (die Motivation zu ethischem Handeln ist in der Natur des Menschen angelegt) ist in den letzten Jahren eine Hypothese über die Motivation zu ethischem Handeln populär geworden, die eine gewisse Eigenständigkeit dadurch erhält, dass sie sich direkt auf eine ausgearbeitete empirische Theorie, die Molekularbiologie, beruft. Einen größeren Bekanntheitsgrad erreichte sie in der Formel vom „egoistischen Gen", die Mitte der siebziger Jahre des letzten Jahrhunderts von Richard Dawkins in einer einflussreiche Monografie (*The Selfish Gene*; 1976) ausgearbeitet wurde. Der Kerngedanke der Überlegungen ist, dass das Erbmaterial selbst bereits von Natur aus einen starken Hang zu seiner eigenen Erhaltung und Verbreitung codiert. Wenn dies zutrifft, so würde das zwangsläufig ein Interesse am Wohlergehen der eigenen Nachfahren und der nächsten biologischen Verwandten begründen. Bereits auf der molekularen Ebene wären so Verhaltensweisen angelegt, die nicht dem Individuum selbst nützen und die sich auf der sozialen Ebene als (begrenzter) Altruismus äußern: Wir sind schon aufgrund unserer Gene zu beträchtlichen Opfern bereit, wenn wir damit unseren Nachkommen und (biologischen) Verwandten helfen können. Dieser Ansatz macht als eine von mehreren Varianten der biologistischen Erklärungen für menschliches Verhalten, die in der zweiten Hälfte des 20. Jahrhunderts in Mode kamen, exemplarisch deutlich, wie die These, die Motivation zu ethischem Handeln sei in der *Natur des Menschen* angelegt, durch die Verbindung mit einer „harten" empirischen Wissenschaft größere Überzeugungskraft entfalten kann. Sie macht allerdings gleichzeitig beispielhaft die Defizite vieler ähnlich gelagerter Versuche klar. Denn bereits die Grundannahme ist heftig umstritten, und zwar schon innerhalb der Disziplin, aus der sie stammt. Ob es ein „egoistisches Gen" tatsächlich gibt, ist schließlich eine Frage, deren Beantwortung den Horizont der derzeitigen Wissenschaft weit übersteigt. Und selbst dann, wenn es sich bei Dawkins' Hypothese um eine empirisch gut gesicherte Behauptung handelte, wäre damit für die Ethik nichts gewonnen: Die These vom „Altruismus", der dem „Egoismus" unserer Gene entspringen soll, erklärt im besten Fall, warum wir motiviert sind, unseren nächsten Angehörigen zu helfen; sie reicht aber eben nicht weiter.

Wie diese kurze Übersicht deutlich macht, gibt es eine Reihe unterschiedlicher Antworten auf die Frage nach der Motivation unseres Handelns. Tatsächlich ist sogar eine kaum zu überschauende Zahl von Erklärungen in Umlauf. Für die Frage der *Rechtfertigung* ethischer Forderungen ist das Thema insofern von Bedeutung, als es kaum sinnvoll ist, eine Ethik begründen zu wollen, deren Gebote die Motivation der Menschen überfordern (wie bereits in Abschnitt 2.3.7 ausgeführt).

2.9 Verallgemeinerung

Wenn wir andere davon überzeugen wollen, dass eine bestimmte Handlungsweise ethisch gut und richtig ist, dann versuchen wir für gewöhnlich, einen Zusammenhang zwischen den speziellen Merkmalen der Situation, die zur Entscheidung ansteht, und allgemeinen Verhaltensregeln oder Grundsätzen herzustellen, nach denen Menschen sich in vergleichbaren Situationen richten. Überlegungen, die nur auf einen einzigen Fall zugeschnitten sind und sich nicht verallgemeinern lassen, überzeugen uns in den seltensten Fällen. Dies liegt einerseits daran, dass es so gut wie unmöglich ist, *Argumente* zu finden, die nicht auf allgemeine Regeln und Prinzipien zurückgreifen, und andererseits daran, dass kaum einzusehen ist, warum eine Entscheidung oder Handlung für *einen* Menschen in einer bestimmten Situation ethisch gut sein soll, für einen anderen in einer vergleichbaren Situation aber verwerflich. Darüber hinaus haftet „Rechtfertigungen", die für nur einen einzigen Fall gelten sollen, immer der Verdacht an, es handle sich um Ad-hoc-Überlegungen und Verlegenheitslösungen, d.h. sie würden die Anforderungen an eine stichhaltige Begründung verfehlen.

Die Goldene Regel als Gebots- oder als Verbotsregel

Der bekannteste Ausdruck des Allgemeinheitsgedankens in der Ethik ist die „Goldene Regel". Sie kann positiv und negativ formuliert werden, wobei die beiden Formulierungen wegen der Dreiteilung von Handlungen in gebotene, verbotene und freigestellte nicht äquivalent sind. In der stärkeren positiven Variante fordert sie uns auf, andere Menschen so zu behandeln, wie wir selbst behandelt werden wollen. In der schwächeren negativen Variante dagegen ist sie eine Aufforderung zur Unterlassung: Wir sollen anderen gegenüber auf alles verzichten, was wir nicht erleiden wollen. Diese gebräuchlichere Fassung kann, ebenso wie die positive Formulierung der Goldenen Regel, der ersten Orientierung im Alltag dienen. Will man aber auf dieser Grundlage eine philosophisch haltbare Begründung der Ethik errichten, so wird schnell deutlich, dass die Goldene Regel zu wünschen übrig lässt. Denn sie setzt beispielsweise voraus, dass es keine Menschen gibt, die Vergnügen am Zufügen und Erleiden von Schmerzen haben, keine Menschen, denen der Eigentumsgedanke fremd oder vollkommen gleichgültig ist, oder Personen, die indifferent gegenüber dem eigenen Leben und dem der anderen sind. Denn für solche Menschen wären offensichtlich Folter, Diebstahl und Mord durch die Goldene Regel gedeckt. Richard Mervyn Hare (1919–2002), ein wichtiger Moralphilosoph des 20. Jahrhunderts, hat diesen Gedanken allgemein formuliert und mit Nachdruck darauf hingewiesen, dass sich ausnahmslos jeder Handlungsgrundsatz verallgemeinern lässt, solange der Handelnde bereit ist, die entsprechenden Folgen zu tragen. Und auch Immanuel Kant, dessen Kategorischer Imperativ (fälschlicherweise) oft als eine ausgearbeitete Version der Goldenen Regel verstanden wird, hatte bereits auf diesen Zusammenhang aufmerksam gemacht. So merkt er etwa an, dass „mancher ... es gerne eingehen [würde], dass andere ihm nicht wohltun sollen, wenn er es nur überhoben sein dürfte, ihnen Wohltat zu zeigen“ [Kant (1785) 430 Fn.].

Obwohl es unstrittig ist, dass die Verallgemeinerbarkeit von Handlungsgrundsätzen eine wichtige Rolle spielt, wenn es darum geht, die ethische Qualität unserer Entscheidungen und Handlungen zu bestimmen, so scheint es nicht ganz einfach zu sein, diese Forderung in ein einfach zu handhabendes Prinzip (wie etwa die Goldene Regel) zu fassen. Das liegt nicht zuletzt daran, dass unklar ist, wie und was genau verallgemeinert werden muss [für eine umfassende Diskussion s. Singer (1963)]. Betrachten wir auch hier ein Beispiel und nehmen wieder an, es sei allgemein *geboten*, Hilfe zu leisten, wann immer uns dies möglich ist. Auf den ersten Blick scheint ein solches Gebot dazu aufzufordern, in *jedem* Fall zu helfen, von dem wir Kenntnis haben und der die Voraussetzung erfüllt. Zweifel daran, dass diese Interpretation angemessen ist, entstehen jedoch, wenn wir uns ihre Konsequenzen klar machen: Offensichtlich wären wir schnell überfordert, wenn wir tatsächlich in jedem einzelnen Fall, der uns zu Ohren kommt und in dem uns dies möglich ist, helfen müssten. Wenn der *Allgemeinheitsgedanke* zu der Forderung führt, jeder müsse versuchen, das Elend der ganzen Welt zu beheben, ist er absurd. Und auch wenn hier noch der Verweis auf das oben vorgestellte Prinzip des „ultra posse, nemo obligatur“ (s. Abschnitt 2.3.7) Abhilfe schaffen könnte, so fällt es auch noch aus anderen Gründen schwer zu bestimmen, wie die Allgemeinheit eines ethischen Grundsatzes zu interpretieren ist. Um im Beispiel zu bleiben: Ein allgemeines Gebot mag uns zwar auffordern zu helfen, doch in welchem Ausmaß und auf welche Weise wir dies tun müssen, ist selbst in den Fällen nicht leicht zu entscheiden, auf die dieses Gebot zweifelsfrei Anwendung findet. Müssen die hier anzulegenden Maßstäbe wiederum verallgemeinerbar sein, oder ist das Ausmaß und die Art der Hilfe individuell festzulegen? Reicht eine rege Spendentätigkeit an Hilfsorganisationen aus, oder sind wir aufgefordert, uns selbst an Ort und Stelle einzusetzen? Und dürfen wir diesem Gebot auch gegen den Willen der Betroffenen folgen? Müssen wir dies vielleicht sogar?

Halten wir fest: die Verallgemeinerbarkeit und Allgemeinheit von Handlungsgrundsätzen spielt in der ethischen Diskussion eine erhebliche Rolle. Ethische Prinzipien, die nur für eine Person oder eine Situation gelten sollen, sind unsinnig. Wie der Allgemeinheitsgedanke allerdings zu formulieren ist und auf welche Weise subjektive Handlungsgrundsätze zu verallgemeinern sind, ist schwierig zu bestimmen.

2.9.1 Der unparteiische Standpunkt

Ein Ausdruck des Verallgemeinerungsgedankens ist die Forderung, in der ethischen Bewertung weitgehend von den eigenen Interessen abzusehen, d.h. sie weder stärker noch schwächer zu gewichten als die Interessen der anderen Beteiligten auch: Die Überlegungen der Ethik sollten von einem *unparteiischen* Standpunkt aus erfolgen, der das eigene Interesse als eines unter vielen betrachtet. Im Idealfall gehen dann nur diejenigen Merkmale einer Situation oder einer Handlung in die Abwägung ein, die für alle Menschen gleich und die nicht an *spezielle* Lebensumstände, einen besonderen Sozialisationsverlauf und ähnliche Faktoren gebunden sind. Wenn wir versuchen, die Verallgemeinerbarkeit unserer subjektiven Handlungsgrundsätze zu beurteilen, so ist eine der Fragen, die wir in diesem Zusammenhang beantworten müssen, ob andere Personen, die unsere spezielle Kombination von Vorlieben, Abneigungen und Lebensbedingungen nicht teilen, in vergleichbaren Situationen ebenfalls nach den Grundsätzen handeln können, auf die wir uns berufen.

Der unparteiische Standpunkt fordert, die Interessen aller Beteiligten gleich zu gewichten

Der Gedanke, dass die Abwägung von einem neutralen Standpunkt aus erfolgen sollte, findet sich bereits in der Antike. So weist Aristoteles in der *Nikomachischen Ethik* darauf hin, Handlungen hießen erst dann „gerecht und besonnen, wenn sie so sind, wie sie ein Gerechter und Besonnener ausführt." Und weiter: „Gerecht und besonnen ist aber nicht derjenige, der solche Handlungen ausführt, sondern der so handelt, wie es der Gerechte und der Besonnene tun" [Aristoteles *Nikomachische Ethik* 1105b5–8]. Nicht die zufällige äußere Übereinstimmung der Handlungen mit den ethischen Grundsätzen der Gerechtigkeit und Besonnenheit soll also entscheidend sein, sondern die bewusste Orientierung des Handelnden an dem, was von einem *unparteiischen* Standpunkt aus als gerecht und besonnen gelten kann. Etwas anders klingt derselbe Gedanke im 18. Jahrhundert: „Die Regel [ist] nur dann objectiv allgemein gültig …, wenn sie ohne zufällige, subjective Bedingungen gilt, die ein vernünftiges Wesen von dem andern unterscheiden“ schreibt Kant [Kant (1788) § 1].

Halten wir fest: Eine der zentralen Voraussetzungen für ein kompetentes ethisches Urteil ist, sich gedanklich auf einen unparteiischen Standpunkt zu stellen. Nur wenn Handlungsgrundsätze neutral gegenüber partikularen Interessen und Wünschen sind, führt ihre Verallgemeinerung zu ethisch gehaltvollen Aussagen. In diesem Sinn ist die *praktische* Forderung, ethische Beurteilungen von einem unparteiischen Standpunkt aus vorzunehmen, der *theoretischen* Forderung analog, epistemische Urteile so zu formulieren, dass sie intersubjektiv überprüfbar sind.

2.10 Gerechtigkeit

Bisher kamen vorwiegend formale Elemente der ethischen Reflexion zur Sprache, da sich die Diskussion um Inhalte, d. h. um die Prinzipien, an denen wir unser Handeln ausrichten sollen, aus den verschiedenen Ansätzen ergibt, die im übernächsten Abschnitt vorgestellt werden. Dennoch soll hier wenigstens *ein* inhaltliches Kriterium kurz zur Sprache kommen: die „Gerechtigkeit“. Dies aus zwei Gründen. Erstens orientieren sich viele der formalen Überlegungen in der einen oder anderen Weise am Grundsatz der Gerechtigkeit; zweitens ist Gerechtigkeit in den meisten ethischen Theorien derjenige Gesichtspunkt, an dem sich entscheidet, ob sich das Zusammenleben der Menschen erfolgreich gestaltet. Exemplarisch gibt John Rawls (1921–2002), einer der einflussreichsten Moralphilosophen des 20. Jahrhunderts, der Einsicht in die fundamentale Rolle der Gerechtigkeit für die Ethik Ausdruck. Zu Beginn seiner wirkungsmächtigen Monografie *Eine Theorie der Gerechtigkeit* (*A Theory of Justice*; 1971) setzt er sie nämlich ausdrücklich mit der fundamentalen Rolle der Wahrheit für die Erkenntnistheorie gleich: „Gerechtigkeit“, so behauptet er, sei „die primäre Tugend sozialer Institutionen, so wie die Wahrheit für Theorien. Eine Theorie, wie elegant und sparsam sie auch sein mag, ist zurückzuweisen oder zu ändern, wenn sie nicht wahr ist; in genau der gleichen Weise müssen Gesetze und Institutionen, egal wie effizient und überlegt, reformiert oder aufgegeben werden, wenn sie ungerecht sind“ [Rawls (1971) 3].

Es erübrigt sich fast, darauf hinzuweisen, dass auch die Diskussion um die Gerechtigkeit und ihre soziale Funktion kontrovers und kompliziert ist, und dies, obwohl die meisten Gemeinschaften die fundamentale Rolle der Gerechtigkeit anerkennen und viele versuchen, das Zusammenleben so „gerecht" wie möglich zu gestalten, d.h. die Regeln des gegenseitigen Umgangs und ihre Institutionen an diesem Grundsatz auszurichten. Die Tatsache, dass die Berufung auf die Gerechtigkeit derart verbreitet ist, hängt wohl auch damit zusammen, dass sich unter dieser Überschrift eine Reihe verschiedener Vorstellungen versammeln, die kaum mehr als den Namen gemein haben. Wenn verschiedene Gemeinschaften sich auf die Gerechtigkeit berufen, so sind häufig sehr unterschiedliche Dinge gemeint.

Die wichtigsten Konzeptionen der Gerechtigkeit seien deshalb im Folgenden vorgestellt, nämlich „Tauschgerechtigkeit", „Verteilungsgerechtigkeit" und „ausgleichende Gerechtigkeit". Erstens: Die Vorstellung, dass man im Gegenzug für einen zum Tausch angebotenen Gegenstand etwas erhält, das von etwa gleichem Wert ist (unabhängig davon, wie dieser „Wert" sich im Einzelnen bestimmt), ist eine Grundvoraussetzung fortgesetzter Kooperation. Ohne Tauschgerechtigkeit scheinen weder der Austausch von Waren, Dienstleistungen oder Wissen noch die Lohnarbeit moderner Volkswirtschaften dauerhaft möglich zu sein. Zweitens: Eine „gerechte" Lösung der Frage, wie die Gewinne der sozialen Kooperation, aber auch die Lasten der Gemeinschaftsaufgaben, auf die einzelnen Mitglieder einer Gemeinschaft verteilt werden, ist ebenfalls unverzichtbar für ein erfolgreiches Zusammenleben. Ohne ein Mindestmaß an Verteilungsgerechtigkeit ist jede soziale Organisationsform auf Dauer zum Scheitern verurteilt. Drittens: Unter der Überschrift der ausgleichenden Gerechtigkeit geht es um zwei Dinge. Zum einen darum, dass im Fall der Verletzung der Gerechtigkeit im ersten oder zweiten Sinn Wiedergutmachung geleistet wird. Zum anderen darum, dass ein Ausgleich für die verschiedenen Voraussetzungen gefunden wird, unter denen Individuen oder Gruppen von Individuen bereits von Anfang an stehen. Die Frage ist hier, ob und inwieweit eine Gesellschaft die natürlichen oder sozial bedingten Unterschiede ausgleichen will und soll, etwa durch spezielle Fördermaßnahmen.

(1) Tauschgerechtigkeit
(2) Verteilungsgerechtigkeit
(3) ausgleichende Gerechtigkeit

Da so unterschiedliche Konzeptionen wie Tauschgerechtigkeit, Verteilungsgerechtigkeit und ausgleichende Gerechtigkeit alle unter derselben Überschrift „Gerechtigkeit" versammelt sind, ist es oft schwer, verschiedene Überlegungen zur Gerechtigkeit aufeinander zu beziehen. In grober Näherung besteht allerdings folgender Zusammenhang: Die Vorstellung, beim Tausch oder Handeln mit anderen im Gegenzug Gegenstände oder Leistungen von ähnlichem Wert zu erhalten, basiert auf dem Gedanken der Gleichheit oder des Ausgleichs. Dieser Gedanke liegt auch der „gerechten" Verteilung von Gütern und Ressourcen zugrunde. „Ausgleichende Gerechtigkeit" schließlich zeigt schon durch den Begriff an, dass es hier ebenfalls darum geht, ein Gleichgewicht (wieder) herzustellen [vgl. auch Rawls (1971) 5].

Gerechtigkeit: Gleichheit und Ausgleich

Fassen wir zusammen. „Gerechtigkeit" ist ein grundlegender Begriff der Ethik. Die Diskussion um die Gerechtigkeit teilt sich im Wesentlichen in drei große Bereiche. Sie lassen sich unter folgende Überschriften bringen:

- Tauschgerechtigkeit,
- Verteilungsgerechtigkeit,
- ausgleichende Gerechtigkeit.

Fragen

- In welchem Punkt unterscheidet sich die Ethik grundlegend von den Naturwissenschaften? Und warum kann die Ethik nicht einfach aus einer Naturwissenschaft wie etwa der (Neuro-)Biologie abgeleitet werden?
- Gibt es eine (ethische) Pflicht, seine Anlagen und Fähigkeiten zu entwickeln? Wenn ja, wie weit reicht sie?
- Besteht ein Zusammenhang zwischen dem „guten" Leben und ethischem Handeln? Begründen Sie Ihre Antwort!
- Wie sollen wir frei entscheiden können, wenn die Welt und der Mensch als Teil der Welt durchgängig von Naturgesetzen bestimmt sind?
- Warum handeln Menschen trotz der Einsicht in das, was ethisch gut und richtig ist, häufig nicht nach dieser Einsicht?
- Ist es „ungerecht", einem Freund oder einer Freundin bevorzugt zu helfen, wenn andere Menschen genauso oder vielleicht sogar dringender auf Hilfe angewiesen wären? Begründen Sie!

3 Gemeinschaft, Gefühl, Vernunft: Typen ethischer Begründung

Im folgenden Abschnitt wird es etwas ausführlicher um die Merkmale gehen, die der Einteilung der in der philosophischen Ethik vertretenen Positionen im fünften Abschnitt zugrunde liegt. Die Kriterien, an denen sich die Darstellung dort orientiert, gehen auf die im Großen und Ganzen unstrittige Minimaldefinition des Menschen zurück, die ihn als ein *soziales* Wesen bestimmt, das sowohl von *Gefühlen* als auch von *Vernunft* geleitet wird.

3.1 Die soziale Dimension: Kooperation

Jede Form der Kooperation bedeutet eine Erweiterung und zugleich eine Beschränkung unserer Freiheit. Für ein soziales Miteinander müssen wir uns den Regeln einer Gemeinschaft unterwerfen und damit die Freiheit aufgeben, jederzeit zu tun und zu lassen, was immer uns beliebt. Dieser Verlust wird, so die Hoffnung, mehr als ausgeglichen durch Vorteile, die sich aus einer Zusammenarbeit und der Arbeitsteilung ergeben, die in ihrem Gefolge möglich ist. Wir hoffen dabei nicht nur auf einen Gewinn an *materiellen* sondern auch an *immateriellen* Gütern. An erster Stelle steht hier wohl der Schutz vor äußeren Gefahren, den die Gemeinschaft bieten kann, dicht gefolgt von der Erfüllung des Bedürfnisses nach Gesellschaft, aber auch ein Zuwachs an Freiheit. Schließlich erweitern sich unsere Handlungsmöglichkeiten (und damit unsere Freiheit der Wahl) um alle die Dinge, die sich nur durch eine Zusammenarbeit mit anderen Menschen herstellen und verwirklichen lassen. Darüber hinaus führt die schnellere Sicherung der Grundbedürfnisse, die durch Arbeitsteilung und Spezialisierung möglich ist, zu einem Zuwachs an Zeit, über die wir frei verfügen können.

Die Unterwerfung unter soziale Regeln bedeutet sowohl einen Verlust als auch einen Zuwachs an Freiheit

Der Preis für die Vorzüge der Kooperation ist, wie erwähnt, dass wir uns Regeln unterwerfen, ohne die ein einträgliches Zusammenleben unmöglich ist. Das heißt auch, dass die eigenen Interessen gelegentlich hinter die Interessen anderer zurücktreten müssen und dass der Einzelne zu Handlungen gezwungen ist, die nicht sein eigenes Wohl, sondern das Wohl anderer Menschen oder der Gemeinschaft fördern. Wichtig für die Ethik ist vor allem die Frage, wie sich die Regeln der Kooperation gestalten. Denn hier geht es um normative Prinzipien der Zusammenarbeit, die den individuellen Verzicht und die Kooperationsgewinne in ein für die Beteiligten annehmbares Verhältnis bringen sollen. Offensichtlich beantworten verschiedene Theorien diese Frage unterschiedlich (wie in Abschnitt 5 deutlich werden wird). Doch auch die Frage, wie Kooperation überhaupt *entstehen* kann, ist aufschlussreich. Sie gehört zwar nicht zum Kernbereich der Ethik, dennoch führt der Versuch sie zu beantworten zu Einsichten, die die ethische Diskussion bereichern.

Die größte Schwierigkeit für eine Zusammenarbeit besteht darin, dass keiner der Beteiligten sicher sein kann, dass ein Kooperationspartner seinen Teil der Abmachung einhalten wird, besonders wenn der andere bereits seinen „Gewinn" erhalten hat. Je nach dem Menschenbild, das der Argumentation zugrunde liegt, fällt die Erklärung, wie und warum es trotzdem zu einer Zusammenarbeit kommen kann, aufwendiger oder weniger aufwendig aus. Unterstellt man seinen Mitmenschen überwiegend Niedertracht und die Absicht, nach Kräften zu täuschen und zu betrügen, so bedarf es vermutlich einer komplizierteren Theorie. Unterstellt man dagegen ein grundsätzliches Wohlwollen, genügt vielleicht schon die einfache Annahme, Einsicht in den beiderseitigen Vorteil führe spontan zur Zusammenarbeit, und der Erfolg bestärke die Beteiligten in diesem Verhalten, so dass es sich langfristig stabilisiert.

Hängt die Erklärung der Kooperation von dem zugrundegelegten Menschenbild ab?

Herausragender Vertreter einer pessimistischen Sicht der menschlichen Natur ist zu Beginn der Neuzeit der britische Philosoph Thomas Hobbes. In seiner Schrift *Leviathan* (*Leviathan or the Matter, Forme, and Power of a Commonwealth Ecclasiasticall and Civil*; 1651) prägte er den Ausspruch vom gnadenlosen Kampf jeder gegen jeden. Dieser Kampf, so meint er, sei nur durch einen diktatorischen Herrscher zu unterbinden, der die Individuen mit eiserner Hand zur Kooperation zwingt und unnachgiebig über die Einhaltung von Abmachungen und Verträgen wacht. Die optimistische Variante findet sich genau hundert Jahre später prominent bei Hobbes' Landsmann David Hume, der in seiner *Untersuchung der Grundlagen der Moral* (*An Enquiry concerning the Principles of Morals*; 1751) darauf hinweist, dass es bei einem gemeinsamen Interesse nur einer schlichten Übereinkunft zur Kooperation bedürfe [s. Hume (1751) A 3.8].

3.1.1 Das einfache Gefangenendilemma

Ein Modell aus der Spieltheorie

Doch trifft es tatsächlich zu, dass eine Erklärung für das Zustandekommen der Kooperation und deren Ausgestaltung davon abhängen muss, wie die Natur des Menschen eingeschätzt wird? Überlegungen aus der Spieltheorie, einer Disziplin, die versucht, rationalen Entscheidungsprozessen auf den Grund zu gehen, wecken Zweifel an dieser naheliegenden Vermutung. Unter Zuhilfenahme eines ihrer Modelle, des sogenannten „Gefangenendilemmas", lässt sich zeigen, dass selbst unter rationalen Egoisten Kooperation entstehen kann, ohne dass es dazu eines diktatorischen Herrschers bedürfte. Dazu wird der Konflikt, in den jeder gerät, wenn er sich fragt, ob er in einer bestimmten Situation mit anderen zusammenarbeiten soll oder nicht, in einem ersten Schritt auf seine wesentlichen Bestandteile reduziert. In einem zweiten Schritt kann die übersichtliche Darstellung des grundlegenden Problems dann zum Ausgangspunkt einer Überlegung werden, die anhand des fortgesetzten Falls nahelegt, dass es völlig unabhängig vom jeweiligen Menschenbild gute Gründe für eine Zusammenarbeit gibt.

Betrachten wir zunächst die Ausgangssituation im einfachen Gefangenendilemma. Hier geht es darum, dass eine Entscheidung, die durchaus vernünftig erscheint, solange man nicht einschätzen kann, ob sich der andere an eine Abmachung halten wird oder nicht, mit großer Wahrscheinlichkeit zu einem Ergebnis führt, das erheblich schlechter ist als jedes Ergebnis, das durch eine Zusammenarbeit zu erzielen wäre. Die Sachlage ist so: Zwei Personen (A, B) werden zwei gemeinschaftlich begangene Verbrechen vorgeworfen, ein leichtes (V_l) und ein schweres (V_s). Die Beweise reichen nur zu einer Verurteilung für das leichte Verbrechen (V_l) aus. Eine Verurteilung für das schwere Verbrechen (V_s) kann nur dann erfolgen, wenn wenigstens einer der Gefangenen ein Geständnis ablegt. Der Staatsanwalt bietet den beiden Häftlingen gleichlautend an, dass sich ihre Geständnisbereitschaft für (V_s) strafmildernd auf ihr Urteil auswirken wird, und zwar in folgender Weise:

a) Sofern *beide* die schwere Tat (V_s) gestehen, erhalten sie ein Drittel der Gesamtstrafe für beide Verbrechen erlassen und werden jeweils zu 10 Jahren Haft verurteilt;
b) gesteht nur *einer* von beiden, so kommt dieser in den Genuss der kürzlich eingeführten Kronzeugenregelung und muss keine Strafe verbüßen. Sein geständnisunwilliger Partner erhält die volle Strafe von 15 Jahren;

c) gesteht *keiner* von beiden, können beide Täter nur für das leichte Verbrechen (V_l) belangt werden, das man ihnen ohnehin nachweisen kann und sie sind mit jeweils 2 Jahren dabei.

Das Angebot des Staatsanwaltes lässt sich in einer Tabelle darstellen:

	B gesteht (V_s)	B gesteht (V_s) nicht
A gesteht (V_s)	A: **10** B: **10**	A: **0** B: **15**
A gesteht (V_s) nicht	A: **15** B: **0**	A: **2** B: **2**

Für die Gefängniszeit insgesamt (also die Jahre zusammengezählt, die *beide* Täter hinter Gittern verbringen müssen) gilt:

Kein Geständnis, wenn auch der andere nicht gesteht	**4**	(2 + 2)
Geständnis, wenn der andere nicht gesteht	**15**	(0 + 15; 0 +15)
Geständnis, wenn auch der andere gesteht	**20**	(10 + 10)

In dieser Darstellung ist leicht zu sehen, dass das *kollektiv beste* Ergebnis dann erzielt wird, wenn keiner der Täter ein Geständnis ablegt. Wenn beide gestehen, führt dies zum *kollektiv schlechtesten* Ergebnis. Naheliegend wäre es demnach, auf keinen Fall ein Geständnis abzulegen. Unglücklicherweise ist das *individuelle* Risiko des Schweigens beträchtlich, nämlich (unter Umständen) die Höchststrafe. Und die Bereitschaft zu reden wird zusätzlich durch die in Aussicht gestellte Anwendung der Kronzeugenregelung verstärkt, denn in diesem Fall winkt (unter Umständen) der Freispruch.

Ob den Gefangenen, wie manchmal behauptet wird, ihre Entscheidung dadurch erschwert würde, dass sie während der Untersuchungshaft in verschiedenen Anstalten untergebracht sind und keine Möglichkeit haben sich abzustimmen, ist unklar. Denn auch wenn sie diese Möglichkeit hätten, könnte sich letztlich keiner der beiden des Verhaltens des anderen wirklich sicher sein. Und es ist zudem nicht auszuschließen, dass sich der andere gerade deshalb für ein Geständnis entscheidet, *weil* ihn eine „Absprache" in der Annahme bestärkt, dass sein Partner die Aussage verweigern wird. Die Rangfolge für die *individuellen* Präferenzen jedenfalls gestaltet sich so:

Geständnis, wenn der andere nicht gesteht	**0**
Kein Geständnis, wenn auch der andere nicht gesteht	**2**
Geständnis, wenn auch der andere gesteht	**10**
Kein Geständnis, wenn der andere gesteht	**15**

Maximin: Prinzip der Schadensbegrenzung

Die tabellarische Gegenüberstellung führt das Dilemma, in dem sich jeder der Beteiligten befindet, klar vor Augen: Soll er seine eigenen Interessen tatsächlich nach dem sogenannten „Maximin-Prinzip" verfolgen, d. h. sicherstellen, dass auch im *für ihn selbst* ungünstigsten Fall das vergleichsweise beste Ergebnis eintritt, mit dem geringsten Schaden, nämlich nicht volle 15 Jahre hinter Gittern verbringen zu müssen (begrifflich korrekt handelt es sich selbstverständlich um das Minimum (10) der Maxima (10) und (15))? Oder sollte er seinem Gegenüber vertrauen und versuchen, das kollektiv beste Ergebnis zu erzielen? Denn offensichtlich führt die allgemeine Befolgung der Maximin-Regel zum *aufs Ganze gesehen* schlechtesten Ergebnis, nämlich insgesamt 20 Gefängnisjahren. Können die individuelle Hoffnung auf einen Freispruch und die Erwartung, die Höchststrafe zu vermeiden, wirklich dieses Ergebnis aufwiegen, vor allem wenn die kooperative Alternative nur jeweils zwei Jahre Gefängnis bedeutet? Anders ausgedrückt: Der Versuch, die eigenen Interessen möglichst gut zu verwirklichen, wird in dem Augenblick problematisch, wo wir dafür in Vorleistung gehen müssen. Wenn die Hoffnung auf einen Gewinn daran gebunden ist, dass der Kooperationspartner das in ihn gesetzte Vertrauen nicht missbraucht, fällt es schwer, sich zur Zusammenarbeit zu entschließen. So gesehen scheint es also tatsächlich so, als sei die Bereitschaft zur Kooperation eine Funktion des Menschenbildes. Wer an das Gute im Menschen glaubt, wird eher das Risiko eingehen, seine Zusammenarbeit anzubieten, auch wenn ihn dies schlechter stellen könnte als eine Entscheidung nach der Maximin-Regel.

Im nächsten Abschnitt werden wir anhand des „fortgesetzten Gefangenendilemmas" eine Überlegung kennenlernen, die nahelegt, dass ein (anfängliches) Kooperationsangebot trotz der Verlockung, die eigenen Verluste nach dem Maximin-Prinzip zu minimieren, die beste Strategie sein kann – und zwar unabhängig von den Erwartungen, die sich aus unserem Menschenbild ergeben. Zuvor sind aber noch einige Einwände gegen die spieltheoretische Darstellung des Entscheidungsdilemmas zu betrachten. Auf der Hand liegt, ers-

Einwände gegen die spieltheoretischen Idealisierungen

tens, der Vorwurf, dass das Gefangenendilemma eine abstrakte Modellsituation vorstellt, die auf einer Reihe stark idealisierter Voraussetzungen beruht, welche sich so in der Realität nicht finden. So geht das Beispiel davon aus, dass sich die Häftlinge (obwohl sie doch wenigstens zwei Verbrechen gemeinsam begangen haben) kaum kennen und sich später nicht wieder begegnen werden. Damit soll ausgeschlossen werden, dass eine gemeinsame Vorgeschichte oder die Aussicht auf spätere Racheaktionen die Entscheidung beeinflussen. Vor dem Hintergrund unserer Alltagserfahrung klingt dies natürlich wenig plausibel, denn hier erleben wir meistens das Gegenteil: Mit den allermeisten Personen in unserem Leben haben wir wiederholt zu tun und diese Tatsache spielt eine erhebliche Rolle für unsere Bereitschaft zur Zusammenarbeit. Das Beispiel setzt zweitens voraus, dass beide Gefangenen dasselbe Ziel verfolgen. Auch diese Annahme ist nur bedingt realistisch. Denn wenn man die Verschiedenheiten des menschlichen Charakters und die Unterschiedlichkeit von Lebensgeschichten betrachtet, ist es sehr gut möglich, dass die beiden Gefangenen die Vermeidung einer Gefängnisstrafe unterschiedlich einschätzen. Wer etwa seine persönliche Integrität für wichtiger hält als die vage Hoffnung, durch einen Verrat die Freiheit zu erlangen, hat eine stärkere Motivation zu schweigen als jemand, für den Bewegungsfreiheit das überragende Ziel ist.

Diese Einwände sind zwar allesamt berechtigt, sie treffen das Modell aber nicht im Kern. Denn für den Gedanken, den das Gefangenendilemma illustrieren soll, ist es letztlich unerheblich, ob wir im Alltag tatsächlich jemals in Situationen geraten, die derart klar strukturiert sind. Die Abstraktion dient schließlich nur dazu, beispielhaft deutlich zu machen, wann und warum (individuell) vernünftige Entscheidungen nach der Maximin-Regel die (kollektiv) vernünftige Lösung verfehlen können. Aus diesem allgemeinen Dilemma rationaler Entscheidungen erklärt sich, warum es schwierig ist, die konkretere Frage nach der Genese von Kooperation und Vergesellschaftung zu beantworten. Denn den absehbaren Vorzügen der Zusammenarbeit und Arbeitsteilung steht immer die Befürchtung des Einzelnen gegenüber, durch den Verzicht auf einen Teil seiner Freiheit und durch andere Vorleistungen am Ende schlechter dazustehen als bei einer konsequenten Verweigerung der Zusammenarbeit.

3.1.2 Das fortgesetzte Gefangenendilemma

Eine Möglichkeit, das Vertrauen in die Einhaltung von Zusagen und die angemessene Beteiligung der Kooperationspartner an den Gewinnen der Zusammenarbeit sicherzustellen, ist die Einsetzung einer mit weitreichenden Machtbefugnissen ausgestatteten Kontrollinstanz. Dies ist die Lösung, die Thomas Hobbes vorschlägt [für eine durchsichtige spieltheoretische Rekonstruktion seines Arguments s. Kersting (1994) 69–72]. Die folgende Überlegung macht deutlich, dass es auch ohne eine solche Instanz geht, selbst wenn man Hobbes' pessimistische Sicht der menschlichen Natur teilt. Erinnern wir uns: Es war vor allem die Aussicht darauf, die eigenen Interessen durch Arbeitsteilung besser verwirklichen zu können, die eine Kooperation attraktiv erscheinen lässt. Diesen Gedanken greift nun das „fortgesetzte Gefangenendilemma" auf. War in der einfachen Version ein Verhalten nach der Maximin-Regel noch die rationale Strategie (vor allem wegen der Größe der möglichen Verluste, wenn man auf einen kooperationsunwilligen Partner trifft), so stellt sich die Angelegenheit im (unbestimmt oft) wiederholten Fall anders dar. Denn bei einem wiederholten Aufeinandertreffen derselben Partner und bei einer größeren Anzahl von Beteiligten sind die möglichen Kooperationsgewinne deutlich größer und wiegen das Verlustrisiko auf lange Sicht mehr als auf. Zwar ist auch hier jedes (anfängliche) Kooperationsangebot mit dem Risiko behaftet, auf einen kooperationsunwilligen Partner zu treffen und einen Verlust zu erleiden, aber mit einer entsprechenden Strategie ist es fast immer – d.h. wenn man nicht mehrheitlich oder bei sehr wenigen Beteiligten auch ausschließlich auf Kooperationsverweigerer stößt – die vernünftige Entscheidung.

Einprägsam belegt wurde dies in einem Wettbewerb verschiedener Computerprogramme Anfang der achtziger Jahre. Dort ging es für jedes Programm darum, für sich selbst die höchsten Gewinne zu erzielen. Überraschend schnitt dasjenige Programm insgesamt am besten ab, das mit der folgenden Strategie vorging: Es versuchte beim ersten Zusammentreffen zunächst, mit jedem der Konkurrenten (deren Strategie unbekannt war) zu kooperieren, und kopierte dann in jedem weiteren Zusammentreffen das letzte Verhalten des Partners. Hatte das Konkurrenzprogramm also beim ersten Mal bereits kooperiert, bot das Programm beim zweiten Zusammentreffen weiterhin seine Zusammenarbeit an; war das Konkurrenzprogramm aber im ersten Schritt nicht zu einer Kooperation bereit gewesen,

Kooperationsangebot als die auf Dauer erfolgreichste Strategie verweigerte es sie beim zweiten Zusammentreffen ebenfalls. Trotz einiger Verluste, die durch die Versuche von Konkurrenten zustande kamen, auch in diesem Fall nach dem Maximin-Prinzip vorzugehen und nur das für sich selbst (kurzfristig) beste Ergebnis zu realisieren, gelang es „tit for tat" (dt. Auge um Auge), wie sein Schöpfer Robert Axelrod dieses Programm nannte, mit dieser Strategie das beste Gesamtergebnis aller ins Rennen geschickten Programme zu erzielen. Erstaunlich ist dies, weil „tit for tat" offensichtlich gegen keines der anderen Programme direkt gewinnen kann: Sein bestes Ergebnis in einer Eins-zu-eins-Situation ist ein Unentschieden. Auf lange Sicht scheint es keine erfolgreichere Strategie als die von „tit for tat" zu geben, wie Axelrod nachweist [Axelrod (1984)].

Der Erfolg von „tit for tat" hat die philosophische Diskussion um zwei Elemente bereichert. Erstens veranschaulichte und stützte es die Vermutung, dass es im wiederholten Fall und bei mehreren Beteiligten vorteilhafter für die Verwirklichung der eigenen Interessen ist, zunächst ein Angebot zur Kooperation zu unterbreiten. Auch die Unsicherheit über das Verhalten von anderen und das damit verbundene Risiko anfänglicher Verluste können daran nichts ändern. Zweitens gibt es eine Möglichkeit an die Hand, das Zustandekommen und die Durchsetzung kooperativen Verhaltens auch für solche Gruppen zu erklären, in denen einige Gruppenmitglieder (zunächst) kooperationsunwillig sind und sich nach der Maximin-Regel verhalten. Auf lange Sicht können sie die enormen Kooperationsgewinne der Konkurrenz nicht ignorieren und müssen ihr Verhalten überdenken. Folgt man dieser Überlegung, ist eine externe Instanz, die über die Einhaltung von Abmachungen und die Erfüllung von Verträgen wacht, überflüssig. Die Aussicht auf ein wiederholtes Aufeinandertreffen und die großen Gewinne der fortgesetzten Zusammenarbeit lässt Annahmen über das Menschenbild in den Hintergrund treten.

Auch dieses Modell nimmt selbstverständlich eine Reihe von Idealisierungen vor, die sich in unserem alltäglichen Umgang miteinander kaum finden. Dazu gehört die Voraussetzung einer übersichtlichen und geschlossenen Umgebung ebenso wie die Annahme, dass alle Beteiligten dieselbe Sanktionsmacht besitzen. Wenn es um wirkliche Menschen und reale Situationen geht, trifft gerade diese Annahme oft nicht zu: Hierarchische Abhängigkeitsverhältnisse und andere Faktoren sorgen für eine ungleiche Verteilung von Macht. Dennoch gilt auch hier: Aus der Tatsache, dass das Modell einige Idealisierungen vornimmt, ergibt sich kein grundsätzlicher

Einwand gegen die Überlegung. Es bietet eine mögliche Erklärung dafür, warum selbst unter der Voraussetzung, dass jeder Mensch ausschließlich auf seinen eigenen Vorteil aus ist, Individuen unter Umständen in Vorleistung gehen.

Fassen wir zusammen: Überlegungen aus der Spieltheorie machen deutlich, dass Kooperation auch dann eine gute Strategie sein kann, wenn die Beteiligten einander nicht grundsätzlich wohlgesonnen sind. Zusammenarbeit kann es deshalb auch unter rationalen Egoisten geben, die in erster Linie ihr eigenes Interesse im Blick haben. Ein rücksichtsloser Egoismus dagegen, der sich über die Interessen anderer hinwegsetzt und der *ausschließlich* und *zu jeder Zeit* den eigenen Vorteil verfolgt, entzieht sich unter bestimmten Bedingungen selbst seine Grundlage. Das erfolgreichere *egoistische* Verhalten berücksichtigt die Interessen der anderen Beteiligten und ist auf den Interessenausgleich bedacht, selbst wenn dies gelegentlich einen Verzicht erfordert oder manchmal sogar Verluste mit sich bringt.

3.2 Die emotionale Dimension: Gefühle und Glück als Grundlage der Ethik

Eine Reihe von Ethiken legt den Schwerpunkt ihrer Überlegungen auf Gefühle und Emotionen. In der ersten Hälfte des 20. Jahrhunderts erlebte diese Argumentation einen vorläufigen Höhepunkt. Zu dieser Zeit wurde die Hypothese populär, dass ethische Aussagen *allein* der Ausdruck von Gefühlen sind. Diese extreme Haltung erklärt sich aus dem geistesgeschichtlichen Kontext als kämpferische Reaktion auf den Logischen Positivismus. Diese vor allem in der Erkenntnistheorie sehr erfolgreiche philosophische Strömung versuchte alle philosophischen Fragen auf ihren empirischen Gehalt (oder auf rein begriffliche Zusammenhänge) zu reduzieren. Ihre Verfechter waren entsprechend der Ansicht, philosophische Aussagen seien nur dann sinnvoll, wenn sie in die Sprache der Naturwissenschaften übersetzt werden könnten (oder schon aufgrund der Beziehungen der in ihnen enthaltenen Begriffe wahr oder falsch seien). Das bedeutet auch: Alle die Disziplinen, deren Aussagen sich gegen eine solche Übersetzung sperren, stehen für den Logischen Positivismus generell unter dem Verdacht der Sinnlosigkeit. Dazu gehört nun offensichtlich auch die Ethik, da sich ihre Aussagen eher selten auf Sachverhalte reduzieren lassen, die mit den Mitteln der Naturwissenschaft zu entscheiden sind. So verständlich die Behaup-

Sind ethische Aussagen allein Ausdruck von Gefühlen?

tung, dass ethische Aussagen *allein* der Ausdruck von Gefühlen sein sollen, als Antwort auf den naturalistischen Reduktionismus des Logischen Positivismus sein mag, so nachteilig war diese starke These für die Glaubwürdigkeit entsprechender Ansätze. Denn sie führte dazu, dass emotivistische Theorien – so die Sammelbezeichnung für die Begründungen der Ethik auf der Grundlage von Gefühlen – unter den Generalverdacht gerieten, schon prima facie unplausibel zu sein. Dabei ist dann leicht zu übersehen, dass eine Mehrheit emotivistischer Ansätze die gemäßigtere (und weitaus plausiblere) Behauptung vertritt, Gefühle seien zwar ein unverzichtbarer Bestandteil der Ethik, aber eben nicht deren alleinige Grundlage.

Für diese gemäßigte Variante spricht besonders, dass sie ethische Urteile und die Motivation, gemäß dieser Urteile zu handeln, eng miteinander verbindet. In dem Augenblick, in dem eine Person der Aussage zustimmt, eine bestimmte Handlung sei ethisch gut, ist sie bereits *motiviert* zu ihrer Ausführung, eben weil ihr Urteil (auch) ein Ausdruck von Gefühlen ist und damit bereits von emotionaler Zustimmung (oder Ablehnung) begleitet wird. Kurz: Dieser Ansatz löst das Akrasia-Problem oder entschärft es wenigstens deutlich (für eine Erläuterung s. Abschnitt 2.8), allerdings um den Preis, dass die Rolle vernünftiger Argumente unterbestimmt bleibt. Wenn etwa das Urteil, Betrug sei ethisch verwerflich, der Ausdruck eines Gefühls ist, wie sollen dann diejenigen, die das entsprechende Gefühl *nicht* teilen, von diesem Urteil überzeugt werden? Die entsprechenden Gefühle hat man oder aber man hat sie nicht. Eine weitere Schwierigkeit entsteht daher letztlich allen Varianten des Emotivismus aus der Frage, wie Gefühle einer intersubjektiv nachvollziehbaren Kritik unterworfen werden können. Denn nimmt man die Ausgangsthese ernst, muss sich jede Kritik ebenfalls auf Gefühle stützen und steht damit erneut vor der gleichen Frage. So gut der Emotivismus das Akrasia-Problem lösen kann, so wenig überzeugend ist er deshalb bei der Rechtfertigung. Es greift jedenfalls zu kurz, für die Begründung ethischer Handlungen allein auf die Gefühle der Handelnden zu rekurrieren.

3.2.1 Kognitivismus und Nonkognitivismus

In der modernen Diskussion wird die Auseinandersetzung darüber, ob der Schwerpunkt der Begründung ethischer Grundsätze auf Ver-

Kognitivismus: Ethische Aussagen sind wahrheitsfähig; *Nonkognitivismus*: Ethische Aussagen sind nicht wahrheitsfähig

nunft und Argumentation oder auf Gefühlen und Emotionen liegt, häufig unter den Schlagwörtern „Kognitivismus" und „Nonkognitivismus" geführt. Der Grundthese des Kognitivismus: „Ethische Aussagen sind begründungs- oder wahrheitsfähige Aussagen" steht die Behauptung des Nonkognitivismus gegenüber, ethische Aussagen seien nicht wahrheitsfähig oder eben vor allem ein Ausdruck von Gefühlen. Durch die scheinbar deutliche Gegenüberstellung lenkt das Begriffspaar „Kognitivismus" – „Nonkognitivismus" allerdings leicht davon ab, dass beide Positionen eigentlich auf verschiedene Fragen antworten. Der Nonkognitivismus versucht die *Motivation* zu ethischen Handlungen aus der Verzahnung von Gefühlen und ethischen Urteilen zu erklären; der Kognitivismus unternimmt es, ethische *Grundsätze* durch Argumente zu begründen. Dabei ist das, was nonkognitivistische Theorien im Hinblick auf die Begründung und die Rolle von Argumenten und das, was kognitivistische Theorien in der Motivationsfrage anzubieten haben, weniger überzeugend. So bleibt unter nonkognitivistischen Vorzeichen etwa unklar, wie andere Menschen ohne Demagogie oder Gewaltanwendung dazu gebracht werden sollen, ihr Verhalten zu ändern. Eine Überzeugung durch Argumente ist jedenfalls per Definition verstellt, so dass sich nonkognitivistische „Diskussionen" im Austausch über die jeweilige Gefühlslage erschöpfen müssen. Auf der Seite des Kognitivismus führt die Konzentration auf Argumentation und rationale Ableitung oft zu einer Achtlosigkeit gegenüber der Rolle von Emotionen und – in der Folge – zu wenig überzeugenden Vorschlägen in der Motivationsfrage.

Unklar ist weiterhin, wie der Nonkognitivismus mit seiner Grundthese, dass Gefühle die Richtschnur allen Handelns sein sollen, überhaupt eine Anhängerschaft rekrutieren kann, ohne sich dabei in Widersprüche zu verwickeln oder sich wenigstens dem Verdacht der philosophischen Unredlichkeit auszusetzen. Denn vertraute ein Nonkognitivismus in diesem Zusammenhang auf die Kraft von Argumenten, so würde er damit auf der Metaebene schließlich genau an die Fähigkeit appellieren, deren Einfluss er auf der Objektebene anzweifelt. Sehr glaubwürdig ist es jedenfalls nicht, einerseits zu behaupten, Gefühle sollten Grundlage unserer Entscheidungen und Handlungen sein, gleichzeitig aber gerade die Entscheidung dafür, Gefühle zur Grundlage aller Entscheidungen und allen Handelns zu machen, an vernünftige Argumentation zu delegieren und hier nicht auf Gefühle zu vertrauen. Ein bekannter Versuch, auf diesen Einwand zu reagieren, stammt von Charles Leslie

Stevenson (1908–1979). Im letzten Jahrhundert brachte der vermutlich bekannteste Vertreter des Emotivismus die Behauptung, dass moralische Urteile Gefühle ausdrücken, zusammen mit der weiteren These, dass die Äußerung eines moralischen Urteils letztlich eine *Einladung* an die Zuhörer sei, diese Gefühle zu teilen [s. Stevenson (1963) bes. Kap. 2 und 11]. Diese Behauptung entschärft den gerade vorgebrachten Einwand, weil eine „Einladung" keiner Argumente und Begründungen bedarf. Wie man sich als Emotivist denen gegenüber verhalten soll, die eine solche Einladung nicht annehmen, entweder weil sie sie nicht als solche erkennen oder weil sie ihr indifferent oder ablehnend gegenüberstehen, bleibt allerdings ungelöst.

Stevenson: Emotivistische Urteile sind eine Einladung, Gefühle zu teilen

Die Schwierigkeiten, andere davon zu „überzeugen", die eigenen Gefühle zu teilen und eine „Anhängerschaft" für die Position zu rekrutieren, ist denn auch einer der Gründe dafür, dass vernünftige Argumentation in nonkognitivistischen Ansätzen häufig doch eine Rolle spielt, wenn auch eher verdeckt und auf Umwegen. Dies gilt schon für Stevenson selbst, der mit Nachdruck darauf hinweist, dass unsere Gefühle – und damit auch unsere moralischen Urteile – zu einem Teil von Annahmen über das abhängen, was der Fall ist. Mit dieser These wird es ihm möglich, doch wieder auf die Kraft von Argumenten zurückzugreifen, um die Gefühle und ethischen Urteile seiner Mitmenschen zu beeinflussen, nämlich dadurch, dass er sie durch Argumente für eine andere Sicht der Dinge gewinnt.

Nonkognitivismus und Argumente

Abschließend sei darauf hingewiesen, dass moderne Nonkognitivisten gern den schon mehrfach erwähnten schottischen Philosophen David Hume als Kronzeugen ihrer Position anführen. Dies gilt nicht nur für Stevenson, sondern auch für seinen ebenfalls sehr einflussreichen Zeitgenossen Richard M. Hare – der seiner gemäßigten Variante des Nonkognitivismus die Bezeichnung „Präskriptivismus" gab – sowie in jüngerer Zeit für Simon Blackburn [s. Blackburn (1998)]. Sie alle berufen sich mit der Auffassung, dass ethische Aussagen keine wahrheitsfähigen Sachverhalte zum Ausdruck bringen, ausdrücklich auf Hume [s. auch Ayer (1936); Blanshard (1961); Edwards (1955); Mackie (1977); Nowell-Smith (1954)].

Hume als Kronzeuge des Emotivismus

3.2.2 Glück

Seit Aristoteles hat kaum ein Ausdruck eine so prominente Rolle in der Ethik gespielt wie „Glück" oder „Glückseligkeit". In den meisten Theorien, die versuchen, die Frage zu beantworten, wie wir handeln sollen, wird Glück oder Glückseligkeit auf die eine oder andere Weise zum Thema; wie schon für Aristoteles ist „Glück" für viele Moralphilosophen eben ein grundlegender Bestandteil einer Bestimmung des Guten (s. hierzu Abschnitt 2.7.3). Die Auffassungen darüber, was unter Glück zu verstehen ist, gehen allerdings weit auseinander und es besteht nicht einmal Einigkeit darüber, ob Glück tatsächlich ein Gefühl ist. Zwar hatte John Stuart Mill (1806–1873), einer der herausragenden Vertreter des Utilitarismus, im 19. Jahrhundert unter Berufung auf Epikur eine Gleichsetzung von Glück (*happiness*) und Lust (*pleasure*) vorgenommen, und formuliert: „Mit Glück ist Lust gemeint und die Abwesenheit von Schmerz; mit Unglück Schmerz und der Mangel an Lust" [Mill (1863) 2.2]. Doch diese ebenso griffige wie wirkungsvolle Definition, die Glück hedonistisch mit dem angenehmen Gefühl der Lust identifiziert, ist bis heute heftig umstritten – besonders deshalb, weil es eine Reihe von Fällen gibt, in denen eine Person glücklich ist, obwohl sie genau das Gegenteil von Lust, nämlich Schmerz empfindet. Und dies müssen nicht zwingend pathologische Fälle sein. So kann etwa der von einer schmerzhaften Krankheit Gepeinigte durchaus glücklich auf sein langes und erfülltes Leben zurückblicken; und auch der bei einem Unfall schwer Verletzte wird in aller Regel noch unter Schmerzen glücklich sein, wenn er erfährt, dass seinen Angehörigen nichts geschehen ist. Lust und Schmerzfreiheit scheinen daher, entgegen der Behauptung Mills, nicht einmal *notwendige* Bestandteile des Glücks zu sein. Dennoch steht außer Frage, dass die Befriedigung von Bedürfnissen und die daraus resultierenden Lustgefühle zur menschlichen Glückseligkeit beitragen *können.* Strittig ist nur, in welchem Maß sie dies tun: Wäre etwa ein Leben, das in einer Abfolge von Lustempfindungen besteht, deshalb schon glücklich zu nennen? Und umgekehrt: Könnte ein Leben, das in seinem Verlauf kaum oder keine Lustempfindungen aufweist, vielleicht dennoch ein glückliches Leben sein? Die Tatsache, dass Fragen dieser Art nicht einfach zu beantworten sind, hängt nicht zuletzt mit der Bedeutungsvielfalt von „Glück" zusammen.

Außerdem sind wenigstens zwei weitere Aspekte des Glücks, die über eine Bestimmung als Gefühl hinausgehen, in diesem Kontext wichtig. Erstens scheint Glück häufig zu einem erheblichen Maß von *äußeren* Faktoren abhängig zu sein: So sprechen wir etwa von „glücklichen Umständen" und „glücklicher Fügung", wenn wir das günstige Zusammentreffen von subjektiven Bedürfnissen und objektiven Gegebenheiten beobachten. Und dies auch dann, wenn die

Der Glücksbegriff ist semantisch unterbestimmt

betroffene Person sich trotz „glücklicher Umstände“ unglücklich *fühlt*, etwa weil sie ihre glückliche Lage nicht erkennt oder nicht erkennen kann. Zweitens bezeichnen wir mit Glück häufig nicht einen bestimmten Moment oder Zustand das Glücks, sondern länger währende *Episoden* unseres Lebens, die durchaus eine Vielzahl „unglücklicher“ Gefühlszustände enthalten und widrige äußere Umstände einschließen können. So erscheint den meisten Menschen ihre Jugend und frühe Erwachsenenzeit mit ihren materiellen und emotionalen Verwerfungen oft glücklicher als ihr späteres Leben, das in ruhigeren Bahnen verläuft.

Die Behauptung, dass Glück oder Glückseligkeit etwas (und vielleicht in letzter Konsequenz sogar das Einzige) ist, wonach alle Menschen streben, ist naheliegend. Und seit Aristoteles diesen Gedanken vorbrachte [z.B. Aristoteles *Nikomachische Ethik* 1097a ff.], ist er in der Fachdiskussion oft wiederholt worden. Doch so einleuchtend und plausibel diese These im ersten Zugriff auch sein mag, so wenig präzise ist sie bei näherer Betrachtung. Nach den gerade vorgestellten Gedanken dürfte klar sein, dass es kaum Übereinstimmung darüber gibt, was unter Glück zu verstehen ist: Zu groß ist das Bedeutungsspektrum des Ausdrucks. Hinzu kommt, dass selbst dann, wenn man sich tatsächlich auf einen der oben genannten Aspekte einigen könnte – etwa auf die Bestimmung von Glück als Zustand – die inhaltlichen Auffassungen darüber, was geeignet ist, diesen Zustand herbeizuführen, immer noch weit auseinandergehen können. Für den einen mag in diesem Zusammenhang allein der Erwerb materieller Güter wichtig sein, der andere findet sein Glück vor allem in immateriellen Gütern wie Freundschaft oder Freiheit. Die semantische Unterbestimmtheit des Glücksbegriffs trägt einen großen Teil dazu bei, dass wir Aussagen wie der, Glück oder Glückseligkeit sei das, wonach jeder Mensch strebe, ohne großes Zögern zustimmen können, doch sie ist gleichzeitig dafür verantwortlich, dass mit dieser Äußerung nicht viel gewonnen ist. Die manchmal erhobene Forderung beispielweise, eine überzeugende Ethik müsse zwar nicht darauf zielen, andere Menschen glücklich zu machen, sondern nur darauf, die Voraussetzungen ihres Glücks nicht anzugreifen und in den jeweiligen Überlegungen zu berücksichtigen, klingt ebenso einleuchtend, wie sie bei genauerer Betrachtung nichtssagend ist.

3.2.3 Sympathie

Ein weiterer wichtiger Begriff für viele Ethiken, die sich auf Gefühle und Emotionen stützen, ist „Sympathie“ (συμ-πάσχω/*sym-pąs-chō*: mitleiden). Dies ist ein Ausdruck, der leicht missverständlich ist, wenn er im Zusammenhang der Ethik auftritt. So suggerieren etwa die Bezeichnungen „Sympathie-“ oder „Mitleidsethik“, es handle sich dabei jeweils um Versuche, die Begründung ethischer Grundsätze und Forderungen auf der Grundlage eines Gefühls des Mitleidens vorzunehmen. Obwohl ein solches Vorhaben auf den ersten Blick vielleicht plausibel erscheinen kann, gibt es in der Tradition der Philosophie aus gutem Grund keinen ernsthaften Versuch, es in die Tat umzusetzen. Denn entgegen dem ersten Eindruck ist Sympathie nicht wirklich ein eigenständiges Gefühl. Vielmehr ist Sympathie eine *Fähigkeit*, die uns Gefühle anderer Menschen wahrnehmen lässt. Eine Ethik auf Sympathiebasis wird deshalb immer auf andere Gefühle verweisen, die grundlegender sind. Bereits in der Zeit, in der die Sympathie zum ersten Mal maßgeblich in der ethischen Argumentation in Erscheinung tritt, nämlich im 17. und 18. Jahrhundert, treten deshalb sowohl der Gefühls- als auch der Begründungsaspekt allgemein hinter den Aspekt der Sympathie als Vermögen oder Fähigkeit zurück, hier insbesondere hinter ihre vermittelnde Funktion. In herausragender Weise führt Adam Smith (1723–1790), der außerhalb der Philosophie vor allem für sein Werk über den „Wohlstand“ (*An Inquiry into the Nature and Causes of the Wealth of Nations*; 1776) und als Begründer der modernen Wirtschaftswissenschaften bekannt ist, diesen Gedanken aus. Dabei entwickelt er einen Ansatz weiter, der kurze Zeit zuvor von seinem Landsmann Hume formuliert wurde: Ohne eine Einschätzung der emotionalen Wirkungen unserer Handlungen auf andere Menschen, so betont er, ohne die Möglichkeit ihre Gemütslage wahrzunehmen, können wir die sozialen Auswirkungen von Entscheidungen und Handlungen nicht wirklich verstehen und bewerten [Smith (1759)]. Für die Kernfrage der Ethik, „wie sollen wir handeln?“, bedeutet dies: Ohne den Rückgriff auf die Fähigkeit der Sympathie wird sie sich kaum beantworten lassen. Zu Beginn des 20. Jahrhunderts wird der Gedanke der zentralen Funktion der Sympathie für die Ethik erneut virulent. Besonders Max Scheler (1874–1928) hat mit seiner Schrift *Wesen und Formen der Sympathie* von 1923 entscheidend zur Wiederbelebung der Diskussion beigetragen. Sein Ansatz ist der Phänomenologie seines Zeitgenossen Edmund Husserl (1859–1938) und der Lebensphilosophie Wilhelm Diltheys (1833–1911) stark verbunden und richtet sich ausdrücklich gegen einen von Kant inspirierten „Formalismus" in der Ethik.

Auch wenn es unstrittig ist, dass eine angemessene Einschätzung und ein gutes Verständnis der Gefühle anderer Menschen eine Voraussetzung des erfolgreichen Nachdenkens über ethische Fragen ist, folgt daraus nicht unbedingt, dass Sympathie als die Fähigkeit, die uns die entsprechenden Einsichten ermöglicht, auch zur Rechtfertigung ethischer Grundsätze und Forderungen herangezogen werden kann. Denn Handlungen entstehen nicht *aus* Sympathie – und nur dann wäre sie für eine Rechtfertigung interessant –, sondern weil wir *durch* Sympathie Anteil daran nehmen, wie es anderen Menschen ergeht: In eingeschränktem Maß sind ihre Freude und ihr Schmerz auch unsere Freude und unser Schmerz. Und es ist dieser Gedanke, den Sympathie- oder Mitleidsethiken zum Ausgangspunkt für ihre Überlegungen nehmen. Der Schmerz und die Freude anderer kann uns – ob aus Wohlwollen oder auch nur aus Egoismus – zu ethischen Handlungen motivieren, nicht aber ethische Prinzipien begründen.

Sympathie als Voraussetzung ethischen Nachdenkens

3.3 Die rationale Dimension: Gründe und Ursachen

Kommen wir abschließend auf diejenigen Ansätze der Ethik zu sprechen, die den Schwerpunkt ihrer Argumentation auf die menschliche Vernunft legen. Vernunft gilt gemeinhin als die Fähigkeit, die den Menschen am zuverlässigsten von der übrigen belebten Natur unterscheidet. Da sie deshalb seit der Antike kontinuierlich im Zentrum der Auseinandersetzung um das steht, was den Menschen in seinem Wesen ausmacht, verwundert es kaum, dass die Versuche sie zu definieren, näher zu bestimmen und von anderen menschlichen Fähigkeiten abzugrenzen, zahlreich und vielfältig sind. Im Kern stimmen die meisten Ansätze, so sehr sie sich auch sonst unterscheiden mögen, darin überein, dass Vernunft diejenige Fähigkeit ist, die es uns erlaubt zu argumentieren, Schlüsse zu ziehen, abstrakte Gedankengänge zu verfolgen und die Unterscheidung zwischen wahr und falsch zu treffen. Wenig umstritten ist auch, dass Vernunft häufig im Gegensatz sowohl zu Gefühlen als auch zu Erfahrung gesehen wird: Wenn wir aus einem Gefühl heraus handeln, handeln wir „unvernünftig", und wenn wir uns von

Gegensätze:
(1) Vernunft – Gefühl
(2) Vernunft – Erfahrung

vernünftigen Überlegungen leiten lassen, tun wir dies oft „gegen ein Gefühl". Ähnliches gilt für das Gegensatzpaar Vernunft – Erfahrung. Eine durch vernünftige Überlegung gewonnene Einsicht ist häufig nicht auf eine Bestätigung durch die Erfahrung angewiesen. Da Vernunft sich in dieser Weise besonders im Bereich der axiomatischen Wissenschaften wie der Mathematik oder Logik artikuliert, werden zur Illustration oft Aussagen wie „2+2=4" oder logische Wahrheiten wie „a v ¬ a" angeführt. Die Wahrheit solcher Aussagen hängt allein davon ab, ob sie sich aus den Axiomen der jeweiligen Wissenschaft – hier: Mathematik und zweiwertige Logik – nach gültigen, „vernünftigen" Regeln ableiten lassen. Umgekehrt kann eine Aussage, die unmittelbar auf Beobachtung und Erfahrung beruht, oft auf eine weitere Bestätigung durch die Vernunft verzichten.

Obwohl Vernunft in Opposition sowohl zu Gefühl als auch zu Erfahrung gesehen wird, kennzeichnen die jeweiligen Gegenüberstellungen eher Tendenzen als einander ausschließende Gegensätze: Gefühle können mehr oder weniger „vernünftig", vernünftige Begründungen mehr oder weniger frei von Erfahrungsbezügen sein etc. Man muss diese Einschätzung zwar nicht teilen, und es gab in der Geschichte der Philosophie auch immer wieder Versuche, die Opposition als einen exklusiven Gegensatz zu konstruieren, doch glücklicherweise lassen sich die für die ethische Diskussion wichtigen Gedanken vorstellen, ohne in dieser Auseinandersetzung Partei ergreifen zu müssen. Erstens: Mit „Vernunft" bezeichnen wir das Vermögen, das es uns erlaubt, emotionale oder triebgeleitete Reaktionen auf Situationen, Ereignisse oder die Handlungen anderer Menschen zu überdenken und zu modifizieren. Erst diese Abstraktion ermöglicht uns eine Orientierung an mittelbaren Erwägungen. Zweitens: Mit dieser Überlegung hängt eng zusammen, dass Vernunft uns allgemein einen gedanklichen „Abstand" zur Naturkausalität verschaffen kann. Sie erlaubt es uns, die Verhaltensmuster, zu denen uns etwa unser genetisches Erbe drängt, bewusst zu machen, zu hinterfragen und zu ändern. Dieser gedankliche Abstand ist eine Voraussetzung dafür, aus Gründen handeln zu können und nicht blind den kausalen Abhängigkeiten der Natur zu folgen zu müssen. Kurz: Ohne Rekurs auf die Vernunft kann die Unterscheidung zwischen kausal verursachtem Verhalten und bewusstem, begründetem Handeln nicht sinnvoll getroffen werden (s. dazu auch Abschnitt 2.6.3 f.).

Die Gegenüberstellung von Vernunft und *Gefühl* ist für die Aufklärung der Unterscheidung von Gründen und Ursachen wichtig;

die Opposition von Vernunft und *Erfahrung* erlaubt es, unterschiedliche Arten der Begründung auseinanderzuhalten. Darüber hinaus gibt es noch eine dritte Differenzierung, die in der Ethik wichtig ist: Vernunft wird häufig danach unterschieden, ob sie Mittel-Zweck Beziehungen erwägt oder ob sie vor allem über die Zwecke selbst nachdenkt. Diese Gegenüberstellung wird manchmal unter den Überschriften „Zweckrationalität" und „Wertrationalität" diskutiert, vor allem seit Max Weber diese Begriffe in seinem posthum erschienenen (und unvollständigen) Werk *Wirtschaft und Gesellschaft* (1922) prominent zur Kennzeichnung der Differenz verwendete. In seinen Worten:

„1. *zweckrational*: durch Erwartungen des Verhaltens von Gegenständen der Außenwelt und von anderen Menschen und unter Benutzung dieser Erwartungen als „Bedingungen" oder als „Mittel" für rational, als Erfolg, erstrebte und abgewogene eigne *Zwecke*, – 2. *wertrational*: durch bewußten Glauben an den – ethischen, ästhetischen, religiösen oder wie immer sonst zu deutenden – unbedingten *Eigenwert* eines bestimmten Sichverhaltens rein als solchen und unabhängig vom Erfolg" [Weber (1922) 12].

3.3.1 Zweckrationalität

Wenden wir uns zunächst dem ersten Begriff zu: der Zweckrationalität. Zweckrationalität (oder auch „instrumentelle Rationalität") ermittelt durch Überlegung die geeigneten Mittel zu vorgegebenen Zwecken, wie die Bezeichnung bereits andeutet. Manche Theorien, besonders aus dem Bereich der angewandten Ethik und der Spieltheorie, sowie der Großteil der utilitaristischen Diskussion stellen besonders diesen Aspekt der Vernunft heraus. Gelegentlich reduzieren sie die Vernunft sogar ganz auf ihn. Die Untersuchung von Handlungsweisen auf ihre Vernünftigkeit orientiert sich dann typischerweise am Gesichtspunkt der Effizienz und der Frage: „Wie lassen sich vorgegebene Ziele und Zwecke am schnellsten und mit dem geringsten Aufwand erreichen?" Die „rationalen" Entscheider zweckrationaler Modelle überlegen demnach vor allem, *wie* sie ihre Ziele verwirklichen können – die Rationalität der Ziele selbst dagegen ist ihnen meistens keine Überlegung wert. Wenn ein Ziel mit einem geringeren Aufwand zu erreichen ist, so ist es für sie „rational", dieser Möglichkeit den Vorzug vor anderen zu geben.

Diese Konzeption der Vernunft ist vor allem im letzten Jahrhundert Gegenstand ausführlicher Diskussionen gewesen. Maßgeblich beeinflusst wurde die Debatte von einem während des Krieges von

Theodor W. Adorno (1903–1969) und Max Horkheimer (1895–1973) gemeinsam verfassten Werk, der 1947 erschienenen Schrift *Dialektik der Aufklärung.* Die europäische „Aufklärung", also das Vorhaben, den Menschen durch seine Vernunft zur Selbstbestimmung zu befähigen, interpretieren die beiden Autoren als eine Zunahme der Mittel-Zweck-Kompetenz: In dem Maß, wie der Mensch seine Verhältnisse durchschaut, kann er sie manipulieren. Vernunft bestimmen sie entsprechend dadurch, dass sie „Methoden" und „Verfahren" zur Beherrschung der Welt entdeckt und bereitstellt [s. Adorno/Horkheimer (1947) 10f.; 74ff.]. Wichtig für Adorno und Horkheimer ist außerdem die Triebumleitung und der Triebverzicht, die durch Vernunft möglich werden – erst so können wir aus Einsicht handeln. Die beiden Philosophen illustrieren ihre Argumentation mit dem Odysseus-Mythos. Die antike Gestalt ist für sie der Prototyp des modernen Menschen, der durch Triebverzicht und Reflexion bereits ein hohes Maß an Naturbeherrschung erreicht: Er handelt hochgradig „rational". Diese Eigenschaft macht Odysseus in der griechischen Mythologie noch zum Helden, und erst in jüngerer Zeit, wo das Ausmaß der „vernünftigen" Weltbeherrschung stetig größer wird, zeige sich, so meinen die Autoren, wie fragwürdig der Glaube an die Vernunft insgesamt sei. Schließlich führe die Fixierung auf dieses Vermögen direkt zur effizienten Auslöschung und Verwertung des Menschen in den Gaskammern; vom Vernunftglauben der „Aufklärung" ziehen sie eine Linie zum nationalsozialistischen Genozid [s. Adorno/Horkheimer (1947) 19].

Vernunft als Mittel der Effizienzsteigerung und die Vernünftigkeit von Zielen

Auch wenn die Formulierung drastisch ist – sie erklärt sich aus der Entstehungszeit der Schrift – der systematische Gedanke hinter dieser pessimistischen Einschätzung der Vernunft entbehrt nicht der Logik: Eine Vernunft, die allein Mittel in Beziehung zu Zwecken setzt, eine Vernunft, die nur nach immer wirkungsvolleren Methoden und immer effizienteren Verfahren sucht, kann ohne Zweifel ungeheuerliche Folgen haben. Abwegig ist es allerdings, hier eine Verbindung zum Vernunftglauben der Aufklärung herzustellen. Denn die Vernunft der Aufklärung ist eben gerade kein auf seine instrumentellen Aspekte reduziertes Vermögen. Adorno und Horkheimer werden an dieser Stelle ein Opfer ihrer eigenen verkürzten Rationalitätskonzeption. Wer Vernunft auf Zweckrationalität reduziert, muss zu ähnlichen Schlussfolgerungen gelangen. Doch diese Reduktion selbst, wenngleich intuitiv vielleicht naheliegend, entspringt der Willkür. Kurz gesagt: Die Analyse Adornos und Horkheimers ist in sich schlüssig; ihre Schlussfolgerung, es gelte den unheilvollen Einfluss der Vernunft zu beschränken, ist es nicht. Ihre Diagnose könnte bei genauer Betrachtung sogar Anlass für die gegenteilige Forderung nach einer Ausweitung der Vernunft sein, für die Forderung nach einer umfassenderen Bestimmung dieses Vermögens und dafür, ihr in unserem Denken und Handeln mehr Raum zu geben.

Derselbe Gedanke lässt sich auch unabhängig von der Argumentation Adornos und Horkheimers etwa anhand des Gefangenendilemmas entwickeln. Auch dort entspringt die Schwierigkeit letztlich einer auf ihre instrumentellen Aspekte reduzierten Vernunft. Tritt hier eine Reflexion des Handlungsziels und der eigenen Verhaltensweise hinzu, stehen die Chancen gut, dass ein insgesamt besseres Ergebnis erreicht wird. Schon wenn einem der Gefangenen aus dem Beispiel seine persönliche Integrität wichtiger ist als die vage Möglichkeit, seine Strafe durch einen Verrat zu mildern, wird ein kollektives Ergebnis erzielt, das besser ist, als wenn beide Beteiligten nach der Maximin-Regel entscheiden. Spielt dieser Gedanke für beide Gefangenen eine wichtigere Rolle als die Strafvermeidung, erzielen sie ironischerweise sogar das in der Gesamtbilanz *zweckrational* beste Ergebnis. Es deutet also einiges darauf hin, dass die Beschränkung der Vernunft auf ihre instrumentelle Tauglichkeit wenigstens problematisch, aller Wahrscheinlichkeit nach aber sogar unzulässig ist.

3.3.2 Rationalität der Ziele

Um nachzuweisen, dass die Verkürzung der Vernunft auf ihre instrumentellen Aspekte fragwürdig ist, genügt schon ein einziges Beispiel, in dem eine Entscheidung nach zweckrationalen Gesichtspunkten insgesamt als *unvernünftig* zu bezeichnen ist. Ob dieser Gedanke mit dem Gefangenendilemma illustriert wird, in dem die individuellen Entscheidungen nach der zweckrationalen Maximin-Regel dazu führen, dass das eigentlich „vernünftige" Ergebnis verfehlt wird, oder ob dies anhand der Argumentation der *Dialektik der Aufklärung* geschieht, spielt letztlich keine Rolle.

Betrachten wir noch ein weiteres Beispiel, das deutlich macht, was einer instrumentellen Konzeption der Vernunft fehlt, und stellen uns ein „Expertensystem" vor, das aufgrund seiner Datenbank und seiner fehlerlosen Maschinenlogik jeweils die optimalen Lösungen für die Probleme ermittelt, zu denen es befragt wird. Verfechter einer instrumentellen Vernunftkonzeption würden ein solches System gemäß ihrer eigenen Definition als „vernünftig" bezeichnen müssen. Es verknüpft Mittel und Zwecke in der von ihnen verlangten Weise und ermittelt „effiziente" Lösungen. Zweifel an seiner Rationalität kommen auf, wenn man betrachtet, wie es auf neue Zusammenhänge reagiert, für die sich in seiner Datenbank keine Einträge finden: mit fehlerhaften Analysen und falschen Empfehlungen. Verfechter einer zweckrationalen Vernunftkonzeption mögen an dieser Stelle darauf hinweisen, dass dies nicht die Rationalität des Systems in Frage stellt, sondern die Fehlleistungen nur Ausdruck der Tatsache sind, dass ihm relevante Informationen fehlen. Doch dies ist der springende Punkt. Der Hinweis zeigt, dass schon die Fähigkeit zur Ermittlung der richtigen oder „effizientesten" Strategie bei vorgegebenen Zwecken voraussetzungsreicher ist als angenommen. Um die geforderte Ergänzung der Datenbank vorzunehmen, wird als selbstverständlich vorausgesetzt, dass diejenigen, die sie vornehmen, ihr Urteilsvermögen „importieren". Für die alternative Erwiderung, das Programm arbeite mit einer eigenen Heuristik, die es auch in bisher unbekannten Fällen vernünftige Lösungen finden lässt, gilt Ähnliches, denn auch sie lebt von den „importierten" Fähigkeiten ihrer Schöpfer. So verschleiert in beiden Fällen der Hinweis auf externe Quellen – diejenigen, die die Datenbank auf dem neuesten Stand halten, oder die Schöpfer der Heuristik –, dass die Zweckrationalität des Expertensystems voraussetzungsreicher ist, als die Verfechter einer solchen Konzeption uns glauben machen wollen. Kurz: Vernunft umfasst mehr als die optimale Verknüpfung von Mitteln und Zwecken. Das bedeutet: Jede instrumentelle Bestimmung der Vernunft setzt eine umfänglichere Vernunftkonzeption voraus. Und das heißt auch, die postulierten „rationalen Entscheider" zweckrationaler Modelle sind eine unhaltbare Idealisierung, weil hier suggeriert wird, dass eine Theorie instrumenteller Vernunft für sich allein Bestand haben kann.

Positiv formuliert bestehen die Hauptaufgaben der Vernunft in praktischen Zusammenhängen darin,

- die geeigneten Mittel für die Ziele unserer Handlungen zu ermitteln,
- diese Ziele (rational) zu bewerten und Widersprüche zwischen verschiedenen Zielen festzustellen und aufzulösen,
- Handlungsoptionen argumentativ gegeneinander abzuwägen und Entscheidungen unter Berücksichtigung verschiedener, nicht nur instrumenteller, Faktoren zu begründen.

Fragen

- Was ist der Kern des Dilemmas, wenn wir versuchen, mit anderen Menschen zu kooperieren?
- Ist eine Kooperation nur dann möglich, wenn eine starke Kontrollinstanz darüber wacht, dass alle Beteiligten sich an ihre Versprechen halten?
- Der Emotivist Charles Leslie Stevenson behauptete, dass die Äußerung eines moralischen Urteils nicht mehr und nicht weniger als eine „Einladung" an die Zuhörer sei, bestimmte Gefühle zu teilen. Nennen Sie mögliche Schwierigkeiten dieses Vorschlags!
- Wie wichtig ist „Glück" für eine Begründung der Ethik?

4 Methoden und Grenzen ethischer Rechtfertigung

„Rechtfertigung“ und „Begründung“ sind zentrale Begriffe aller modernen Wissenschaften. Das Bedeutungsspektrum dieser Ausdrücke ist groß, auch wenn die allgemeinen *Kriterien* für die Qualität einer Begründung und die *Verfahren* der Rechtfertigung für alle wissenschaftlichen Disziplinen weitgehend gleich sind. In der (neuzeitlichen) *Philosophie* spielt die Frage der Rechtfertigung vor allem bei der Begründung von Wissensansprüchen und bei der Begründung von Entscheidungen oder Handlungen eine überragende Rolle, also in der Erkenntnistheorie und in der Ethik. Um die Qualität einer Begründung einschätzen zu können, ist es hilfreich, sich kurz mit den entsprechenden Kriterien vertraut zu machen. Dies ist das eine Thema dieses Abschnitts. Gleichzeitig ist es sinnvoll, sich vor Augen zu führen, in welchem Umfang in der Ethik überhaupt eine Rechtfertigung möglich ist und wo deren Grenzen liegen. Diese Überlegungen bilden das andere Thema des folgenden Abschnitts.

4.1 Die Reichweite praktischer Überlegungen

Beginnen wir mit der Frage, was eine ethische Rechtfertigung leisten kann und was nicht. Sie lässt sich am besten beantworten, wenn man die verschiedenen Ebenen trennt, auf denen Begründungen gefordert werden. Es sind im wesentlichen drei; sie lassen sich durch die folgenden Fragen charakterisieren:

(1) Wie werden *konkrete* moralische Sollenssätze – also situationsbezogene Gebote oder Verbote, oder auch die ethische Neutralität einzelner Entscheidungen und Handlungen – begründet?

(2) Wie werden die *Grundsätze* ethischer Theorien gerechtfertigt? Gibt es Gründe dafür, einem allgemeinen Prinzip den Vorzug vor einem anderen zu geben?

(3) Und schließlich: Gibt es Gründe dafür, warum wir uns *überhaupt* mit Ethik beschäftigen sollten – denn immerhin ist diese Disziplin ein bloßes Produkt der menschlichen Einbildungs-

kraft und als solches von vornherein eine zweifelhafte Angelegenheit?

Wenn eine Begründung für die Ethik gefordert wird, so ist in erster Linie das in (2) formulierte Vorhaben gemeint: die Rechtfertigung von Handlungsgrundsätzen. Die in (1) geforderte Begründung setzt den Erfolg von (2) voraus und hängt von der Rechtfertigung der Prinzipien ab: Solange diese unbegründet sind, steht jeder Begründungsversuch für konkrete Forderungen auf schwachen Füßen. Da die Anwendung allgemeiner Prinzipien auf konkrete Situationen Augenmaß und eine entwickelte Urteilskraft erfordert, liegt die Rechtfertigung einzelner moralischer Forderungen, also die Antwort auf (1), zudem zu einem Teil außerhalb dessen, was von einer philosophischen Ethik erwartet werden kann. Urteilskraft schärft sich mehr durch Erfahrung als durch philosophische Reflexion. Die verschiedenen Möglichkeiten zur Rechtfertigung ethischer Prinzipien, d. h. die Antwort auf (2), sind das Thema der beiden nächsten Abschnitte. In der überblicksartigen Darstellung werden verschiedene Rechtfertigungsmodelle mit ihren Vor- und Nachteilen erörtert. Es bleibt also der unter (3) formulierte Vorbehalt. Er stellt einen ernst zu nehmenden Einwand dar, der das Unterfangen einer philosophischen Ethik insgesamt in Frage stellt. Eine Antwort auf (3) kann nicht aus einer ethischen Theorie heraus erfolgen, da der Verweis auf andere Theorieelemente derselben Theorie offensichtlich die Frage verfehlt. Der grundsätzliche Zweifel ist vor dem Einstieg in die ethische Diskussion zu klären.

4.1.1 Ethischer Skeptizismus

Für den Umgang mit (3) liegen zwei Strategien auf der Hand: Entweder man *bestreitet* (mit Gründen), dass dies überhaupt eine legitime Frage ist, versucht also nachzuweisen, dass die Ethik keine derartige Rechtfertigung benötigt, oder man versucht den Zweifel durch den Verweis auf *außerethische Prinzipien* auszuräumen. Die erste Möglichkeit gewinnt durch den Hinweis Überzeugungskraft, dass die Ethik keinen Sonderstatus unter unseren Wissenschaften einnimmt – jedenfalls nicht, wenn es um die Frage geht, ob es sinnvoll ist, sich mit ihr und ihren Gegenständen theoretisch zu beschäftigen. Selbstverständlich ist sie eine „Erfindung“, aber sie teilt diese Eigenschaft mit allen unseren Theorien – und deshalb ist sie mit dem gleichen Recht Teil unserer theoretischen Auseinanderset-

Ist der Zweifel legitim?

zung mit unserer Welt wie etwa die Quantenphysik, die Psychologie oder die Mikrobiologie. Die Beschäftigung mit den Prinzipien des menschlichen Handelns, mit Sollenssätzen oder mit der Frage nach dem Guten unterscheidet sich in dieser Hinsicht nicht von der Beschäftigung mit den Implikationen der Planckschen Konstante, der Erforschung der optimalen Präsentation von Waren oder der Untersuchung der genetischen Ursachen von Krankheiten.

Gelingt eine Rückführung auf außerethische Tatsachen?

Wem diese Entgegnung nicht unmittelbar einleuchtet, der ist vielleicht – und dies ist die zweite Strategie gegen (3) – durch eine Rückführung der Ethik auf außerethische Tatsachen und Werte davon zu überzeugen, dass die Auseinandersetzung mit den Grundsätzen unseres Handelns ein sinnvolles Unternehmen ist. Eine entsprechende Argumentation könnte versuchen, den Nachweis zu führen, dass Ethik eine für das menschliche Zusammenleben *notwendige* Erfindung ist, oder dass sie zwingend aus unserem Selbstverständnis als Wesen, die mit Gründen handeln können, entsteht.

Begründete Zweifel am Sinn einer Theorie

Betrachten wir den Einwand, der sich aus (3) ergibt, etwas genauer. Zunächst einmal: Die in (3) geforderte Rechtfertigung hat einen klassischen „skeptischen" Hintergrund. „Skeptizismus" ist der philosophische Sammelbegriff für Positionen, die darauf zielen, Zweifel an einer Theorie oder einer ihrer zentralen Behauptungen zu wecken. Dabei appelliert der Skeptizismus nicht einfach an ein vages Gefühl der Ablehnung, sondern er versucht, stichhaltige *Gründe* für einen Zweifel zu finden. In der Erkenntnistheorie, wo der Skeptizismus eine größere Rolle als in der Ethik spielt, hat dieser Zweifel eine Tradition, die zurückreicht bis auf Pyrrho von Elis (ca. 360–275 v. Chr.). Durch dessen Schüler Timon (ca. 315–225 v. Chr.) wissen wir, dass der pyrrhonische Skeptizismus darauf zielte, die Sicherheit von Meinungen so weit zu untergraben, dass eigentlich nur die Urteilsenthaltung blieb. Mit einer etwas anderen Ausrichtung, nämlich als Hilfsmittel für eine systematische Einteilung unserer Wissensansprüche, belebte René Descartes (1569–1650) zu Beginn der Neuzeit diese Tradition des Zweifels neu. Zu den Gründen, die Descartes in seinem bekanntesten Werk, den *Meditationes de prima philosophia* (*Meditationen über die Grundlagen der Philosophie*) von 1641, anführt, um das Vertrauen in die Sicherheit unserer Meinungen zu erschüttern, gehören der Hinweis darauf, dass die Unterscheidung zwischen Wach- und Traumzustand mitunter nicht gelingt und dass wir nicht ausschließen können, dass wir systematisch über uns selbst und unsere Umgebung getäuscht werden. Die zeitgemäße Ausgestaltung dieser Hypothese ist der leistungsfähige Computer, der unserem direkt mit ihm verbundenen Gehirn eine detailreiche und stimmige Scheinwelt vorgaukelt – ohne dass wir je die Möglichkeit haben herauszufinden, dass dies so ist. Kurz: Der erkenntnistheoretische Skeptizismus versucht so überzeugende Gründe für einen Zweifel vorzubringen, dass jede Untersuchung der Grundlagen unseres Wissens auf ihn reagieren muss. Ganz analog verhält es sich in der praktischen Philosophie: Auch hier versucht der Skeptiker Zweifelsgründe anzubringen, die das gesamte Vorhaben untergraben können und denen sich jede ernst zu nehmende Ethik stellen muss.

Dabei sind die Optionen, die dem ethischen Skeptiker zur Verfügung stehen, ähnlich strukturiert wie die Möglichkeiten der erkenntnistheoretischen Skepsis. Da der epistemische Zweifel häufiger diskutiert wird und einfacher nachzuvollziehen ist als der ethische, kann ein kurzer Umweg über die Erkenntnistheorie dazu beitragen, die entsprechenden Überlegungen für die praktische Philosophie durchsichtig zu machen. Grundsätzlich gibt es zwei unterschiedliche Strategien, um das Misstrauen gegen unsere Wissensansprüche zu wecken. Einerseits kann man versuchen, die *Existenz der Gegenstände* in Zweifel zu ziehen; andererseits kann man versuchen, Zweifel an der *Zuverlässigkeit unserer Fähigkeiten*, mit denen wir die uns umgebende Welt erfassen, zu schüren. Die Hypothesen, auf die die Erkenntnistheorie also zu reagieren hat, sind: (a) „Es *existiert* keine (Außen-) Welt“ und (b) „Eine (Außen-) Welt existiert zwar, aber wir können (aufgrund unserer unzulänglichen Fähigkeiten) kein *Wissen* von ihr erlangen“. Unterstellt wird im zweiten Fall, dass von Wissen dann und nur dann die Rede sein kann, wenn wir Dinge so erfassen, wie sie „tatsächlich“ sind. Beide Strategien haben ihre Parallele in der ethischen Diskussion: Auch hier versucht der Skeptiker entweder einen generellen Zweifel an der Existenz des Gegenstandsbereichs oder Zweifel an spezifischen Behauptungen der Ethik zu wecken.

(1) Zweifel an der Existenz

(2) Zweifel an unseren Fähigkeiten

4.1.2 Der Zweifel an der „Existenz"

Betrachten wir zunächst den erkenntnistheoretischen Zweifel an der *Existenz*. Es leuchtet unmittelbar ein, dass wir kein Wissen von einer Außenwelt haben können, die es nicht gibt. Dennoch ist dieser Zweifel unhaltbar; zu schnell verwickelt er sich in eklatante Widersprüche. Erstens: Ein Skeptiker, der eine derartige Position vertritt, stellt die Existenz einer Außenwelt in Frage, zu der er selbst gehört. Schon deshalb fällt es ihm schwer, uns von der Stichhaltigkeit seines Zweifels zu überzeugen. Wenn er versucht, diesem Einwand dadurch auszuweichen, dass er seine skeptische Hypothese als Ergebnis eines Selbstgesprächs deklariert – und sich damit als nur imaginierter Gesprächspartner als Teil unserer „Innenwelt" präsentiert – so kann dies, zweitens, nur unter der Bedingung erfolgreich sein, dass das Wissen um die eigene „Innenwelt" den Bezug auf eine Außenwelt *in keinem einzigen Fall* voraussetzt. Doch das Gegenteil ist der Fall; jede Erkenntnis der Innenwelt benötigt den Bezug auf „äußeres" [s. z.B. Kant (1781) B 274ff.]. Drittens hilft auch der Versuch, die Zweifelshypothese durch die Vermutung zu stützen, wir würden in jeder Hinsicht systematisch getäuscht, dem Skeptiker nicht weiter. Denn nicht nur handelt es sich dabei eher um eine Überlegung, die Zweifel an der Möglichkeit der *Erkenntnis* äußerer Gegenstände weckt und nicht an ihrer *Existenz*, sondern es stellt sich sofort erneut die Frage, wer oder was, wenn nicht eine *äußere* Instanz, für diese Täuschung verantwortlich ist.

Für die Ethik ist die Zweifelshypothese strukturell ähnlich, aber ihre Zurückweisung liegt weniger nahe. Ihre Gegenstände sind durchweg abstrakter als die Alltagsgegenstände der Außenwelt, deren Existenz der theoretische Skeptizismus (auch) in Frage stellt. Sie sind in keinem Fall direkt mit unseren äußeren Sinnen zu erfassen. Gut oder schlecht, Freiheit, Gebote oder Verbote, Allgemeingültigkeit oder Werte erschließen sich uns erst durch Reflexion. Der Zweifel an der Existenz der ethischen „Gegenstände" führt deshalb an keiner Stelle in einen derart offensichtlichen Widerspruch wie der Zweifel an der Existenz der Gegenstände der Erkenntnistheorie. Dennoch: Auch wenn die Zurückweisung schwerer fällt, so ist doch wenigstens unklar, warum wir jemandem glauben sollten, dass seine Hypothese gut und die gegenteilige Annahme schlecht sei, wenn er doch gleichzeitig behauptet, dass die Unterscheidung von gut und schlecht gegenstandslos ist. Weiter ist unverständlich, wie der Zweifel an der Existenz von Handlungsgrundsätzen überzeugen kann, wenn der Skeptiker selbst offensichtlich nach dem systematischen Grundsatz handelt, andere von der Zweifelhaftigkeit von Grundsätzen zu überzeugen. Auch wenn es für den praktischen Skeptiker mehr Möglichkeiten als für den theoretischen gibt, seine Zweifelsgründe zu verfeinern – etwa durch den Hinweis darauf, dass nur die Existenz einer ethischen Bedeutung von gut und schlecht zweifelhaft sei, nicht aber generell in Frage stehe, dass „gut" und „schlecht" tatsächlich bedeu-

Widersprüche der praktischen Skepsis

tungsvolle Ausdrücke sind –, so kann der Zweifel an der Existenz der Gegenstände der Ethik letztlich ebenso wenig überzeugen wie ein Zweifel an der Existenz der Außenwelt. Hierher gehört auch die oben genannte Behauptung, die Ethik selbst sei bloß ein Produkt der menschlichen Einbildungskraft, denn auch sie zielt auf die „Existenz" ihres Gegenstandbereichs. Da die Ethik die Eigenschaft, „ein bloßes Produkt der menschlichen Einbildungskraft zu sein", mit allen menschlichen Theorien teilt, geht von ihr keine große Gefahr aus. Wer mit dieser Hypothese die Berechtigung der Ethik bestreiten möchte, der sollte ebenso bereit sein, etwa die Physik, die Kosmologie oder die Biologie in Frage zu stellen. Eine Variante dieses Zweifels ist die schon bekannte Behauptung, dass die „Gegenstände" der Ethik nicht in der gleichen Weise „existieren" wie die Gegenstände, mit denen sich die Naturwissenschaften beschäftigten. Fraglich ist allerdings, ob Handlungsprinzipien, das ethisch Gute, Sollenssätze oder Willensfreiheit, sich in dieser Hinsicht tatsächlich so fundamental von Zahlen, Naturgesetzen, Aufenthaltswahrscheinlichkeitsräumen oder radioaktiver Strahlung und elektromagnetischen Wellen unterscheiden. Denn letztlich sind einzelne Existenzbehauptungen immer relativ zu einer Theorie [s. Quine (1948)]; sie zeigen lediglich an, dass es eine Theorie gibt, in die ein Gegenstand (sinnvoll) eingebunden werden kann. Die entscheidende Frage ist daher – für die Ethik nicht anders als für jede andere Wissenschaft – nicht die nach der „Existenz" ihrer Gegenstände, sondern die, ob es ihr gelingt, die Aussagen über ihre Gegenstände ohne Brüche und Widersprüche aufeinander zu beziehen und sinnvoll mit unserem Erkenntnisinteresse zu verbinden. Als Zwischenergebnis lässt sich daher festhalten: Der Zweifel an der Existenz der Ethik oder ihrer Gegenstände genügt den Kriterien des begründeten Zweifels nicht. Ein „Skeptiker", der versucht, das Unternehmen der Ethik in dieser Weise in Frage zu stellen, ist kein ernst zu nehmender Argumentationsgegner.

Quine: Einzelne Existenzbehauptungen beziehen sich immer auf eine Theorie

4.1.3 Motivation: ein indirekter Zweifel

Neben dem Zweifel an der *Existenz* gibt es skeptische Einwände, die nicht so leicht von der Hand zu weisen sind. Ein erster schürt das Misstrauen gegen die Ethik mit dem Hinweis darauf, dass es eine Unzahl unterschiedlicher ethischer Ansätze gibt. Dieser Zweifel bezieht seine Überzeugungskraft aus der verbreiteten Intuition, dass Ethik nur dann ein sinnvolles Unterfangen sein kann, wenn sich die

Sind egoistische Antriebe immer stärker als altruistische?

eine „richtige" Theorie ermitteln lässt. Die Auseinandersetzung mit diesem Vorbehalt wird Gegenstand des nächsten Abschnitts sein (Abschnitt 4.1.4). Ein zweiter setzt bei der Motivation zu ethischen Handlungen an und versucht das Unterfangen einer philosophischen Ethik indirekt zu diskreditieren. Der Einwand bestreitet, dass es eine Motivation zu Verhalten geben kann, welches nicht direkt dem eigenen Vorteil dient. Damit verhält er sich in der Frage der Existenz ethischer Grundsätze und der Möglichkeit ihrer Rechtfertigung neutral. Um seinem Einwand Überzeugungskraft zu geben, kann der Skeptiker hier darauf hinweisen, dass ethisches Handeln in aller Regel zunächst einen Verzicht auf die Durchsetzung der eigenen Interessen und die Befriedigung der eigenen Wünsche erfordert, außerdem darauf, dass die vage Aussicht auf Kooperationsgewinne uns nicht hinreichend motivieren kann, um einen solchen Verzicht zu leisten.

Auch wenn dieser Einwand keinen generellen und direkten Zweifel an der theoretischen Auseinandersetzung mit ethischen Prinzipien formuliert, so gelingt es ihm, das Unterfangen insgesamt in Frage zu stellen. Denn in der Tat erscheint es wenig sinnvoll, Zeit und Mühe auf die Ermittlung und Rechtfertigung von Grundsätzen zu verwenden, die niemand befolgen wird. Und es ist hier nicht einmal erforderlich, ethischen Gründen jede motivierende Kraft abzusprechen; alles, was ein derartiger Skeptizismus behaupten muss, ist, dass egoistische Motivationen durchgängig stärker sind als die Motivation zu einem auch nur vorübergehenden Verzicht. Die naheliegende Strategie gegen diesen Einwand besteht in dem Nachweis, dass es klare Fälle für ethisches Verhalten gibt, in denen die Motivation sich nicht auf die Verfolgung kurzfristiger egoistischer Ziele zurückführen lässt.

4.1.4 Ethischer Relativismus

Die wohl durchschlagendste Variante des ethischen Skeptizismus bedient sich der verbreiteten Intuition, am Ende des Nachdenkens müsse die eine richtige Theorie stehen, damit die Auseinandersetzung um ethische Prinzipien ein sinnvolles Unterfangen sei. Dies, so wendet der Skeptiker ein, sei höchst zweifelhaft, wenn man sich vor Augen halte, wie viele unterschiedliche Ethiken es de facto gibt und wie wenig Übereinstimmung auch in der Fachwelt in dieser Frage herrscht. Wenn es dem Anschein nach aber tatsächlich fast ebenso viele verschiedene Ethiken gibt wie verschiedene Gesellschaften (oder vielleicht sogar gesellschaftliche Subkulturen) und wenn auch die Fachdiskussion hier nicht im Sinn der einen „richtigen" Theorie Stellung beziehen kann, dann ist der Versuch, Prinzipien des richtigen Handelns begründen zu wollen, von vornherein müßig. Die Vorstellung, die diesem Einwand zugrunde liegt, hat sicher etwas für sich: Welchen Grund sollte es geben, sich Gedanken über Handlungsprinzipien und Ge- und Verbote zu machen, wenn fast jede Handlungsweise im Rahmen irgendeiner Ethik gerechtfertigt werden kann? Warum sollt man sich überhaupt mit der Frage nach richtig und falsch, nach gut und böse beschäftigen, wenn es auf diese Frage keine eindeutigen Antworten gibt?

Betrachten wir den Einwand genauer. Verschiedene Überlegungen lassen Zweifel an seiner Stichhaltigkeit aufkommen. Erstens, selbst dann, wenn sich herausstellen sollte, dass der Einwand berechtigt ist, wäre fraglich, ob mangelnde Gewissheit und das Fehlen einer Letztbegründung tatsächlich hinreichende Gründe sein können, um den Versuch, unsere Handlungen möglichst gut zu begründen, generell in Frage zu stellen. Auch hier greift die Analogie zu anderen Disziplinen: Kaum jemand wird die Kosmologie deshalb in Zweifel ziehen, weil sie nicht abschließend klären kann, wie unser Universum entstanden ist. Gleiches gilt für die Archäologie oder die Geschichtswissenschaft: Die Vielzahl unterschiedlicher Überzeugungen, der Mangel an endgültigen Gewissheiten und eine anhaltende Uneinigkeit der Fachwelt verleitet kaum jemanden zu der Empfehlung, sie generell in Frage zu stellen. Zweitens ist es zweifelhaft, ob überhaupt zutrifft, was der Skeptiker behauptet, denn aus dem Hinweis auf faktisch unterschiedliche Theorien und die kontroverse Diskussionslage folgt noch nichts über die Unmöglichkeit einer einzig „richtigen" Ethik. So sind die unterschiedlichen Ansätze und die anhaltende Diskussion vielleicht einfach Teil einer normalen (wissenschaftlichen) Auseinandersetzung, wie es sie auf den meisten Gebieten, und mitunter sogar in axiomatischen Wissenschaften, gibt. Drittens: Selbst wenn eine endgültige Theorie gefunden wäre – vorausgesetzt, dies ist möglich –, bedeutete dies nicht unbedingt das Ende der Meinungsvielfalt. Die Theorie mag zu komplex sein, um weithin akzeptiert zu werden, sie mag auf pragmatische, weltanschauliche, oder religiöse Vorbehalte stoßen etc., so dass die Uneinigkeit faktisch weiter bestünde. Und schließlich, viertens, ist nicht ausgeschlossen, dass der Hinweis auf die große Zahl *verschiedener* Theorien, mit der der Relativismus seine Hypothese plausibel zu machen versucht, schlicht falsch ist: Es ist nicht aus-

Gibt es die eine „richtige" Ethik?

gemacht, dass die zu beobachtenden Differenzen tatsächlich darauf zurückgehen, dass es sich um verschiedene Theorien handelt. Unter Umständen könnten dies auch nur verschiedene konkrete Ausgestaltungen *ein und derselben* Theorie sein (vgl. dazu auch die Diskussion in Abschnitt 2.4).

Die Diskussion um die eine „richtige" Ethik wird in der Fachphilosophie unter der Überschrift „ethischer Relativismus" geführt. Sie begleitet die Ethik seit ihren Anfängen. So lässt sich etwa schon die Auseinandersetzung Platons (427–347 v. Chr.) mit dem Sophisten Protagoras (ca. 490–420 v. Chr.) als ein Streit um die Relativität ethischer Grundsätze verstehen, auch wenn strittig ist, ob das historische Vorbild für Platons Gesprächspartner tatsächlich Anhänger dieser Position war [s. z. B. Platon *Theaetet* 172a–b]. In der Debatte der Gegenwart begegnet der Relativismus unter anderem als Vorwurf des „Eurozentrismus" – womit gemeint ist, dass die an den abendländischen Traditionen orientierten Nationen ihre (ökonomische) Macht missbrauchen, um ihre speziellen ethischen Vorstellungen in der übrigen Welt durchzusetzen. Ebenso dienen relativistische Argumente oft dazu, der Forderung nach „Toleranz" für die eigenen Verhaltensweisen oder die Verhaltensweisen der eigenen Gemeinschaft dann besonderen Nachdruck zu verleihen, wenn sie gegen einen weithin etablierten Konsens verstoßen. Der Kerngedanke dabei ist, dass die Verbindlichkeit ethischer Grundsätze im besten Fall auf eine Gruppe von Individuen beschränkt ist und dass alle ethischen Forderungen, die *von außen* an diese Gruppe oder einzelne ihrer Mitglieder gerichtet werden, deshalb als unbillig zurückgewiesen werden können.

Auch wenn es nicht einfach ist, diesem Einwand gegen die Allgemeinheit ethischer Normen mit einem überzeugenden Argument entgegenzutreten, so lohnt die Mühe. Denn wenn es dem Skeptiker gelingt, über die Einschränkung des Gültigkeitsbereichs (zu diesem Thema s. Abschnitt 2.1) die Verbindlichkeit ethischer Forderungen von vornherein fragwürdig erscheinen zu lassen, so weckt dies nicht nur grundsätzliche Zweifel am Sinn der Ethik, sondern führt letztlich dazu, dass in den Fällen, in denen keine pragmatischen Kompromisse über Maßstäbe und Regeln des Umgangs erzielt werden können, jede weitere Aussicht auf eine argumentative Lösung hinter die gewaltsame Auseinandersetzung zurücktritt. Das zentrale Anliegen der Ethik, durch Reflexion und den Austausch von Argumenten ein fruchtbares Zusammenleben von Individuen und auch von Gesellschaften zu ermöglichen, wird durch den Relativisten im ungünstigen Fall ad absurdum geführt.

Halten wir fest: Der Zweifel daran, dass die Erforschung der Grundsätze unseres Handelns ein sinnvolles Unternehmen ist, kann verschiedene Formen annehmen. Die skeptischen Möglichkeiten lassen sich näherungsweise in vier Kategorien einteilen.

Varianten des ethischen Skeptizismus

(1) Zweifel an der Existenz ihrer Gegenstände. Dieser Zweifel ist in der Ethik genauso unbegründet wie in der Erkenntnistheorie;
(2) Zweifel an der Erkennbarkeit ihrer Prinzipien. Diesen Zweifel teilt die Ethik mit allen nicht-axiomatischen Wissenschaften;
(3) Zweifel an der Verbindlichkeit ethischer Motivation. Dieser Zweifel lässt sich durch verschiedene Argumente entschärfen, wenn vielleicht auch nicht endgültig ausräumen;
(4) Zweifel daran, dass es die eine „richtige" Ethik gibt. Die Gründe, die diesem Zweifel Überzeugungskraft geben sollen, sind nicht zwingend. Dennoch lässt auch er sich nur schwer wirklich ausräumen.

4.1.5 Fazit: Grenzen der Rechtfertigung

Die skeptischen und relativistischen Einwände gegen den Versuch, Handlungsprinzipien zu begründen, stellen die Frage nach der Reichweite und den Grenzen ethischer Rechtfertigung: Auf welche Einwände muss eine Ethik antworten, welche sollte sie ausräumen, welche Erwartungen und Forderungen sind berechtigt und welche überzogen? In den letzten Abschnitten wurde deutlich, dass es nicht darum gehen kann, an die Ethik andere (und besonders: höhere) Maßstäbe anzulegen als an andere (nicht-axiomatische) Disziplinen; und dies auch dann nicht, wenn allgemeine skeptische Einwände hier aufgrund des abstrakten Gegenstandsbereichs vielleicht zunächst eine größere Überzeugungskraft entfalten. Die Analogie zum *theoretischen* Zweifel an der Existenz hatte deutlich gemacht, dass es in der Ethik zwar etwas schwieriger ist, dem Skeptiker die Unstimmigkeit seiner Position nachzuweisen, dass aber wenigstens dieser Zweifel auch im Hinblick auf die Ethik nicht konsistent zu vertreten ist. Darüber hinaus kann es nur darum gehen, nach bestem Wissen und auf der Grundlage der in den Wissenschaften üblichen Begründungsverfahren das Für und Wider verschiedener Ansätze und Argumente gegeneinander abzuwägen. Eine Letztbegründung – selbst wenn dies vielleicht wünschenswert erscheint – kann von der Ethik nicht mit einem größeren Recht verlangt werden als von anderen Wissenschaften auch.

Verlangt werden kann und sollte dagegen, dass eine Begründung ethischer Prinzipien über die Herleitung von Handlungsnormen aus einem kulturellen Kontext hinausgeht. Zwar hilft die kulturrelative Aufschlüsselung des Entstehungszusammenhangs von Handlungsregeln dem Verständnis, doch sie ist, wie jede (kausale) Erklärung, eben noch keine Rechtfertigung. Dass dies so ist, hängt nicht zuletzt damit zusammen, dass Ursachen sich auf einer anderen Ebene bewegen als Gründe. Eine Kausalerklärung der neuronalen „Ursachen" einer Entscheidung etwa – und sei sie noch so detailliert und stichhaltig – beantwortet die Frage nach dem *Warum* dieser Entscheidung nicht in der Weise, die wir erwarten, wenn wir nach ihren Gründen fragen (s. 2.6.3; 2.6.4 und 3.3). Und schließlich gilt auch: Aus der Tatsache, dass die Mitglieder einer Gesellschaft bestimmte ethische Grundsätze für wahr halten (und dass diese Grundsätze vielleicht sogar seit vielen Generationen für wahr gehalten wurden), folgt nichts über ihre Wahrheit. Der entscheidende Punkt aber ist, dass eine „Rechtfertigung" ethischer Prinzipien, die sich nur auf deren Entstehungszusammenhang stützt, ein zentrales Anliegen der Ethik verfehlt, nämlich die Möglichkeit, tradierte Verhaltensmuster einer unabhängigen Prüfung zu unterziehen und sie von einem neutralen Standpunkt aus zu kritisieren. Damit wird es gleichzeitig unmöglich, eine etablierte Praxis durch die Zurückweisung überzogener Ansprüche, deren Unangemessenheit sich nur der unvoreingenommenen Betrachtung von außen erschließt, eventuell auch zu stabilisieren. Nicht zuletzt ist die Forderung, ethische Prinzipien müssten sich von einem Standpunkt *außerhalb* der eigenen Gemeinschaft aus überprüfen lassen, ein Ausdruck des modernen Menschenbilds, denn dieses gesteht dem Einzelnen ebenso das Recht zu, selbstbestimmt und aufgrund eigener Einsicht Stellung zu beziehen, wie es ihm seine Selbstständigkeit als Pflicht auferlegt.

Eine Kausalerklärung ersetzt keine Rechtfertigung

Auch aus kollektivem Fürwahrhalten folgt keine Wahrheit

Fassen wir zusammen: Es wurde deutlich, dass die Ethik keinen strengeren Maßstäben der Rechtfertigung genügen muss, als sie in anderen Wissenschaften gelten, auch wenn es vielleicht intuitiv naheliegt, die Messlatte hier besonders hoch zu legen. Derart hohe Erwartungen an eine Begründung ethischer Prinzipien verstellen nur den Blick auf die Sache, auch weil sie den Skeptiker zu unnötigen

Einwänden einladen. Berechtigt ist allerdings die Forderung nach einer Begründung, die sich nicht nur auf eine etablierte gemeinschaftliche Praxis stützt. Erst die Rechtfertigung ethischer Prinzipien von einem Standpunkt außerhalb ihres Entstehungszusammenhangs erlaubt eine unabhängige Überprüfung sozialer Regeln. Sie macht es möglich, sich mit Gründen gegen zweifelhafte – aber aufgrund der Tradition vermeintlich gesicherte – Handlungsnormen zu stellen und genügt den Anforderungen einer philosophischen Rechtfertigung.

4.2 Verfahren und Kriterien der Rechtfertigung

In der Philosophie und den Wissenschaften gibt es gängige Verfahren, um Aussagen zu begründen und abzusichern. Wenn eine Theorie wissenschaftlichen Ansprüchen genügen soll, gilt es außerdem, einige grundlegende Gesichtpunkte zu berücksichtigen. Ein kurzer Überblick über die einschlägigen Methoden und Kriterien kann dabei helfen, die Stichhaltigkeit der im Folgenden vorgestellten Theorien und Argumentationen besser einzuschätzen.

4.2.1 Theoriebildung

Kriterien der Wissenschaftlichkeit

Die Wissenschaftlichkeit einer Theorie bemisst sich in der Neuzeit vor allem daran, ob sie die folgenden Kriterien erfüllt. Erstens müssen das Grundproblem und die Ausgangsfrage einer Theorie klar formuliert sein. Zweitens sollte die Theoriebildung so unvoreingenommen wie möglich erfolgen; eine Theorie, die in der Absicht aufgestellt wird, eine vorgefasste Meinung zu belegen – wie etwa die Interpretation statistischer Daten unter politischen Vorgaben –, verfehlt dieses Ziel. Drittens darf sie keine (logischen) Widersprüche enthalten. Viertens muss der zu erklärende Phänomenbestand auf allgemeine Gesetze oder Prinzipien zurückführt werden; eine Sammlung partikulärer Aussagen erklärt und rechtfertigt nichts. Und fünftens sollte sie einer öffentlichen Diskussion zugänglich sein.

In den *empirischen* Wissenschaften gilt darüber hinaus, dass Theorien auf systematischer Beobachtung und auf reproduzierbaren Experimenten beruhen müssen. Auch sollten ihre Befunde und Erklärungen durch die Erfahrung gestützt und auf keinen Fall durch sie widerlegt werden. Eine weitere allgemeine Direktive in diesem Zusammenhang schließlich ist das sogenannte Sparsamkeitsprinzip. Es besagt, dass man für eine Erklärung nicht mehr als die unbedingt notwendigen Annahmen und Grundsätze anführen sollte. Das bedeutet: Von zwei Theorien, die denselben Phänomenbestand erklären, ist nach dieser Maßgabe, die schon im Spätmittelalter von William von Ockham (1287–1347) in die Diskussion eingeführt wurde, diejenige vorzuziehen, die eine geringere Menge an Annahmen und Prinzipien benötigt.

4.2.2 Deduktion

Die Forderung, Theorien an Beobachtung, Erfahrung und Experiment auszurichten, kann aufgrund der Beschaffenheit ihres Gegenstandsbereichs offensichtlich nur in eingeschränktem Maß an geistes- und sozialwissenschaftliche Theorien angelegt werden. Experimente und Beobachtung sind hier nur in begrenztem Umfang (wenn überhaupt) möglich. Deshalb kommt der nachvollziehbaren und schlüssigen Argumentation besonderes Gewicht zu. Die beiden gebräuchlichsten Argumentationsformen werden im Folgenden vorgestellt. Es handelt sich zum einen um eine Argumentation, in der die Schlussfolgerung mit Notwendigkeit aus den Voraussetzungen folgt (Deduktion), und zum anderen um eine Argumentation, in der die Schlussfolgerung dies nur mit Wahrscheinlichkeit tut (Induktion). Üblicherweise argumentiert ein deduktives Vorgehen von allgemeinen Gesetzesaussagen zu singulären Aussagen, ein induktives in umgekehrter Richtung, von einzelnen Aussagen zu allgemeinen Gesetzen. Der wesentliche Unterschied der beiden Verfahren besteht jedoch in der Tat im Grad der Sicherheit ihrer Ergebnisse. Um es zu wiederholen: Die durch eine Deduktion gerechtfertigten Aussagen gelten mit *Notwendigkeit*, die durch Induktion begründeten Aussagen gelten mit größerer oder geringerer *Wahrscheinlichkeit*.

Durch Deduktion gerechtfertigte Aussagen gelten mit Notwendigkeit

Betrachten wir zunächst die Deduktion. In einem deduktiven Gedankengang, in dem aus einer allgemeinen Aussage und mindestens einem singulären Satz, der nähere Umstände spezifiziert, ein konkreter Schluss gezogen wird, ist die Schlussfolgerung mit Notwendigkeit wahr, *sofern* die Prämissen wahr sind. Aus „Alle Kängurus sind Beuteltiere“ und „Fritz ist ein Känguru“ folgt notwendig: „Fritz ist ein Beuteltier“; ebenso wie aus „Lügen ist verboten“ und „Diese Handlung ist eine Lüge“ notwendig folgt: „Diese Handlung ist verboten“. Überprüfen lässt sich dieser Zusammenhang durch die Verneinung des Schlusssatzes: Sie führt unvermeidlich zum Widerspruch mit einer der Prämissen. Will man die Schlussfolgerung eines deduktiven Arguments anzweifeln, so gibt es folglich nur die Möglichkeit, die Wahrheit der Prämissen in Frage zu stellen. Wer nicht der Meinung ist, Fritz sei ein Beuteltier, muss im Beispiel also entweder den singulären Satz, „Fritz ist ein Känguru" in Frage stellen oder die allgemeine Aussage „Alle Kängurus sind Beuteltiere". Ganz analog im Fall der Lüge: Wer glaubt, seine Handlungsabsicht sei ethisch unbedenklich, muss entweder die Richtigkeit des allgemeinen Satzes „Lügen ist verboten" bestreiten oder aber die singuläre Aussage, dass es sich bei seiner Handlung tatsächlich um eine Lüge handelt. Die naheliegende Frage, was denn die *allgemeinen* Sätze deduktiver Argumente begründe, kann auf zwei Arten beantwortet werden: entweder durch den Hinweis darauf, dass es sich bei der Gesetzesaussage bereits um die Konklusion eines schlüssigen induktiven Arguments handelt, oder durch den Hinweis, dass der allgemeine Satz unmittelbar einsichtig oder intuitiv gewiss ist.

4.2.3 Induktion

Induktive Argumente unterscheiden sich nicht nur in ihrer Argumentationsrichtung (von Aussagen über Einzelfälle zu Gesetzesaussagen) von deduktiven, sondern auch dadurch, dass selbst wenn alle Prämissen wahr sind, der Schlusssatz *nicht* mit Notwendigkeit folgt. Ein induktives Argument beruht auf einer Menge einzelner Aussagen über einen bestimmten Gegenstandsbereich; sein Schlusssatz besteht immer in einer allgemeine Aussage über diesen Gegenstandsbereich. Dabei ist die Menge der betrachteten Fälle in der Regel kleiner als die Menge der Fälle, für die die Gesetzesaussage gelten soll. Auch hier einige Beispiele: Jeden Morgen lässt sich (unter normalen Umständen und außerhalb des Polarkreises) beobachten, dass die Sonne „aufgeht". Die allgemeine Gesetzesaussage „*Jeden* Morgen geht die Sonne auf" kann sich daher auf eine große Zahl relevanter Einzelbeobachtungen stützen. Dennoch ist das Aufgehen der Sonne am nächsten Tag offensichtlich nicht *notwendig*. Einerseits steht dem eine kosmologische Theorie gegenüber, die behauptet, dass auch unser Stern eines Tages ausgebrannt sein wird und eben nicht mehr „aufgeht", andererseits gibt es eine Reihe von weiteren (glücklicherweise nicht sehr wahrscheinlichen) Szenarien, die selbst ein gut gesichertes induktives Gesetz wie dieses hinfällig werden lassen. Noch eindeutiger liegt der Fall bei anderen Alltagserwar-

Induktive Gesetze gelten mit Wahrscheinlichkeit

tungen: Aus der Tatsache, dass das Auto bisher noch jedes Mal angesprungen ist, schließen wir ebenso wenig auf eine *Notwendigkeit* für den nächsten Fall, wie wir dies aufgrund vergangener Erfahrungen etwa mit der sprichwörtlichen Pünktlichkeit der Schweizer Bundesbahn tun. Induktiv gerechtfertigte Gesetze können zwar mit einer sehr hohen Wahrscheinlichkeit zutreffende Prognosen für den nächsten Fall ermöglichen, doch ihre Vorhersagen gelten eben nicht mit Notwendigkeit.

Kehren wir damit zurück zu unserem eigentlichen Thema. Für gewöhnlich spielen sowohl induktive als auch deduktive Argumente bei der Begründung ethischer Prinzipien eine Rolle. Es gibt wenige Fälle, in denen versucht wird, eine Ethik *allein* durch Deduktion aus intuitiv gewissen Grundsätzen abzuleiten – den bekanntesten unternahm der niederländische Rationalist Baruch de Spinoza (1632–1677) in seiner posthum erschienen Schrift *Ethik nach geometrischer Methode* (*Ethica ordine geometrico demonstrata*) von 1677. Der umgekehrte Fall dagegen ist naheliegender. Dennoch gibt es auch hier wenige Modelle, die auf ein deduktives Vorgehen ganz verzichten und versuchen, Ethik *allein* durch eine induktive Argumentation zu begründen.

Fragen

- Suchen Sie nach Gründen, die Zweifel daran wecken können, dass der Versuch, Entscheidungen und Handlungen ethisch zu begründen, sinnvoll ist!
- Gibt es eine Antwort auf den ethischen Relativismus? Begründen Sie!
- Was stimmt mit diesen Argumenten nicht?

Alle Kängurus sind Beuteltiere
Alle Beuteltiere können weit springen
———
Alle Kängurus können weit springen

Alles, was fliegen kann, hat Flügel
Keine Rakete hat Flügel
———
Keine Rakete kann fliegen

5 Wie sollen wir handeln? Historische Theorien

Dieser Abschnitt stellt in aller Kürze einige Rechtfertigungsmodelle vor, die in der langen Geschichte der Philosophie vertreten wurden. Die meisten von ihnen werden auch heute noch kontrovers diskutiert oder bestimmen wenigstens den Hintergrund der gegenwärtigen Debatten. Die Kriterien, nach denen die verschiedenen Ansätze im Folgenden eingeteilt sind, wurden bereits im dritten Abschnitt ausführlicher vorgestellt. Hier nun geht es, im Unterschied zu den allgemeinen und systematischen Bemerkungen des dritten Abschnitts, darum, wie Theorien, die den Gemeinschaftsaspekt, Gefühle oder die Vernunft in den Vordergrund ihrer Argumentation stellen, tatsächlich beschaffen sind. Für die Auswahl der vorgestellten Theorien war entscheidend, ob ein Modell das Typische an einer Argumentationsstrategie erkennen lässt und ob es geeignet ist, die Vor- und Nachteile einer bestimmten Vorgehensweise exemplarisch zu verdeutlichen. Wer sein Verständnis der unterschiedlichen Ansätze vertiefen möchte, findet in diesem Abschnitt Hinweise auf Fachliteratur, die bei der eigenständigen Erschließung der Originaltexte oder bestimmter Themen hilft.

5.1 Antwort 1: zum Wohl der Gemeinschaft

Beginnen wir mit Theorien, die den Schwerpunkt ihrer Überlegungen auf die Gemeinschaft legen. Das Folgende diskutiert exemplarisch zwei wichtige Ansätze, die dies tun: Zum einen ist dies die oben bereits erwähnte Tugendethik (s. 2.3.6), die in der aktuellen Debatte unter dem Stichwort „Kommunitarismus“ in neuem Gewand wiederbegegnet; zum anderen ist dies die seit dem Beginn der Neuzeit ebenfalls sehr einflussreiche sogenannte Vertragstheorie.

5.1.1 Tugendethik

Spätestens seit Alasdair MacIntyres (* 1929) einflussreicher Monografie *After Virtue* (1981) erlebt die Diskussion um eine Ethik, die sich auf „Tugenden" beruft, eine Renaissance. Die Grundthese dieses Ansatzes ist, dass die ethische Qualität einer Handlung oder die Normativität ethischer Aussagen auf eine Reihe von Verhaltensnormen zurückgeführt werden kann, deren Beachtung das Leben sowohl des Einzelnen als auch das der Gemeinschaft „gut" verlaufen lässt.

Der Gedanke einer Begründung der Ethik auf der Grundlage von Tugenden ist nicht neu. Er reicht zurück bis in die Antike und findet sich sowohl bei Platon als auch bei Aristoteles. Von Platon stammt dabei auch die erste belegte Liste von Tugenden: In seinem *Staat* sind es vor allem Weisheit, Tapferkeit und Besonnenheit, die das Zusammenleben der Menschen im idealen Gemeinwesen prägen sollen. Damit das Leben gut verläuft, müssen diese Tugenden allerdings nicht nur jede für sich befolgt, sondern auch so aufeinander abgestimmt werden, dass sie harmonisch zusammenwirken. Dies kann, folgt man Platon, nur unter der Oberaufsicht der Gerechtigkeit geschehen. Dadurch wird Gerechtigkeit zur höchsten Tugend des Einzelnen und des Gemeinwesens insgesamt [s. Platon *Staat* Buch 4]. Obwohl die Diskussion um das „Wesen" der Tugenden in Platons Werk großen Raum einnimmt und obwohl er die Frage nach ihrer Natur seit seinen frühen Dialogen immer wieder stellt, bleibt ihre inhaltliche Bestimmung in den meisten Fällen vage: Es lässt sich nicht genau ermitteln, was wir unter Weisheit, Tapferkeit, Gerechtigkeit etc. verstehen sollen. Platons Argumente beziehen ihre Überzeugungskraft zu einem nicht unerheblichen Teil aus unserem Alltagsverständnis.

„Gerechtigkeit" als die höchste Tugend"

Auch für Aristoteles, den anderen überragenden Philosophen der Antike, sind Tugenden die Grundlage aller Ethik. Glückseligkeit, in seiner Theorie das höchste Gut, lässt sich nur dadurch erreichen, dass man ein tugendhaftes Leben führt. Allerdings ist dies für ihn nur eine notwendige, keine hinreichende Bedingung: Tugendhaftigkeit führt nur dann zur Glückseligkeit, wenn günstige äußere Umstände hinzukommen (wie bereits in Abschnitt 2.7.3 erwähnt). Wichtig an seiner Argumentation ist vor allem eine Unterscheidung, die in der Folge von vielen tugendethischen Ansätzen aufgenommen wird: die Unterscheidung zwischen ethischen und dianoetischen Tugenden, d. h. den Tugenden des Verstandes (διάνοια/*di̜anoia*: Denkvermögen, Verstand). So sind Weisheit, Auffassungsgabe und Klug-

Ethische und dianoetische Tugenden

heit offensichtlich Verstandestugenden, gegenüber Großzügigkeit und Besonnenheit, die Aristoteles als Beispiele für ethische Tugenden anführt [Aristoteles *Nikomachische Ethik* 1103a]. Es wäre allerdings vorschnell, diese Unterscheidung so zu interpretieren, als ob dianoetische Tugenden wie Weisheit und Mäßigkeit in keiner Verbindung zur Ethik stehen. Ihr Verhältnis zur Ethik ist nur ein anderes als das der im engen Sinn ethischen Tugenden: Sie sind *Voraussetzungen* des ethischen Erkennens und Handelns und formulieren die Maßstäbe, an denen sich das Handeln nach den (im engen Sinn) ethischen Tugenden orientieren sollte. Es überrascht deshalb nicht, dass auch Aristoteles ein Zusammenwirken der Tugenden fordert, in seinem Fall die sinnvolle Verbindung von ethischen und dianoetischen Tugenden. Dabei sind die Aufgaben klar verteilt: Ethische Tugenden bestimmen die Ziele unseres Handelns, Verstandestugenden sollen uns bei der Wahl der Mittel leiten – und zwar nach dem Grundsatz, jeweils die Mitte zwischen den Extremen zu finden und zu halten.

Maßstab des tugendhaften Lebens ist es, die Mitte zwischen den Extremen zu halten

Folgt man Aristoteles, ist (ethische) Tugendhaftigkeit diejenige Verfassung „durch die jemand ein tugendhafter Mensch wird und seine Leistung [des Menschseins] gut vollbringt“ [Aristoteles *Nikomachische Ethik* 1106a]. Auch wenn diese Bestimmung tautologisch klingt, so enthält sie doch zwei wichtige Gedanken. Erstens: Es geht darum, die spezifischen geistigen und körperlichen Fähigkeiten, die den Menschen auszeichnen, voll zu entwickeln [Aristoteles *Nikomachische Ethik* 1097a f.]. Voraussetzung dafür ist die Befolgung der ethischen und dianoetischen Tugenden. Zweitens: Tugenden sind für Aristoteles Fertigkeiten, er sieht sie als „technische“ Hilfsmittel (τέχνη/*tẹchnē*: Kunstfertigkeit, Handwerk), die wesentlich dazu beitragen, das übergeordnete Ziel der Glückseligkeit zu erreichen. So wie ein Auge dann „gut“ ist, wenn es gut sieht, und ein Pferd dann „gut“, wenn es gut läuft, den Reiter gut trägt und sich im Kampf bewährt (loc. cit.), sind Menschen dann *ethisch* gut, wenn sie diejenigen Anlagen und Fertigkeiten, die den Menschen von der übrigen Natur unterscheiden, gut ausbilden. Und nur, wenn sie dies tun, können Menschen sich berechtigte Hoffnungen auf ein glückseliges Leben machen. Die Tugenden helfen ihnen, in diesem Sinn gute Entscheidungen zu treffen, gute Regeln aufzustellen, gute Gesetze zu erlassen und allgemein gut mit ihren Mitmenschen zusammenzuleben.

Ein „technisches" Verständnis der Tugend

Trotz grundlegender Unterschiede in der Anlage ihrer Theorien gibt es einige Ähnlichkeiten in der Argumentation von Platon und

Aristoteles, die die spätere Diskussion stark beeinflusst haben. Vor allem zwei von ihnen seien hier genannt, nämlich einerseits die holistische These, dass die Tugenden so miteinander verbunden sind, dass ein Mensch nicht eine von ihnen besitzen kann, die anderen aber nicht; andererseits die Konzeption der sogenannten Kardinaltugenden (cardo: Angelpunkt). Dies sind Tugenden, die von besonderer Wichtigkeit sind. Spätere Ansätze teilen die erste These oft nicht und wenden sich zum Teil sogar ausdrücklich gegen sie. Der Gedanke der Kardinaltugenden dagegen ist nach wie vor aktuell, auch wenn ihre Liste über die Zeit einigen Veränderungen unterworfen war; besonders Tapferkeit und Mäßigkeit werden heute nicht mehr dazu gerechnet. Und auch die mittelalterlichen Erweiterungen der antiken Liste um solche Tugenden wie Gottesfurcht, Mildtätigkeit und Nächstenliebe spielen in der modernen philosophischen Diskussion keine Rolle mehr.

Einheit der Tugenden

Kardinaltugenden

Wichtig für die heutige Auseinandersetzung sind dagegen die Folgen einer weiteren historischen Entwicklung. Sie beginnt mit der Renaissance und ihr Ergebnis ist ein grundsätzlich anderer Blick auf den Menschen: Er wird zum selbstbestimmten und unabhängigen Einzelwesen, das sich nicht mehr, wie in der Antike und lange Zeit danach, primär über seine Gemeinschafts- oder Gruppenzugehörigkeit definieren lässt. Für die Tugendethik bedeutet dies: Die Selbstverständlichkeit, mit der bis zum Ende des Mittelalters unterstellt wurde, dass die Vergesellschaftung die naturgegebene Lebensform des Menschen sei, wird fragwürdig. Zunehmend rückt in den Blick, dass das Zustandekommen einer dauerhaft funktionierenden Gemeinschaft bereits beträchtliche Bemühungen freier Individuen voraussetzt. Wenn also Tugenden weiterhin aus einer gemeinschaftlichen Praxis abgeleitet werden sollen, muss zunächst geklärt werden, unter welchen Voraussetzungen sich eine derartige Praxis ausbilden kann. Dies erhöht die Begründungslast, die eine Tugendethik zu tragen hat, deutlich.

Individualisierung und Selbstbestimmung als Merkmale des Menschen in der Neuzeit

Bevor wir uns der Argumentation zuwenden, die unter der Überschrift „Kommunitarismus" in den letzten Jahren die tugendethische Begründung der Ethik wieder populär gemacht hat, ist noch ein Blick auf einige Charakteristika des tugendethischen Ansatzes sowie auf seine Vor- und Nachteile nötig. Die meisten Tugendethiken von der Antike bis heute zeichnen sich erstens dadurch aus, dass der Schwerpunkt der Argumentation nicht auf einzelnen Handlungen liegt. Dies folgt daraus, dass jemand, dem eine bestimmte Tugend zugeschrieben wird, nicht nur einmal ein be-

Merkmale der Tugendethik

stimmtes Verhalten an den Tag gelegt haben muss, damit man berechtigterweise annehmen kann, dass er eine *Disposition* besitzt, in Situationen einer bestimmten Art so und nicht anders zu handeln. Aus diesem Grund ist, zweitens, die grundlegende Frage, die sich dem Individuum in einer Tugendethik stellt: „Welche Art von Person will oder sollte ich sein?“ und nicht primär: „Welche Handlung ist die moralisch richtige?“. Erinnert sei in diesem Zusammenhang an das oben diskutierte Beispiel von Bernard Williams (s. 2.3.6), an dem die Unterschiede in der jeweiligen Argumentation gut deutlich werden. Drittens: Tugenden stehen als langfristige Verhaltensdispositionen offensichtlich in enger Beziehung zum Charakter der handelnden Person. Auch aus diesem Grund tritt in einer Tugendethik die Bewertung einzelner Handlungen in den Hintergrund [s. Hursthouse (1999); Crisp/Slote (1997)]. Allerdings wird die Qualität des Charakters dadurch nicht zu einem *hinreichenden* Kriterium der ethischen Beurteilung, weil eine Handlung immer noch ethisch verwerflich sein kann, wenn sich der Handelnde über ihre ethischen Eigenschaften täuscht. Auch die besten Absichten und ein einwandfreier Charakter ändern daran nichts: „gut gemeint“ kann durchaus das Gegenteil von „gut“ sein. Viertens bestreitet eine Tugendethik im Normalfall (wie schon Aristoteles), dass „richtig“ und „falsch“ in abstrakten ethischen Regeln oder *Prinzipien* erfasst werden können.

Eine Ethik auf der Grundlage von Tugenden hat offensichtlich zwei große Vorzüge. Erstens: Tugenden sind konkret und stehen in engem Zusammenhang mit unserer sozialen Lebensgestaltung. Eine Tugendethik wird kaum Gefahr laufen, so weit entfernt von unserer Praxis zu sein, dass aus ihr nur mit Mühe ein Nutzen für konkrete Fälle gezogen werden kann. Es ist aus tugendethischer Sicht deshalb naheliegend, besonders diesen Gedanken gegen deontologische und teleologische Ethiken stark zu machen. Und in der Tat lautet ein Einwand, den Anhänger einer Tugendethik gern gegen andere ethische Ansätze anführen, dass die Orientierung dieser Ansätze an abstrakten Prinzipien den Einzelnen bei seinen konkreten Entscheidungen oft im Stich lässt. Der zweite große Vorteil einer Tugendethik ist, dass ihr die Frage der Motivation zu ethischen Handlungen kaum Schwierigkeiten bereitet. Längerfristige Verhaltensdispositionen, Sitten und Gewohnheiten – d. h. all das, was uns zu Handlungen motiviert – stehen bei ihr bereits im Zentrum der Überlegungen.

Was geschieht im Konfliktfall?

Diesen Vorzügen stehen eine Reihe von Fragen und Einwänden gegenüber. Erstens: Dadurch, dass eine Tugendethik eine Vielzahl unterschiedlicher Handlungsgrundsätze (Tugenden) propagiert, erleichtert auch sie dem Einzelnen seine konkreten Entscheidungen nicht unbedingt. Der tugendethische Einwand gegen andere ethische Ansätze, dass nämlich der Einzelne mit seinen Entscheidungen allein gelassen werde, trifft letztlich auch sie selbst, auch wenn der Grund ein anderer ist. Es mag durchaus schwer fallen, eine Brücke von abstrakten Prinzipien zu konkreten Entscheidungen zu schlagen, doch noch schwerer wird es sein, auf der Grundlage vieler verschiedener Vorgaben zu handeln, vor allem dann, wenn diese Vorgaben *unterschiedliche* Verhaltensweisen nahelegen. Betrachten wir zur Illustration dieses Gedankens „Freundschaft" und „Wahrhaftigkeit". Wenn wir versuchen, nach diesen „Tugenden" zu handeln, geraten wir spätestens dann in einen nicht zu lösenden Konflikt, wenn wir einem Freund dadurch schaden müssten, dass wir ihm selbst oder anderen wahrheitsgemäß Auskunft geben. Weitere Beispiele lassen sich ohne Schwierigkeit finden – man muss daher nicht der Meinung sein, dass ausgerechnet Freundschaft und Wahrhaftigkeit zu den ethischen Tugenden zählen. Es geht hier allein darum, dass es auf der Grundlage einer Tugendethik nicht möglich ist, unbeschadet aus einer derartigen Situation hervorzugehen. Unterm Strich bedeutet das: Auch hier gibt es Fälle (und vermutlich sind es diejenigen, in denen man sich an die Ethik wendet), in denen dem Einzelnen wenig geholfen ist bei seinen konkreten Entscheidungen. Anhänger einer Tugendethik entgegnen vielleicht an dieser Stelle, dass keine zwei Tugenden gleichwertig sind und es unter ihnen immer eine klare Rangordnung gibt. So muss man also im Beispielfall nur wissen, dass es wichtiger ist, einem Freund keinen Schaden zuzufügen als bei der Wahrheit zu bleiben, oder umgekehrt, dass Wahrhaftigkeit über Freundschaft geht; dann lässt sich das Dilemma ohne Schwierigkeiten beseitigen. Bedauerlicherweise ist der theoretische Preis für diese Erwiderung beträchtlich. Neben der an sich schon nicht ganz leicht zu begründenden Einteilung von Tugenden in „normale" und Kardinaltugenden setzt sie nämlich voraus, dass es eine Regel gibt, anhand derer sich die hierarchische Stellung *jeder einzelnen Tugend* im Konfliktfall zweifelsfrei ermitteln lässt. Will man den Stellenwert von Tugenden in der Hierarchie nicht einfach nur behaupten, so wäre er seinerseits zu begründen, womit sich offensichtlich die Begründungslast der Theorie weiter erhöht. Ebenso schwer wie die erhöhte Begründungslast wiegt darüber hinaus eine zweite Überlegung. Wenn nämlich das Ordnungskriterium in einem Grundsatz besteht, der selbst keine „Tugend" ist, dann scheint die Bezeichnung „Tugendethik" nicht länger angebracht. Soll der oberste Grundsatz dagegen selbst eine „Tugend" sein, dann muss es sich bei ihm offensichtlich um eine Tugend höherer Ordnung handeln, die sich, entgegen dem programmatischen Anspruch der Theorie, *nicht direkt* aus einer gemeinschaftlichen Praxis ergibt, sondern allenfalls *indirekt* aus dem Nachdenken über die Organisation dieser Praxis durch Tugenden erster Ordnung. Eine solche „Tugend" würde auf jeden Fall stärker in das System eingreifen müssen als die „Gerechtigkeit", unter deren Oberaufsicht bei Platon die Tugenden erster Ordnung harmonisch aufeinander bezogen werden sollen.

Zweitens: Die Möglichkeit divergierender Handlungsempfehlungen gibt noch auf andere Weise Anlass für einen Einwand. Dieser betrifft besonders die Wiederbelebung der tugendethischen Argumentation in den letzten Jahren und entspringt der Einsicht, dass eine Tugendethik sich wohl nicht für alle Gemeinschaften eignet. Denn wenn ethische Grundsätze ausgehend von einer etablierten sozialen Praxis begründet werden sollen, so scheint dies ein großes Maß an Übereinstimmung in den Werten und den Vorstellungen vom guten Leben vorauszusetzen. In großen Gesellschaften – und ganz besonders in den Massengesellschaften der Moderne – liegen diese jedoch oft weit auseinander. Und damit wird bereits der Ausgangspunkt einer tugendethischen Argumentation fragwürdig. Hinzu kommt, dass hier auch ein Zusammenhang problematisch wird, dessen Gegebenheit Aristoteles noch mit einem gewissen Recht unterstellen konnte: Je verschiedenartiger die Ansichten und Lebensentwürfe in einer Gesellschaft, desto größer ist die Wahrscheinlichkeit, dass das Streben Einzelner nach dem guten Leben nicht mit dem Streben nach dem zusammenfällt, was für die Gemeinschaft gut ist. Je größer die Unübersichtlichkeit des sozialen Miteinanders, desto weniger erschließt sich auch dem Einzelnen, welchen Beitrag er zum Gelingen des Zusammenlebens zu leisten hat. Auf den Punkt gebracht bedeutet dies, dass ein Ansatz, der für den antiken Stadtstaat geeignet sein mag, bei seiner Übertragung auf moderne Verhältnisse an seine Grenzen stößt. Für aktuelle Varianten des Tugendmodells besteht an dieser Stelle noch einmal ein deutlich erhöhter Begründungsbedarf.

Eignet sich eine Tugendethik für die Massengesellschaften der Moderne?

Drittens: Ein allgemeiner Einwand entsteht Tugendethiken auch aus dem Merkmal, das eigentlich ihre Stärke ausmacht, nämlich aus der engen Verzahnung des ethisch Guten mit einer konkreten Praxis. Denn wenn das ethisch Richtige aus den Lebensvollzügen einer Gemeinschaft abgeleitet und begründet werden soll, dann fehlt offensichtlich ein Korrektiv gegen totalitäre und fanatische Auswüchse: Sollte etwa die große Mehrheit der Überzeugung sein, es sei ethisch unbedenklich oder sogar eine Tugend, Mitmenschen einzuschüchtern, zu verraten, zu verfolgen, zu foltern oder zu töten – und an dieser Meinung aufgrund ihrer Sozialisation vielleicht auch dann noch festhalten, wenn sie selbst Opfer dieser „Tugenden" werden –, so kann eine tugendethische Argumentation dagegen offensichtlich wenig ausrichten. Ihr fehlen die Ressourcen eines neutralen Standpunkts, von dem aus eine unabhängige Prüfung von Handlungsprinzipien möglich wäre, d. h. die Möglichkeit einer Prüfung, die nicht selbst wieder auf die Praxis der Gemeinschaft zurückgreift.

Tugendethik und der neutrale Standpunkt

Und schließlich, viertens, scheint der Versuch einer tugendethischen Begründung die Frage nach der Rechtfertigung der Ethik auf eigenartige Weise zu verfehlen. Denn die Begründung von Verhaltensnormen *aus einer gegebenen Praxis* ist eine Sache, die Rechtfertigung *dieser Praxis selbst* eine andere. Sofern man nicht der Meinung ist, eine bestimmte Art des Zusammenlebens rechtfertige sich bereits dadurch, dass es faktisch gegeben ist, verschärft sich der gerade aufgeführte dritte Einwand noch. Nicht nur fehlt ein neutraler Standpunkt, sondern es besteht der starke Verdacht, dass die Frage „Wie sollen wir handeln?" in einer Tugendethik tatsächlich oft durch unzeitgemäße Empfehlungen beantwortet werden wird, die nichts als eine lange Tradition auf ihrer Seite haben. Mit anderen Worten: In diesem Zusammenhang lässt sich gut nachvollziehen, welche Folgen ein Verstoß gegen Humes Gesetz haben kann. Der Versuch, Normen aus einem gesellschaftlichen Ist-Zustand abzuleiten, ist argumentativ wenig befriedigend, auch wenn er in einem größeren Bogen erfolgt.

Ist-Zustand und Begründungsanspruch

These

Die Beachtung bestimmter Tugenden lässt das individuelle und soziale Leben gut verlaufen. Einzelne Gebote und Verbote begründen sich aus diesen Tugenden.

Kennzeichen (der „klassischen" Position)

- Langfristige Dispositionen (Tugenden) – die in ihrer Summe den „Charakter" des Handelnden ausmachen – spielen

die Hauptrolle bei der ethischen Beurteilung und Begründung;
- Ausgangpunkt der Überlegungen ist die etablierte gesellschaftliche Praxis.

Vor- und Nachteile der Position

+ konkret, enger Bezug zur sozialen Praxis;
+ die Motivationsfrage ist leicht zu beantworten;
– relativistisch;
– die Vielzahl verschiedener Tugenden führt unter Umständen zu widersprüchlichen Empfehlungen in konkreten Situationen;
– auf überschaubare und weitgehend homogene Gesellschaften zugeschnitten; die Übertragung auf moderne Gesellschaften ist problematisch;
– vorgefundene Normen werden verabsolutiert; der Übergang von deskriptiven zu normativen Aussagen wird unzureichend begründet;
– es gibt kein neutrales Korrektiv; Maßstab ist die faktisch gegebene Praxis einer Gemeinschaft.

Literatur

Aristoteles *Die Nikomachische Ethik*; Crisp/Slote (1997); Foot (1978); Geach (1977); Hursthouse (1999)

5.1.2 Kommunitarismus

Unter der Überschrift „Kommunitarismus“ hat in den letzten Jahrzehnten vor allem im angelsächsischen Sprachraum eine Wiederbelebung der Tugendethik stattgefunden. Ausgangspunkt der Überlegungen ist, dass die Gemeinschaft (engl. *community*) im Zentrum ethischer Überlegungen und der Begründung eines Wertesystems stehen sollte. Gemeinschaft wird dabei gegen die Gesellschaft, den Staat oder die Nation abgegrenzt; wobei im Englischen die antiken Vorstellungen der „Civitas“ und der „Polis“ sehr viel gegenwärtiger sind als im Deutschen. Mit „society“ und „community“ verbinden sich dort durchweg positive und grundsätzlich miteinander vereinbare Vorstellungen. Im Deutschen dagegen wird die Gemeinschaft oft schon von vornherein ausdrücklich als ein Gegenmodell zur rechtlich und institutionell verfassten Gesellschaft konstruiert [s. Tönnies (1935)].

„Gemeinschaft“ und „Gesellschaft“

Trotz des wiedererwachten Interesses an der tugendethischen Grundlegung der Ethik und der ausgreifenden Fachdebatte der letzten Jahre gibt es keine systematische und ausgearbeitete Theorie des Kommunitarismus. Vielmehr versammeln sich unter dieser Überschrift eine Reihe von Überlegungen, die neben ihrem Ausgangspunkt einige weitere Merkmale teilen, Merkmale, die großenteils bereits die klassische Tugendethik bestimmen oder dort wenigstens angelegt sind. Erstens: Ethische Werte können nicht abstrakt bestimmt oder „von oben" festgelegt werden, sondern ergeben sich eben jeweils aus einer geteilten Praxis. Diesem Gedanken folgen so gut wie alle kommunitaristischen Ansätze. Sie berufen sich dafür oft auf den deutschen Philosophen Georg Wilhelm Friedrich Hegel (1770–1831), der besonders in seiner Schrift *Grundlinien der Philosophie des Rechts* (1821) die Gebundenheit des Menschen an seine jeweilige Gemeinschaft betont hatte:

> „*Was* der Mensch tun müsse, *welches* die Pflichten sind, die er zu erfüllen hat, um tugendhaft zu sein, ist in einem sittlichen Gemeinwesen leicht zu sagen, – es ist nichts anderes von ihm zu tun, als was ihm in seinen Verhältnissen vorgezeichnet, ausgesprochen und bekannt ist" [Hegel (1821) § 150].

Hegel wird so oft zum Kronzeugen gegen den Individualismus der Moderne. Anhänger des Kommunitarismus sehen in ihm gern den modernen Erneuerer der antiken Haltung, den Einzelnen über die Sitten und Gebräuche seines sozialen Umfelds und anhand der sozialen Institutionen, in die er eingebunden ist, zu bestimmen. Richard Rorty (1931–2007), einer der herausragenden amerikanischen Denker der letzten Jahrzehnte, bringt die Implikationen dieser Haltung treffend auf den Punkt, wenn er darauf hinweist, dass Kommunitaristen mit dem „individualistischen Rationalismus der Aufklärung" zugleich auch „die Idee der ‚Rechte'" ablehnen [Rorty (1988) 85]. Denn tatsächlich ist eine Absage an die Vorstellung *individueller* (Menschen-) Rechte unausweichlich, wenn das Wohlergehen der Gemeinschaft über das des Individuums gestellt wird. Die „Rechte" des Einzelnen können dann nur eine Funktion dessen sein, was die *Gemeinschaft* ihm zugesteht.

Individuelle Rechte?

Zweitens: Ein weiteres Merkmal, das kommunitaristische Theorien teilen, ist ihre Tendenz, ein konservatives Gesellschaftsmodell zu begünstigen. Die Ableitung von Verhaltensnormen aus einer etablierten sozialen Praxis führt zu einer bewahrenden Sicht der Dinge. Vertreter des Kommunitarismus weisen aus diesem Grund gern ausdrücklich darauf hin, dass gerade die Ausrichtung an den Werten und Tugenden, die traditionell als unerlässlich für das Zusammenleben betrachtet werden – etwa Vertrauen, Solidarität, Gegenseitigkeit, etc. –, nicht nur das öffentliche Leben, sondern auch das Leben jedes Einzelnen besser verlaufen lässt. Die aufklärerischen Vorstellungen der Selbständigkeit, der autonomen Entwicklung der eigenen Vernunft sowie das Ideal der individuellen Selbstverwirklichung sind für Kommunitaristen ein Irrweg.

Kommunitaristische Überlegungen haben oft eine gewisse intuitive Plausibilität, weil sie auf Begriffe und Argumentationsmuster zurückgreifen, die uns aus unserer alltäglichen Praxis gut vertraut sind. Eine echte Alternative zu anderen Rechtfertigungsversuchen kann allerdings auch die moderne Variante der tugendethischen Argumentation nur dann sein, wenn sie überzeugende Antworten auf die Einwände findet, die oben bereits gegen die Tugendethik in ihrer klassischen Form vorgebracht wurden.

Literatur
French, et al. (1988); Kruschwitz/Roberts (1987); MacIntyre (1981); Rorty (1988); Slote (1995)

5.1.3 Vertragstheorien

Vertragstheorien lenken die Aufmerksamkeit auf eine Verfahrensweise; ihr vorrangiges Ziel besteht nicht darin, inhaltlich klar umrissene Handlungsprinzipien zu begründen. Der Rahmen für kontraktualistische Überlegungen (lat. *contraho*: eine Verbindung eingehen) wird dadurch abgesteckt, dass es allen Vertragsparteien möglich sein muss, die Regeln des Vertrags als für sich *vorteilhaft* zu betrachten; denn niemand hat einen Grund, sich auf einen Vertrag einzulassen, in dem er mehr Nachteile als Vorteile sieht. Der vertragstheoretische Ansatz ist philosophiehistorisch vergleichsweise jung. Seine Wurzeln liegen in der frühen Neuzeit. Erst zu dieser Zeit tritt der Gedanke, dass alle Menschen frei und gleich sind, prominent in Erscheinung. Er ist eine wesentliche Voraussetzung dieses Modells.

Die Kernthese aller Vertragstheorien ist, dass sich eine Zusammenarbeit dadurch herstellen und stabilisieren lässt, dass Individuen vertraglich die Einsetzung einer Instanz vereinbaren, die über die Einhaltung konkreter Kooperationszusagen wacht und deren

Durchsetzung garantiert. Grundsätzlich kann man zwei Varianten der kontraktualistischen Argumentation unterscheiden. In seiner ursprünglichen Form, die sich bei Thomas Hobbes findet, geht es vor allem um die Begründung einer Zusammenarbeit aus dem aufgeklärten Eigeninteresse. Für andere Denker der Aufklärung, wie Hobbes' Landsmann John Locke (1632–1704) und den Westschweizer Jean-Jacques Rousseau (1712–1778), wird später vor allem die Möglichkeit der Begründung bestimmter politischer Organisationsformen durch den Vertrag wichtig. Sie geben, gegen Hobbes' Überlegungen, unter anderem zu bedenken, dass der Vorteil, den Menschen aus einer gemeinschaftlichen Praxis ziehen, diese Praxis noch nicht automatisch rechtfertigt. Besonders Rousseau wendet sich in seinem bekanntesten Werk *Der Gesellschaftsvertrag oder Grundsätze des Staatsrechts* (*Du contrat social ou principles du droit politique*; 1762) mit Nachdruck gegen den autoritären Herrscher, den Hobbes zur Sicherung des individuellen und gemeinschaftlichen Nutzens empfiehlt. In dieser Schrift weist er zudem darauf hin, dass ein Leben in totaler Unterwerfung ein zu hoher Preis für die Kooperation oder das Überleben ist: die persönliche Freiheit definiert den Menschen, ohne sie kann ein menschliches Leben nicht gelingen. Für Rousseau folgt daraus, dass jede Herrschaft den Beherrschten die Möglichkeit lassen muss, fortgesetzt Einfluss auf die Entscheidungen der Herrschenden zu nehmen. Im 20. Jahrhundert beruft sich John Rawls, der vermutlich prominenteste Vertreter des Vertragsgedankens in jüngerer Zeit, in seiner Argumentation ausdrücklich auf die Überlegungen von Locke und Rousseau.

Stabilisierung der Kooperation durch den „Vertrag"

Hobbes und die eben genannten Vertragstheoretiker mögen zwar zu unterschiedlichen Schlussfolgerungen gelangen – ein autoritärer und absoluter Herrscher auf der einen Seite, und auf der anderen ein Modell, das die Beherrschten auch nach „Vertragsabschluss" weiterhin an politischen Entscheidungen beteiligt –, dennoch teilen ihre Ansätze eine Reihe von Voraussetzungen und Überlegungen. Beide gehen davon aus, dass es sich bei den Vertragsparteien um zunächst vollkommen freie und gleiche Individuen handelt, die sich nicht unter Zwang, sondern aus Überlegung heraus für den Gesellschaftsvertrag und die Unterwerfung unter eine gemeinsame Autorität entscheiden. Weiter wird die Ausgangslage vor dem Vertrag für alle dadurch bestimmt, dass die Wünsche und Interessen der Menschen, die sich aus ihrer Natur ergeben, zwangsläufig in Konflikt miteinander geraten. Der Vertrag stellt deshalb einen vernünftigen Kompromiss vor, unter dem alle auf die *unbedingte* Verfolgung ih-

Merkmale der Vertragstheorie

rer eigenen Interessen in jeder Situation zu einem Teil verzichten können. Drittens besteht Übereinstimmung über den bereits erwähnten Gedanken, dass der Vertragsgedanke nur dann erfolgreich zur Rechtfertigung von Normen und Institutionen herangezogen werden kann, wenn keiner der Beteiligten sich durch einen Vertrag schlechter gestellt sieht. Und schließlich, viertens, spielt in beiden Traditionen die „Gerechtigkeit" eine zentrale Rolle für den Erfolg des Zusammenlebens.

Die Unterschiede finden sich – abgesehen von den verschiedenen Schlussfolgerungen – in einigen Voraussetzungen und den Details der Argumentation. So meint Hobbes, der „Naturzustand", d.h. der Zustand, der vor dem Vertrag herrscht, sei ganz und gar gesetzlos, während Locke ihn als einen bereits vorgesellschaftlichen Zustand bestimmt, in dem durchaus gewisse Regeln gelten. In der zweiten seiner *Abhandlungen über die Regierung* (*Two Treatises of Government*; 1689/90) heißt es:

> „Der *Naturzustand* steht unter einem Gesetz der Natur, das jeden bindet: und Vernunft, die dieses Gesetz ist, lehrt die ganze Menschheit, sofern sie nur auf die Vernunft hört, dass alle gleich sind und unabhängig, dass keiner einem anderen Schaden an dessen Leben, Gesundheit, Freiheit oder Besitz zufügen soll" [Locke (1689/90) 2.2.6].

Lockes Gesetz der Natur

Hobbes begründet den Vertrag vollständig aus dem „aufgeklärten" Eigeninteresse der Menschen; für Locke und Rousseau dagegen spielt dieser Gedanke eine weniger wichtige Rolle. Ihr Menschenbild ist optimistischer: Ging Hobbes von einem unbarmherzigen Kampf zweckrationaler und rücksichtslos nach ihrem Vorteil handelnder Egoisten aus, die nur durch den Zwang der Vertragssanktionen zu einer Zusammenarbeit zu bewegen sind, so führen für Locke und Rousseau Vernunft und die Natur des Menschen bereits *vor* dem Vertrag zu Einsichten und Regeln, die einen friedlichen Umgang und eine Zusammenarbeit der Menschen zulassen oder sogar nahelegen. Dem *Gesetz der Natur*, in dem dieser Gedanke bei Locke seinen Ausdruck findet, fügt Rousseau den Hinweis hinzu, dass es bestimmte Interessen, Wünsche und Bedürfnisse gibt, die sich *ausschließlich* in einer Gemeinschaft erfüllen und ausleben lassen. Die Überlegungen Lockes und Rousseaus sind entsprechend von dem Gedanken geleitet, wie eine naturgegebene, aber rudimentäre Zusammenarbeit der Menschen durch einen Vertrag und die Einführung gemeinschaftlicher Institutionen *stabilisiert* werden kann, während es Hobbes primär darum geht zu klären, wie eine

Kooperation unter Egoisten überhaupt *zustande kommen* kann. Dazu unterstellt er, dass der Einzelne einsieht, dass seinen Interessen letztlich besser gedient ist, wenn er mit anderen kooperiert, als wenn er sie allein und gegen andere verfolgt. Das größte Hindernis für eine Kooperation sieht Hobbes denn auch darin sicherzustellen, dass die Kooperationspartner an den Gewinnen der Zusammenarbeit tatsächlich verabredungsgemäß teilhaben. Der Vertrag ist eine Hilfskonstruktion, die dies gewährleisten soll: Er ermächtigt eine Instanz, die Einhaltung von Verabredungen im Zweifel durchzusetzen. Diese Instanz, so meint Hobbes, muss mit *absoluten* Vollmachten ausgestattet sein. Sie darf nicht ihrerseits durch Regeln oder Verträge gebunden sein, denn sonst sind ihre Entscheidungen nicht souverän, nicht wirklich frei und unabhängig. Dass Hobbes den „Leviathan", wie er seinen absoluten Herrscher nennt, als „sterblichen Gott" bezeichnet, kommt deshalb kaum überraschend: Die Macht, die der Leviathan über seine Untertanen ausüben soll, ist allein durch die Naturgesetze begrenzt.

Hobbes' autoritärer Herrscher

Dies führt direkt zu den Einwänden gegen Hobbes' Theorie, denn besonders an der Konstruktion eines Herrschers mit unbeschränkten Vollmachten haben seine Nachfolger Anstoß genommen. Schon Locke gibt zu bedenken, dass es wider die Vernunft sei, sich der Willkür einer mit derartigen Machtbefugnissen ausgestatteten Instanz zu unterwerfen. Schließlich wird auch sie nur von einem (oder mehreren) Menschen gelenkt. Besonders angesichts des pessimistischen Menschenbildes, das Hobbes seinen Überlegungen zugrundelegt, müsste es eigentlich sogar naheliegen, *keinen* Menschen mit solcher Macht auszustatten; denn ist der Mensch tatsächlich der rücksichtslose Egoist, für den Hobbes ihn hält, liegt es nahe, dass ein absoluter Herrscher sein Amt auch absolut missbrauchen wird. Andererseits: Sollte der Mensch weniger egoistisch und rücksichtslos gegen andere sein als von Hobbes angenommen, bedarf es wohl keiner Instanz mit einer derartigen Machtfülle, um die Einhaltung von Abmachungen durchzusetzen.

Auch ein zweiter Einwand gegen den Ansatz von Hobbes entspringt wenigstens indirekt seiner pessimistischen Einschätzung der menschlichen Natur. Er lautet: Wenn der Mensch tatsächlich so egoistisch ist und von einem alles überragenden Misstrauen gegenüber seinen Mitmenschen geprägt wird, dann gibt es keine Möglichkeit, überhaupt zu irgendeiner Einigung zu kommen. Niemand wird seinen Mitmenschen soweit vertrauen, dass er als Erster einen Teil seiner im Naturzustand gegebenen Freiheit aufgibt – und sei es

Kann der Vertrag überhaupt zustande kommen?

nur, um eine vertrauensbildende Instanz einzusetzen. Drittens: Falls dies aus irgendwelchen Gründen trotzdem der Fall sein sollte – etwa weil die Einsicht in das langfristige Eigeninteresse doch stärker ist als das Misstrauen und kurzfristige Erwägungen (vgl. hierzu Abschnitt 3.1.2) –, so wäre immer noch ein weiterer Einwand zu entkräften. Unter egoistischen Gesichtspunkten scheint es nämlich die rationale Strategie zu sein, im Zustand der Vergesellschaftung eine Unterwerfung unter die Regeln des Zusammenlebens nur vorzutäuschen, aber immer dann, wenn dies unentdeckt möglich ist, weiterhin skrupellos die eigenen Interessen zu verfolgen. Da ethische Maßstäbe in Hobbes Konzeption offensichtlich keinen Eigenwert besitzen, sondern allein ein Ausdruck des (aufgeklärten) menschlichen Eigeninteresses sind, gibt es in seiner Theorie wenig, um diesem Einwand entgegenzutreten.

Absicherung politischer Organisationsformen durch den Vertrag

Anders stellt sich der Fall in den vertragstheoretischen Ansätzen von Locke und Rousseau dar. Denn sowohl Locke als auch Rousseau geht es nicht darum, das Zustandekommen der Kooperation von Individuen unter den denkbar ungünstigsten Annahmen über die menschliche Natur zu erklären, sondern sie versuchen vor allem, eine politische Organisationsform zu definieren und abzusichern, unter der ein Interessenausgleich gleicher und freier Individuen so stattfinden kann, dass er für alle Beteiligten annehmbar ist. Ihr Blick auf den Menschen ist deutlich optimistischer als der von Hobbes: Weil sie im Egoismus nicht mehr den alles andere überragenden Wesenszug des Menschen sehen, können sie zu Recht voraussetzen, dass eine rudimentäre Zusammenarbeit bereits im vorgesellschaftlichen „Naturzustand" möglich oder sogar naheliegend ist. Es ist diese Tradition des Vertragsgedankens, die die heutige Diskussion weitgehend bestimmt. Der wohl einflussreichste neuere Beitrag stammt dabei von dem bereits mehrfach erwähnten amerikanischen Philosophen John Rawls. An seinen Überlegungen lässt sich exemplarisch nachvollziehen, welche Möglichkeiten der Vertragsgedanke der gegenwärtigen Debatte bietet.

Im Unterschied zu Locke und Rousseau ist Rawls' Ziel nicht mehr die Rechtfertigung der Monarchie, sondern die Begründung einer demokratischen Organisation der Gesellschaft aus dem Vertragsgedanken [s. Rawls (1971) 4f.]. Die wohl bekannteste Neuerung, mit der Rawls die Diskussion bereichert hat, besteht in einem Gedankenexperiment. Wenn wir uns vorstellen, dass jeder Einzelne aufgefordert würde, sich im Urzustand vor der „Vertragsunterzeichnung", d.h. vor seinem Eintritt in eine Gesellschaft, Gedanken über die Natur des Vertrages zu machen, so wird dies zu einer sehr gerechten Vertragsgestaltung führen, so meint er. Entscheidend dabei ist, dass der Einzelne bei der Wahl der Spielregeln für die Gemeinschaft, in der er zukünftig leben wird, nichts über seine natürlichen Fähigkeiten und seine späteren Interessen weiß, seine speziellen Vorlieben und Abneigungen und vor allem seine Stellung in der Gesellschaft nicht kennt. Kurz: Er soll seine Wahl unter der Bedingung weitgehender Unwissenheit, hinter dem „Schleier des Nichtwissens", treffen. Rawls' Hypothese ist, dass jeder versuchen wird, möglichst *gerechte* Regeln des Zusammenlebens aufzustellen, und zwar im Sinn einer *Fairnesskonzeption* der Gerechtigkeit, um die „Grundstruktur der Gesellschaft" festzulegen – immer vorausgesetzt es handelt sich bei den Befragten um „freie und vernünftige Personen, die ihre eigenen Interessen verwirklichen wollen [und] von einem ursprünglichen Standpunkt der Gleichheit aus" entscheiden [Rawls (1971) 11].

Der „Urzustand" und der „Schleier des Nichtwissens"

So unkompliziert dieser Vorschlag zunächst auch klingt, so verlangt er doch den Ausgleich zwischen zwei gegenläufigen Tendenzen. Denn einerseits sind wir hinter dem „Schleier des Nichtwissens", wie Rawls den Zustand der ursprünglichen Wahl nennt, geneigt, alle mit den gleichen Rechten und Pflichten auszustatten. Schließlich wissen wir in dem Gedankenexperiment ebensowenig über unsere eigene zukünftige Stellung wie über die Stellung der anderen; und nach der Maximin-Regel wäre es daher rational, so für den individuell schlechtesten Fall vorzusorgen. Andererseits sind wir aber aus genau demselben Grund geneigt zu fordern, dass denjenigen, die aufgrund ihrer Umstände am meisten benachteiligt sind, wenigstens die grundlegenden Mittel für ihr Überleben zur Verfügung stehen sollten [s. Rawls (1971) 14; 60 f.]. Beide Vorsätze lassen sich offensichtlich nicht gleichzeitig verwirklichen, denn jeder *Ausgleich* einer Benachteiligung verlangt zwangsläufig die Benachteiligung anderer Personen: Den Reichen zu nehmen um den Armen zu geben, läuft dem Grundsatz der Gleichbehandlung zuwider.

Rawls' Überlegungen zielen nicht primär auf eine umfassende Begründung ethischer Verhaltensgrundsätze. Sie sind eher der politischen Philosophie zuzurechnen, also einer Disziplin, die sich mit der Untersuchung öffentlicher Institutionen und der Begründung von Herrschaftsformen und politischer Macht beschäftigt. Doch selbst wenn es Rawls nicht darum geht, die wichtigsten oder gar sämtliche Regeln des Zusammenlebens und *alle* sozialen und politi-

Eine Begründung der Ethik aus dem Vertrag?

schen Institutionen aus dem Vertrag zu rechtfertigen, so steckt seine Argumentation dennoch einen Rahmen ab, innerhalb dessen sich ethische Überlegungen bewegen sollen. Denn selbstverständlich legt die Entscheidung für eine gesellschaftliche Organisationsform bereits bestimmte ethische Grundsätze nahe und schließt andere aus. Deshalb ist Rawls, wie schon seine Vorgänger, auch optimistisch, „dass der kontraktualistische Gedanke sich mehr oder weniger auf die Wahl eines ganzen ethischen Systems erweitern lässt, auf ein System, das Grundsätze für alle Tugenden und nicht nur für die Gerechtigkeit enthält“ [Rawls (1971) 17]. Für Tugenden und Regeln wie die „gerechte“ Verteilung von materiellen und immateriellen Gütern, das allgemeine Verbot, Menschen aufgrund ihrer natürlichen Anlagen oder ihrer besonderen Umstände zu diskriminieren, die Sicherung der persönlichen und politischen Freiheiten eines jeden Einzelnen oder eben die Maßgabe, dass für alle Gesellschaftsmitglieder Mindeststandards des Überlebens sichergestellt sind, führt er selbst den Nachweis, wie sie sich aus einer Konzeption der „Gerechtigkeit als Fairness“ ableiten lassen.

Kennzeichen der Überlegungen von Rawls wie auch der früheren Verfechter des Vertragsgedankens ist, dass versucht wird, die Grundregeln der gesellschaftlichen Organisation und die entsprechenden sozialen und politischen Institutionen durch ein ahistorisches Verfahren zu begründen. Für das Argument ist es unerheblich, ob der Naturzustand tatsächlich vorgelegen hat, oder ob im Zustand des Nichtwissens tatsächlich jemals eine ursprüngliche Wahl getroffen wurde. Dafür, dass Rawls mit seinem Gedankenexperiment wirklich an die Tradition von Locke und Rousseau anknüpft, so wie er selbst es behauptet, spricht einiges. Unverkennbar sind etwa die Parallelen der rawlsschen Situation der Wahl zu Rousseaus Konzeption des „allgemeinen Willens“. Denn Rousseaus Konzeption ist ebenso eine abstrakte Hilfskonstruktion zur Ermittlung der Grundsätze einer Gemeinschaft, die nicht auf individuelle Interessen zurückgreift, wie die ursprüngliche Wahl bei Rawls. Es handelt sich beim „allgemeinen Willen“ nämlich gerade nicht um einen Durchschnitt tatsächlicher Wünsche, sondern um eine Vorstellung, die festhält, welche Regeln vom Standpunkt gleicher und freier Beteiligter aus wünschenswert für ein Gemeinwesen sind – *falls* die Einzelnen bereit sind, ihre spezifischen Interessen dem Gelingen des Zusammenlebens unterzuordnen. Ähnliches gilt auch für Lockes Argumentation auf der Grundlage eines „Naturzustands“, in dem bereits Gesetze der Natur oder der Vernunft gelten.

Rousseaus „allgemeiner Wille“

Vor allem drei Einwände stehen gegen eine Begründung der Ethik aus dem Vertragsgedanken. Der erste wurde bereits erwähnt. Da Gegenstand des „Vertrags" die Gebote des langfristigen, aufgeklärten Eigeninteresses sind, besitzen ethische Grundsätze keinen oder allenfalls einen sehr geringen Eigenwert. Sie sind eine Funktion des menschlichen Egoismus und damit immer Mittel zum Zweck. Deshalb ist es unter dieser Voraussetzung ebenso naheliegend wie rational, gegen die Regeln des Vertrags zu verstoßen, wann immer dies dem eigenen Vorteil dient und unentdeckt geschehen kann. Die einzige Möglichkeit, Vertragsverstöße dieser Art wirksam zu unterbinden, scheint die totalitäre Überwachung jedes Einzelnen zu sein. Dies ist aber gerade in Anbetracht dessen, dass der Vertragsgedanke ursprünglich und wesentlich durch die Einsicht in die Freiheit des Menschen motiviert ist, hochproblematisch: Denn warum sollten ausgerechnet Wesen sich auf eine totale Kontrolle ihres Handelns einlassen, deren definierendes Merkmal ihre *Freiheit* ist – jedenfalls wenn man den Verfechtern des vertragstheoretischen Ansatzes Glauben schenkt?

Ethische Prinzipien ohne Eigenwert

Auch der zweite Einwand nimmt die Feststellung auf, dass der Vertrag allein eine Funktion der aufgeklärten Eigeninteressen der vertragsschließenden Individuen ist. Der Gedanke ist folgender: Das, was den vertragstheoretischen Ansatz überzeugend macht, ist die Vorstellung, dass Menschen miteinander verhandeln, um sich auf eine gesellschaftliche Organisation zu verständigen, die für alle Beteiligten vorteilhaft und akzeptabel ist. Doch es ist fraglich, ob dazu tatsächlich die Vertragsgestaltung durch eine Verhandlung erforderlich ist. Denn sobald die Einsicht vorhanden ist, dass für ein erfolgreiches Zusammenleben den legitimen Interessen und Bedürfnissen der Mitmenschen der gleiche Stellenwert eingeräumt werden muss wie den eigenen (bzw. von spezifischen Interessen überhaupt zu abstrahieren ist), sollte jedes rationale Individuum in der Lage sein, die notwendigen Bedingungen einer erfolgreichen Vergesellschaftung für sich selbst zu erkennen: also etwa faire Regeln des Interessenausgleichs und Institutionen, die es erlauben, berechtigte Ansprüche auch durchzusetzen. Die Bezeichnung „Vertragstheorie" wäre also irreführend, weil sie die Aufmerksamkeit auf eine Aushandlung von Regeln lenkt und damit auf ein Verfahren, auf das verzichtet werden kann, sobald die Bereitschaft zur rationalen Reflexion vorausgesetzt werden kann und die Einsicht, dass die Interessen anderer ebenso zu berücksichtigen sind wie die eigenen.

Sind Vertragsverhandlungen tatsächlich nötig?

Drittens: Vertragstheoretische Ansätze kehren den Gedanken um, dass sich die politische Organisation, die Institutionen des öffentlichen Lebens und vor allem ein Rechtssystem aus der Ethik begründen. Sie schlagen vor, sich erst über die Organisation der Gesellschaft zu einigen, wodurch dann der Rahmen für ethische Überlegungen vorgeben wäre. Die Tatsache, dass diese Einigung Grundsätze wie den Gerechtigkeitsgedanken oder die Vorstellung der Gleichheit aller Menschen voraussetzt, die erst im Zusammenhang einer Ethik zu begründen wären, trägt nicht unbedingt zur Überzeugungskraft dieses Vorschlags bei, gerade dann, wenn ethische Grundsätze keinen Eigenwert besitzen, sondern allein Ausdruck langfristiger Eigeninteressen sind.

Fazit: Trotz dieser Einwände stellt der Vertragsgedanke, besonders in der Tradition von Locke und Rousseau, eine Möglichkeit dar, das Zustandekommen der Regeln und Institutionen des Zusammenlebens für alle Beteiligten nachzuvollziehen. Obwohl der Ansatz in der politischen Philosophie verankert ist, kann er dem Einzelnen unter Umständen bei der Beantwortung der ethischen Frage nach dem richtigen und guten Handeln helfen. Fraglich ist allerdings, ob der Weg über die Gesellschaft und ihre Institutionen nicht ein vermeidbarer Umweg ist. Schließlich setzt das Nachdenken über ethische Fragen erst ein, wenn Menschen bereits zusammenleben: Die Frage nach dem richtigen Handeln stellt sich erst dann vordringlich, wenn auch andere Menschen von unseren Entscheidungen betroffen sind. Eine mögliche Erklärung für das Zustandekommen des Zusammenlebens und seiner Institutionen mag zwar im Einzelfall hilfreich sein; eine allgemeine Rechtfertigung der ethischen Grundsätze, an denen sich die Gemeinschaft orientiert, kann sie aber wohl nicht wirklich ersetzen.

These

Jedes (dauerhafte und erfolgreiche) gesellschaftliche Zusammenleben lässt sich so darstellen, als ob die Beteiligten einen Vertrag eingegangen wären, der die Grundsätze dieses Zusammenlebens festlegt. Gleichzeitig regelt der (hypothetische) Vertrag, welche Institutionen über die Einhaltung der Grundsätze wachen und diese zum Wohl der Gemeinschaft durchsetzen sollen. Einzelne Gebote und Verbote ergeben sich aus dem Vertrag.

Kennzeichen

- Die Theorie beschäftigt sich mit einem Verfahren zur Gewinnung von Grundregeln des gesellschaftlichen Zusammenlebens und mit den möglichen Folgen verschiedener inhaltlicher Gestaltungen dieser Regeln;

- Ausgangspunkt der Argumentation ist das Menschenbild der Moderne: Alle Menschen sind von Natur aus frei und gleich;
- Vertragstheorien nehmen die menschliche Fähigkeit zu instrumentell rationalem Handeln unter der Voraussetzung auf, dass Menschen dauerhaft in Gemeinschaft leben wollen und dafür bereit sind, auf einen Teil ihrer Freiheit zu verzichten;
- der Vertragsgedanke hat zwei Hauptvarianten: Die eine Tradition versucht das Zustandekommen von Kooperation unter rationalen Egoisten zu erklären (Hobbes), der anderen Tradition dient der Vertragsgedanke dazu, bestimmte politische Organisationsformen und soziale Institutionen aus dem Vertrag zu erklären und zu rechtfertigen (Locke, Rousseau, Rawls).

Vor- und Nachteile der Position

+ Der Kontraktualismus erlaubt es, die Voraussetzungen der menschlichen Zusammenarbeit und das Zustandekommen gesellschaftlicher Kooperation klar aufzuschlüsseln;
+ er stellt ein vernünftiges Verfahren des Interessenausgleichs vor;
– ethische Grundsätze ergeben sich nur auf Umwegen;
– ethische Grundsätze haben keinen Eigenwert, sondern sind allein Ausdruck des menschlichen Egoismus.

Literatur

Hobbes (1651); Locke (1689/90); Rousseau (1762); Kersting (1994); Rawls (1971); Scanlon (1998)

5.2 Antwort 2: nach unseren Gefühlen

Es gibt eine Reihe von Vorschlägen, wie sich die Ethik auf der Grundlage von Gefühlen entwickeln lässt. Einige wurden in Abschnitt 2 und 3 bereits erwähnt: Emotivismus, Mitleidsethik, Hedonismus und Eudaimonismus. Alle diese Ansätze geben Emotionen den Vorzug vor der Vernunft: Gefühle sind für sie die Grundlage jeder ethischen Reflexion. Im Folgenden werden einige dieser Ansätze, von denen die meisten bis heute an prominenter Stelle in der Diskussion vertreten sind, etwas ausführlicher betrachtet.

5.2.1 Emotivismus

Zunächst ist ein zweiter Blick auf den Emotivismus sinnvoll, weil er ausdrücklich mit dem Anspruch auftritt, die Prinzipien unseres Handelns auf Gefühle zurückzuführen. Trotz der oben genannten Einwände gegen diese Position (die in Abschnitt 3.1 aufgeführt sind), ist die These, Gefühle seien die Grundlage beziehungsweise ein unverzichtbarer Bestandteil der Ethik, einleuchtend. So lohnt die eingehendere Auseinandersetzung selbst dann, wenn man der Meinung ist, emotivistische Positionen rechtfertigten die Grundsätze unseres Handelns nicht in dem Sinn, wie wir es erwarten; sie lohnt deshalb, weil die theoretische Auseinandersetzung mit Emotionen Aufschluss über die Motivationslage gibt und damit einiges zum Verständnis ethischer Probleme beitragen kann. Ob man, um den Emotivismus attraktiver erscheinen zu lassen, insgesamt das Ziel ethischer Reflexion weniger hoch ansetzen sollte, wie der deutsche Philosoph Arthur Schopenhauer (1788–1860) dies nahelegt, ist dennoch fraglich. Wenn er fordert,

> „daß der Ethiker wie der Philosoph überhaupt sich begnügen muß mit der Erklärung und Deutung des Gegebenen, also des wirklich Seienden oder Geschehenden, um zu einem Verständnis desselben zu gelangen, und daß er hieran vollauf zu tun hat, viel mehr, als bis heute, nach abgelaufenen Jahrtausenden, getan ist“ [Schopenhauer (1841) § 4; vgl. §§ 15 f.],

so hat er allerdings mit dem Hinweis, dass auch in der Frage der Erklärung noch viel zu tun bleibt, durchaus Recht. Und wenigstens dabei helfen die Überlegungen des emotivistischen Ansatzes.

Wie eine emotivistische Erklärung menschlichen Verhaltens genauer aussehen könnte, soll im Folgenden exemplarisch an David Humes Ethik dargestellt werden. Vor allem aus zwei Gründen bietet es sich an, zu diesem Zweck auf seine Theorie und nicht auf einen neueren Ansatz zurückzugreifen: Erstens berufen sich die meisten späteren Verfechter emotivistischer Positionen immer wieder und ausdrücklich auf ihn und seine Gedanken, und zweitens gibt es bis heute kaum eine Theorie, die in Ausführlichkeit und gedanklicher Schärfe der seinen gleichkommt. Die Erwartung, dass eine Theorie der Gefühle aus der Mitte des 18. Jahrhunderts in ihren Details manchmal fehlgeht, weil sie nicht auf die Erkenntnisse der modernen Psychologie zurückgreifen kann, ist sicherlich berechtigt. Dagegen steht andererseits, dass die jüngsten Ergebnisse der Neurowissenschaften viele Postulate und Erklärungen Humes auf überraschende Weise bestätigen und erhärten. Ein augenfälliges Beispiel ist etwa Humes Hypothese eines „Sympathieprinzips", das uns die Gefühle anderer Menschen wahrnehmen und nachvollziehen lässt. Hier spricht die Hirnforschung der letzten Jahre von sogenannten „Spiegelneuronen", die genau diesem Zweck dienen und eine unverzichtbare Voraussetzung sozialen Verhaltens sein sollen.

Betrachten wir also Humes Version des Emotivismus. Er entwickelt sie im zweiten und dritten Buch seines philosophischen Hauptwerkes, der *Abhandlung über die menschliche Natur* und in der *Untersuchung der Grundlagen der Moral*; an der Popularisierung der entsprechenden Gedanken hatten auch seine sozialpolitischen *Essays* (1741) erheblichen Anteil. Sowohl in der *Abhandlung* als auch in der *Untersuchung* bekräftigt Hume, dass alles menschliche Handeln in letzter Konsequenz auf Lust und Unlust (*pain/pleasure*) beruht. Vier Gefühle, die sich auf diese Dichotomie zurückführen lassen, stehen dabei im Zentrum seiner Überlegungen. Sie sollen die Grundlage aller positiven und negativen Bewertungen sowohl unserer selbst als auch anderer Menschen sein: Stolz und Scham (*pride/humility*) und Zuneigung und Abneigung (*love/hatred*). So entwickelt Hume die emotivistische Kernbehauptung, dass „Moral eher eine Angelegenheit der Gefühle als der Urteile sei" [Hume (1739/40) 3.1.2.1] folgendermaßen: Ereignisse, die Stolz oder Zuneigung auslösen, versuchen wir herbeizuführen; solche, die zu Scham oder Abneigung führen, versuchen wir zu vermeiden. Diese These ist offensichtlich immer noch sehr allgemein, besagt sie eigentlich doch nur, dass wir in Abhängigkeit von unseren positiven und negativen Bewertungen unserer selbst und anderer Menschen handeln. Hume führt daher weiter aus, dass Gefühle nicht nur einen emotionalen Gehalt haben, sondern sich ihrerseits für den menschlichen Geist auf eine bestimmte Weise anfühlen: Jedes Gefühl erster Ordnung soll eine positive oder negative Emotion zweiter Ordnung hervorrufen [Hume (1739/40) 2.1.5.4; 2.2.2.3 f.]. Daraus ergibt sich folgende These über unsere Motivation: Gefühle erster Ordnung, die wir positiv bewerten, weil sie mit einem angenehmen Gefühl zweiter Ordnung verbunden sind, versuchen wir herbeizuführen; Gefühle erster Ordnung, die wir negativ bewerten, weil sie mit einem unangenehmen Gefühl zweiter Ordnung verbun-

Gefühle erster und zweiter Ordnung

den sind, versuchen wir zu vermeiden. Diese „Verdopplung" der Gefühle hat einen klaren systematischen Vorteil. Durch sie lässt sich etwa erklären, wie wir auf etwas stolz sein können und uns dabei zugleich unbehaglich fühlen (etwa weil der Erfolg dem Einsatz zweifelhafter Methoden zu verdanken ist), oder wie es möglich ist, dass wir, trotz aller Zuneigung, einem anderen Menschen gegenüber misstrauisch bleiben. Gleichzeitig wird mit dieser Spezifikation der Ausgangsthese vorgeführt, wie Bewertungen und Handlungsmotivation zusammenhängen können. Allerdings: Wenn Lust gleichbedeutend mit „gut" und Unlust gleichbedeutend mit „schlecht" sein soll, wenn also unsere normativen Urteile derart *direkt* von unseren Gefühlen abhängig sind, drängt sich der Verdacht auf, dass hier nur ein weiterer und nicht sehr anspruchsvoller Versuch einer hedonistischen Reduktion der Ethik vorbereitet wird. Humes vielzitierte Äußerung, Vernunft sei allein die Sklavin der Gefühle und müsse ihnen in jeder Situation gehorchen, bestärkt diesen Eindruck. Dennoch trifft der Verdacht nicht zu. Ein undifferenzierter Hedonismus ist Humes Theorie ebensowenig vorzuwerfen wie der Mehrheit emotivistischer Theorien insgesamt.

Tatsächlich geht es Hume, wie auch den meisten seiner emotivistischen Nachfolger, weder darum, ein Handeln zu empfehlen, das ausschließlich dem Lustprinzip folgt, noch um die unmittelbare Verfolgung von Gefühlen: Überlegung und Vernunft sind in allen gemäßigten Formen des Emotivismus wichtige Elemente der Theorie. Besonders augenfällig ist dies in Humes Fall etwa, wenn er versucht, den Wert sämtlicher Tugenden aus ihrer Nützlichkeit für das menschliche Zusammenleben oder auch nur für das Individuum selbst zu erklären. Im Fall der auch in seiner Theorie zentralen Tugend der Gerechtigkeit weist er ausdrücklich darauf hin, dass sie keinesfalls einem Gefühl entspringen kann, sondern dass es sich bei ihr um ein Produkt vernünftiger Überlegung handeln muss; denn derart komplizierte Gefühle gebe es nicht [s. Hume (1751) 3.40f.]. Ebenfalls auf die Tätigkeit der Vernunft angewiesen ist der unparteiische Standpunkt, von dem aus die eigenen Gefühle einer kritischen Überprüfung unterzogen werden sollen.

Entgegen dem ersten Anschein vertritt Hume also – ebenso wie die meisten seiner emotivistischen Nachfolger – keine Theorie, die auf Überlegung verzichten würde oder dies auch nur könnte. Die polemisch gegen die Vernunft gerichtete Rhetorik seines philosophischen Hauptwerks mag zwar stilbildend für viele spätere emotivistische Theorien gewesen sein; wenn man die Aufgaben betrachtet, die dieses Vermögen tatsächlich übernehmen soll, relativiert sich der erste Eindruck aber schnell. Zu einem Teil nimmt Hume seine ablehnende Haltung gegenüber der Vernunft später sogar selbst zurück, wenn er in der *Untersuchung* von 1751 bereits einleitend unterstreicht, dass Vernunft und Gefühl in der Ethik zusammenwirken müssen [Hume (1751) 1.7; 1.9]. So lässt sich in seiner Version des Emotivismus zu Recht darauf verweisen, dass andere Menschen durch *Argumentation* für Handlungsalternativen und eine generelle Verhaltensänderung zu gewinnen sind. Hume muss deshalb auch nicht auf wenig überzeugende Annahmen zurückgreifen, wie etwa diejenige, die Äußerung eines moralischen Urteils sei letztlich nur eine *Einladung* an die Zuhörer, entsprechende Gefühle zu teilen. Dadurch, dass die Ausarbeitung der emotivistischen Grundbehauptung, Gefühle seien das entscheidende Moment der Ethik, gerade nicht den Ausschluss einer vernünftigen Argumentation nach sich zieht, führt ein gemäßigter Emotivismus dieser Art denn auch nicht zu so unplausiblen Behauptungen wie, es ginge in der Ethik allein darum, durch Suggestion eine Gefühlsänderung im Zuhörer zu bewirken (vgl. hierzu Abschnitt 3.2.1).

Auch einen weiteren der oben genannten Einwände diskutiert Hume bereits selbst, nämlich den Einwand, dass die Bewertungen einer Gefühlsethik aufgrund der subjektiven Natur von Emotionen nur begrenzte Gültigkeit besitzen. Die Subjektivität von Gefühlen lässt sich zwar nicht bestreiten, aber der Einwand verliert deutlich an Kraft, sofern man mit Hume der Meinung ist, alle Menschen seien einander in ihren emotionalen Reaktionen sehr ähnlich; denn dann kann man von ihnen auch weitgehend übereinstimmende ethische Bewertungen erwarten. Dieser Behauptung stellt Hume eine weitere These an die Seite, die sie stärken soll, nämlich dass alle Sprachen in ihrem wertenden Vokabular tatsächlich nah beieinander liegen [Hume (1751) 2.1–2.5]. Bedauerlicherweise sind aber beide Thesen wenig belastbar. Die anthropologische Behauptung über die emotionale Ähnlichkeit kann nur dann überzeugen, wenn man, wie Hume, eine im Großen und Ganzen homogene Gesellschaft vor Augen hat – oder aber sehr im Allgemeinen bleibt. Zu unterschiedlich sind die über Lust und Unlust hinausgehenden emotionalen Reaktionen von Menschen. Für die Behauptung der weitgehenden Übereinstimmung sämtlicher Sprachen gilt Ähnliches. Es mag mit modernen Mitteln vielleicht möglich sein, den Nachweis zu führen, dass alle bekannten (natürlichen) Sprachen bestimmte normative Ausdrücke enthalten. Doch selbst wenn dies so ist, folgt daraus weder etwas über die zukünftige Sprachentwicklung noch schließt es aus, dass die vermeintlichen Übereinstimmungen nur an der Oberfläche bestehen. Was in einer Sprechergemeinschaft als ehrenvoll, tapfer oder mutig gilt, mag in der nächsten als Dummheit bezeichnet werden – selbst wenn die entsprechenden Ausdrücke in beiden Sprachen vorhanden sind. Humes Ähnlichkeitsbehauptungen sichern der Theorie also allenfalls eine intersubjektive Verbindlichkeit für eine Gruppe von Menschen, die durch ihren kulturellen Hintergrund und ihre Tradition eng verbunden sind, den Einwand eines generellen Relativismus entkräften sie aber nicht so schnell.

Die Rückführung allen menschlichen Verhaltens auf Lust und Unlust gibt außerdem Anlass für einen Einwand, der sich speziell gegen eine Spielart des Emotivismus richtet, wie sie Hume in der *Abhandlung* vorstellt. Geht man nämlich davon aus, dass „das Kriterium einer Handlung von moralischem Werth [die] Abwesenheit aller egoistischen Motivation" ist [Schopenhauer (1841) § 15] oder aber wenigstens die Anwesenheit anderer als nur egoistischer Antriebe erfordert, so erhält man mit Hume zwar eine allgemeine Handlungstheorie, aber keine Ethik in einem engeren Sinn. Die Verbesserung der eigenen Lust/Unlust-Bilanz und die Bewertung von Handlungen danach, ob sie diesem Ziel nützen oder nicht, ist ein durch und durch egoistisches Unterfangen; auch die Betonung langfristiger oder „aufgeklärter" Eigeninteressen gegenüber kurzfristiger Bedürfnisbefriedigung ändert daran nichts. Auch dieser Einwand ist Hume geläufig. Er reagiert auf ihn, indem er in der *Untersuchung* sehr viel stärker als in seinem frühen Hauptwerk auf die Eigenständigkeit des „Wohlwollens" anderen Menschen gegenüber hinweist. Meinte er dort noch, jedes „Wohlwollen" sei auf das eher egoistische Bedürfnis nach Verminderung der eigenen Unlust zurückzuführen [s. Hume (1739/40) 2.2.9.15], ist er später in der *Untersuchung* der Meinung, es sei Teil der menschlichen Natur und ein genuin altruistischer Impuls, der potentiell sogar die gesamte Menschheit einschließt. In der *Untersuchung* nennt er darüber hinaus ausdrücklich weitere „altruistische" Empfindungen, unter ihnen Menschenliebe, Großherzigkeit, Mildtätigkeit, Freundlichkeit, Nachsicht und Gnade [Hume (1751) 5.44]. Inwieweit sich solche „altruistischen" Momente in sein ursprüngliches Modell von Lust und Unlust einfügen lassen, oder ob sie weit darüber hinausgehen, ist hier unerheblich, denn den Rahmen einer emotivistischen Theorie verlässt die Argumentation damit nicht.

Halten wir fest: Hume unternimmt eine umfassende Erklärung menschlichen Verhaltens auf der Grundlage von Gefühlen. Insofern sind seine Ausführungen beispielhaft für den Emotivismus. Seine Argumentation orientiert sich an Beobachtung und Erfahrung. Trotz der polemischen Rhetorik gegen die Vernunft, die vor allem sein philosophisches Hauptwerk durchzieht und in der ihm viele spätere Vertreter emotivistischer Theorien folgen, wird bei genauerer Betrachtung deutlich, dass dieses Vermögen auch in einer Gefühlsethik wesentliche Aufgaben übernehmen muss und übernimmt. Der Vorwurf der Unterbestimmtheit von Argumentation und Reflexion trifft einen humeschen Emotivismus damit nur in sehr eingeschränktem Maß. Dennoch gibt es zwei gewichtige Einwände gegen seine Theorie – und damit auch gegen alle Modelle, die mit ähnlichen Voraussetzungen operieren: der Vorwurf mangelnder Allgemeingültigkeit oder des Relativismus und der Vorwurf, eine rein egoistische Theorie zu sein. Trotz dieser Kritikpunkte gibt es aber wenigstens zwei gute Gründe, den Emotivismus nicht unter der Überschrift des nächsten Abschnitts abzuhandeln. Erstens: Emotivistische Modelle helfen beim Verständnis vieler Fragen und Probleme, die sich der Ethik stellen, und können damit erheblich zum Erfolg ethischer Überlegungen insgesamt beitragen. Zweitens: In ihrer gemäßigten Form ist die Theorie ausbaufähig. Möglicherweise trifft der Relativismusvorwurf ein erweitertes Modell nicht mehr oder nur noch marginal.

These

Gefühle sind ein unverzichtbarer Bestandteil der Ethik. Warum wir einige Handlungen anderen vorziehen, erklärt sich aus den angenehmen und unangenehmen Emotionen, die wir uns von ihnen erwarten.

Kennzeichen

- Der Emotivismus ist eine Theorie motivierender Handlungsgründe;
- mit der Motivationsthese ist bereits eine These der – noch nicht notwendigerweise ethischen – Bewertung verbunden.

Vor- und Nachteile der Position

+ Die Theorie kann die Motivation unseres Handelns erklären;

+ sie trägt damit erheblich zum Verständnis ethischer Fragen und Probleme bei;
- die Theorie ist empirisch-deskriptiv, nicht normativ; sie erklärt zwar unsere Motivationen, rechtfertigt aber keine ethischen Handlungsprinzipien;
- ihre Erklärungen sind subjektivistisch und relativistisch.

Literatur

Ayer (1936); Blackburn (1998); Blanshard (1961); Edwards (1955); Hepfer (1997); Hume (1739/40; 1751); Stevenson (1944; 1963)

5.2.2 „Moral Sense" und Sympathie

„Moral Sense"-Theorien haben ihren Ursprung im Großbritannien des 17. und 18. Jahrhunderts. Herausragende Vertreter diese Ansatzes waren Anthony Ashley Cooper, besser bekannt als der dritte Earl of Shaftesbury (1671–1713), und Francis Hutcheson (1694–1746). Shaftesbury gilt mit einer Schrift von 1699 (*An Inquiry Concerning Virtue and Merit*) zugleich als der eigentliche Erfinder der Theorie. Die zentrale These derjenigen, die Ethik aus einem „moralischen Sinn" zu begründen versuchen, lautet: Der Mensch besitzt neben seinen Sinnen und dem Verstand ein eigenes Vermögen der moralischen Gefühle oder Affekte (sentiments), eben den „moralischen Sinn". Diese Behauptung ist vor allem eine Reaktion auf den ethischen Egoismus, wie er etwa von Hobbes und in seinem Gefolge vertreten wurde (der ethische Egoismus wird in Abschnitt 5.1.3 erläutert). Denn wenn der moralische Sinn tatsächlich ein eigenständiges Vermögen ist, wird Moralität damit zu einem definierenden Bestandteil des Menschen; sie kann nicht nur ein abgeleitetes Phänomen sein, wie es der ethische Egoismus behauptet. Theorien, die von einem moralischen Sinn ausgehen, sind in der aktuellen philosophischen Diskussion zwar von geringer Bedeutung, doch sie haben die Debatte des 17. und 18. Jahrhunderts stark beeinflusst. Die Annahme, die Ethik gründe sich auf (moralische) Gefühle oder Affekte, ist ebenso die Grundlage aller emotivistischen Theorien. Der entscheidende Unterschied zwischen den beiden Ansätzen ist tatsächlich die Annahme eines eigenen Vermögens, das ethische Urteile durch die direkte, intuitive Wahrnehmung ethischer Qualitäten rechtfertigen soll. So ist die These von Hutcheson, der in seiner *Untersuchung des Ursprungs unserer Vorstellungen der Schönheit und Tugend* (*An Inquiry into the Original of Our Ideas of Beauty and Vir-*

Ist der „moralische Sinn" ein eigenständiges Vermögen des Menschen?

tue; 1725) die ethische Billigung und den ethischen Tadel mit der intuitiven Wahrnehmung von Lust und Schmerz gleichsetzt, mit einem (gemäßigten) Emotivismus unvereinbar und zwar deshalb, weil sie eine Kultivierung von Emotionen ausschließt. An die Stelle der Abwägung von einem neutralen Standpunkt aus und an die Stelle des Versuchs einer Objektivierung der zunächst subjektiven Eindrücke tritt die Berufung auf unmittelbare Einsichten, die dem moralischen Sinn entspringen.

Dies macht auch den großen Nachteil der Theorie aus. Eine „Begründung" ethischer Prinzipien, die sich auf „unmittelbare" Einsichten beruft, führt dazu, dass jeder Dissens über ethische Fragen ohne die Möglichkeit einer Einigung mit den subjektiven Gefühlen – den „unmittelbaren Einsichten" – des Einzelnen endet. Hinzu kommt, dass das Vermögen, das diese Einsichten erlauben soll, hier seinerseits undurchsichtig bleibt. Attraktiver erscheint es deshalb, den moralischen Sinn nicht für die Rechtfertigung ethischer Prinzipien in Anspruch zu nehmen, sondern den Charakter der Voraussetzung anzuerkennen, den die Wahrnehmung der emotionalen Befindlichkeiten anderer Menschen für den Erfolg ethischer Reflexion hat. Ob man das, was uns diese Wahrnehmung ermöglicht, als eigenständigen Sinn bezeichnen möchte, spielt dann eine eher untergeordnete Rolle; wichtig dagegen ist, dass „Moral Sense"-Theorien damit in enger Nachbarschaft zu Sympathie- oder Mitleidsethiken stehen (die in Abschnitt 3.2.3 vorgestellt wurden). Der Preis für den Versuch, den Ansatz durch die Reduktion des Anspruchs plausibler zu machen, ist allerdings, dass nun das Problem erneut in den Vordergrund tritt, dessen Überwindung das Ziel der Theorie war: „Moralische" Handlungen lassen sich nun wieder aus dem menschlichen Egoismus erklären und als abgeleitetes Phänomen verstehen. Dies gilt besonders dann, wenn der „Moral Sense" nicht nur die Wahrnehmung emotionaler Zustände erlauben soll, sondern uns die Gefühle der anderen so vermittelt, dass wir sie – wenn auch in abgeschwächter Form – ebenfalls fühlen. Wenn der Schmerz anderer auch uns selbst Schmerzen verursacht und ihre Freude auch bei uns Freude hervorruft, haben wir einen guten egoistischen Grund für „moralische" Handlungen, und die Annahme uneigennütziger Antriebe wird wieder entbehrlich. Daran ändert auch die nachdrückliche Behauptung Adam Smiths nichts, der auf den ersten Seiten seiner *Theorie der moralischen Gefühle* (*The Theory of Moral Sentiments*, 1759) beteuert: „Sowohl Lust als auch Schmerz werden so unmittelbar gefühlt, und oft aufgrund so geringfügiger Anlässe, dass es offensichtlich scheint, dass keins von beidem aus eigennützigen Überlegungen entspringen kann“ [Smith (1759) 1.2].

Literatur
Darwall (1995); Hope (1989); Hume (1751); Hutcheson (1725); McNaughton (1988); Shaftesbury (1711); Smith (1759); Scheler (1923)

5.2.3 Materiale Wertethik

Die materiale Wertethik ist eine Variante des ethischen Realismus, die besonders am Anfang des 20. Jahrhunderts diskutiert wurde. Die Kernbehauptung dieser Theorie ist, in den Worten des deutschen Phänomenologen Max Scheler (1874–1928), „dass es *echte* und *wahre* Wertqualitäten gibt, die einen eigenen Bereich von *Gegenständen* darstellen“, der von sich aus bereits hierarchisch geordnet ist [Scheler (1913) 37]. Ähnlich drückt es auch sein Zeitgenosse Nicolai Hartmann (1882–1950) mit einem Rückgriff auf Platons Theorie der unveränderlichen Formen aus, wenn er schreibt: „Werte sind der Seinsweise nach Platonische Ideen. Sie gehören zu jenem von Platon zuerst entdeckten anderen Reich des Seins, das man wohl geistig erschauen, aber nicht sehen und greifen kann (…) Werte sind Wesenheiten“ [Hartmann (1926) 121]. Scheler war der Meinung, wir würden diese Werte ohne den Umweg über Erfahrung und Denken unmittelbar emotional erfassen. In seiner Schrift *Der Formalismus in der Ethik und die materiale Wertethik* (1913, 1916) präsentiert er eine Hierarchie objektiver Werte, die bei den Werten der sinnlichen Vergnügen beginnt und bei „heiligen“ Werten endet. Ethische Werte sucht man in dieser Hierarchie allerdings vergeblich. Sie ergeben sich erst auf einer zweiten Stufe, nämlich daraus, dass eine Handlung einen höheren Wert dieser Hierarchie anstelle eines tieferstehenden realisiert. Ethische Werte sind in dieser Theorie Werte zweiter Ordnung.

Werte als „Platonische Ideen“

Auch die materiale Wertethik ist als Reaktion auf eine geistesgeschichtliche Strömung zu verstehen, nämlich den „Materialismus“, der sich zu ihrer Entstehungszeit zunehmend als die dominante wissenschaftliche Theorie durchsetzte. Seine Grundbehauptung ist: „Alles was es gibt, besteht aus Materie oder hat wenigstens eine materielle Grundlage“. Dieser Ansatz bringt nicht nur die Ethik in Bedrängnis, sondern auch viele andere Disziplinen, die sich vornehmlich mit dem menschlichen Geist und Phänomenen aus dem

Bereich der zwischenmenschlichen Interaktion beschäftigen. Und zwar deshalb, weil die Gegenstände dieser Disziplinen nur bedingt mit den äußeren Sinnen und den Mitteln der Physik (oder allgemein: der Naturwissenschaften) zu erfassen sind. Der Vorschlag, Werte als eine eigene Klasse von Gegenständen zu betrachten, zu der wir durch unsere Emotionen einen direkten Zugang haben, soll der materialistischen Behauptung gleich in doppelter Hinsicht ihre Durchschlagskraft nehmen. Denn mit dieser These tritt die materiale Wertethik einerseits der Beschränkung auf „Materielles" durch das Postulat eines eigenen Bereichs abstrakter Gegenstände entgegen, in dem „Werte" und andere ethische Gegenstände angesiedelt sein sollen. Andererseits bestreitet sie mit der Behauptung des direkten emotionalen Zugriffs auf diesen ontologisch eigenständigen Bereich die Suggestion des Materialismus, die gesamte Welt sei allein mit den Mitteln der Naturwissenschaften und über die *äußeren Sinne* zugänglich.

Werte als eigenständige Gegenstandsklasse

Die erste Behauptung, das Postulat eines eigenen Bereichs abstrakter Gegenstände, hat eine lange philosophische Tradition. Auch spricht in der in der Sache einiges für sie. Denn selbst unter materialistischem Vorzeichen sind sämtliche Wissenschaften auf abstrakte „Gegenstände" wie „Tatsachen", „Bedeutungen" oder „Gesetze" angewiesen, also auf Dinge, die sich offensichtlich nicht mit den äußeren Sinnen erfassen lassen. Ob der Hinweis darauf, dass ausnahmslos alle Wissenschaften auf abstrakte Gegenstände angewiesen sind, allerdings ausreicht, um zu Recht auch von einem eigenständigen Reich ethischer Werte sprechen zu können, ist umstritten. So vertritt etwa der australische Philosoph John Leslie Mackie (1917–1981) die Gegenthese und behauptet mit Nachdruck, es gebe „keine objektiven Werte, sie gehören nicht zur Struktur der Wirklichkeit" [Mackie (1977) 1.1.1]. Doch selbst wenn man sich auf die erste Grundvoraussetzung der materialen Wertethik einlässt, bleibt die zweite Annahme, wir erfassten Werte allein durch Emotionen, als Grundlage einer Rechtfertigung ethischer Prinzipien fragwürdig. Gegen sie treten erneut alle die Einwände auf den Plan, die bereits die extreme Form des Emotivismus wenig attraktiv machten. Vor allem der Einwand der Unterbestimmtheit der Argumentation und der Vorwurf des Subjektivismus treffen an dieser Stelle. Denn auch die materiale Wertethik bietet über die jeweilige subjektive Empfindung hinaus kein Kriterium, auf das sich die beteiligten Parteien berufen könnten, um Meinungsverschiedenheiten beizulegen. Das, was gut und richtig ist, ist auch hier allein eine Angelegenheit eines

Gibt es objektive Werte?

gefühlsmäßigen Erfassens. Und selbst dann, wenn man diesen Einwand zunächst zurückstellt, bleibt die Frage, wie die Berufung des Einzelnen auf Werte, die ihm nur emotional zugänglich sind, überhaupt zu einer Begründung ethischer Grundsätze werden soll: Es ist schlicht nicht zu sehen, wie eine *intersubjektiv* stichhaltige Rechtfertigung oder auch nur eine Erklärung moralischer Grundsätze auf dieser Basis gelingen kann.

These

Werte bilden eine eigenständige Klasse von Gegenständen jenseits des Materiellen und lassen sich unmittelbar emotional erfassen.

Kennzeichen

- Es wird ein ontologisch eigenständiger Bereich von Werten postuliert;
- dieser Bereich erschließt sich nicht durch Vernunft und Überlegung, sondern direkt durch unsere Gefühle.

Vor- und Nachteile der Position

\+ Sie tritt einer materialistischen Reduktion der Ontologie entgegen;
\- das Postulat eines ontologisch eigenständigen Reichs ethischer Werte ist problematisch;
\- die Theorie ist subjektivistisch (und relativistisch);
\- ihre Erklärungs- und Rechtfertigungsleistung ist insgesamt gering.

Literatur
Carson/Moser (1997); Hartmann (1926); Scheler (1913); Mackie (1977)

5.3 Antwort 3: nach unserer Vernunft

Der folgende Abschnitt stellt drei Theorien vor, die versuchen, die Ethik aus der Vernunft zu begründen. Naheliegend ist erstens die Rückführung der Ethik auf das Eigeninteresse und die instrumentelle Rationalität. Mit der Diskursethik wird zweitens ein Verfahren betrachtet, bei dem die Rolle vernünftiger Argumentation in der Ethik im Zentrum der Aufmerksamkeit steht. Dieser Ansatz ähnelt in seiner Herangehensweise der Vertragstheorie (die in Abschnitt

5.1.3 vorgestellt wurde). Das anspruchsvollste Vorhaben ist schließlich, drittens, dasjenige Kants: Die Rechtfertigung der Ethik aus den unverzichtbaren Voraussetzungen unseres Erkennens und Handelns.

5.3.1 Eigeninteresse

Egoismus ist Grundlage vieler Theorien

Eine Begründung der Ethik aus dem Eigeninteresse des Menschen ist naheliegend. Die Annahme, ethische Handlungsprinzipien ergäben sich weitgehend von selbst, wenn die Menschen sich ihre eigenen Interessen nur hinreichend klar machten, liegt tatsächlich vielen ethischen Überlegungen zugrunde. Prominent appelliert etwa der Vertragsgedanke, besonders in der von Hobbes vertretenen Form, an den aufgeklärten Egoismus der Menschen, aber auch utilitaristische Überlegungen stützen sich zu einem großen Teil auf ihn. Auf das Eigeninteresse gehen Entscheidungsregeln wie das Maximin-Prinzip zurück, ebenso wie es dem Gefangenendilemma der Spieltheorie zugrunde liegt.

Da es bei egoistischen Erwägungen immer darum geht, ein vorgegebenes Ziel zu erreichen, liegt es nahe, dass eine egoistische Ethik aus einem System zweckrationaler Grundsätze besteht. Idealerweise versuchen Egoisten zudem ihre Ziele mit dem geringsten möglichen Aufwand zu erreichen. Eine Ethik auf der Grundlage des Eigeninteresses steht und fällt daher offensichtlich damit, ob sie überzeugend darlegen kann, dass ein Verzicht auf eine sofortige Bedürfnisbefriedigung und die Unterordnung unter (soziale) Prinzipien vernünftig ist, d.h. dass sich dadurch die eigenen Ziele insgesamt schneller, besser und mit weniger Aufwand erreichen lassen.

„wohlverstandenes Eigeninteresse"

Der Angelpunkt jeder egoistischen Ethik ist deshalb das „wohlverstandene" oder „aufgeklärte" Eigeninteresse; ihr vornehmliches Ziel besteht darin, dem Handelnden den internen Zusammenhang seiner Interessen vor Augen zu führen und ihn dazu anzuhalten, die langfristigen Folgen seiner Handlungen bei seinen Entscheidungen entsprechend zu berücksichtigen. Damit ergibt sich als die zentrale These dieses Ansatzes die Behauptung: „Das ethisch Gute ist gleichbedeutend mit dem, was für eine Person auf lange Sicht (instrumentell) vernünftig ist". Geleitet wird der Versuch, ethische Grundsätze aus dem wohlverstandenen Eigeninteresse des Menschen zu begründen, von dem Optimismus, dass die wohlverstandenen Interessen aller Personen letztlich konvergieren. Die Position unterscheidet sich vom Utilitarismus (diese Theorie wird in Abschnitt 6.4 erläutert), mit dem sie sonst viele Eigenschaften teilt, dadurch, dass ihr oberstes Ziel ausdrücklich im Wohlergehen des *Individuums* besteht und nicht, wie in den meisten Versionen des Utilitarismus, im Wohlergehen einer *Gemeinschaft* oder gar der gesamten Menschheit. Seinem Anspruch nach kommt der ethische Egoismus ohne den Rückgriff auf altruistische Grundsätze aus: Eine Konzeption instrumenteller Rationalität, Einsicht in die Vorteile der Kooperation und in die Notwendigkeit, zu deren Aufrechterhaltung manchmal auf die direkte und unmittelbare Verwirklichung eigener Interessen zu verzichten, sind als Voraussetzungen seiner Argumentation hinreichend.

Diese Sparsamkeit der Prämissen sowie deren Einfachheit sind die wesentlichen Vorzüge der Position. Ebenso wie die Tatsache, dass Handlungsmotivation und die Rechtfertigung von Handlungsprinzipien weitgehend zusammenfallen; denn normalerweise benötigen Menschen keine weitere Aufforderung, um das zu tun, was in ihrem eigenen Interesse liegt. Eine Theorie, die ihnen mitteilt, dass es auch ethisch „richtig“ oder „gut“ ist, diejenigen Dinge zu tun, die in ihrem Interesse liegen, muss hier wenig Überzeugungsarbeit leisten.

Diesen Vorzügen stehen gravierende Einwände gegenüber. Zwei von ihnen, die bereits in anderen Zusammenhängen eine Rolle spielten, seien an dieser Stelle genannt. Erstens: In einer egoistischen Theorie ist kein Platz für genuin altruistisches Verhalten. Der ethische Egoismus muss für jede Aufforderung zu einer Hilfeleistung oder zu einem Verzicht (oder allgemein: für *jede* zunächst selbstlos erscheinende Handlung) zeigen, dass sie in Wahrheit den Interessen des Handelnden dient. Ob dieser Nachweis gelingen kann, ist fraglich. Doch selbst wenn er gelingen sollte, steht zu vermuten, dass die Theorie deutlich komplizierter sein wird als eine Ethik, die den Menschen von vornherein eine (begrenzte) Selbstlosigkeit in ihrem Handeln unterstellt [s. Hume (1751) Anh. 2]. Auch wird die Rückführung auf das Eigeninteresse diejenigen nicht überzeugen können, die meinen, in der Ethik ginge es *unter anderem* um Selbstlosigkeit, und noch viel weniger diejenigen, die meinen, erst die Abwesenheit „aller egoistischen Motivation“ verleihe einer Handlung überhaupt einen ethischen Wert. Zweitens ist es fraglich, ob es tatsächlich eine überzeugende Theorie instrumenteller Rationalität geben kann, die nicht Teil einer umfassenderen Rationalitätskonzeption ist. Wenn die in dieser Sache (in den Abschnitten 3.3.1 f.) vorgebrachten Überlegungen überzeugen, dann setzt eine egoistische Ethik auf instrumenteller Grundlage tatsächlich bereits eine Vernunftkonzeption voraus, welche unter anderem die Güte der mit ihrer Hilfe verfolgten Ziele reflektiert. Eine egoistische Theorie ignoriert diesen Aspekt aber völlig, wenn sie an die Stelle des obersten Ziels das Eigeninteresse des Menschen setzt.

These

Das ethisch Gute ist gleichbedeutend mit dem, was für eine Person auf lange Sicht instrumentell vernünftig ist.

Kennzeichen

- ► Oberstes Ziel ist das Wohlergehen des Individuums;
- ► zentraler Begriff ist das „aufgeklärte" oder „wohlverstandene" Eigeninteresse.

Vor- und Nachteile der Position

+ Sparsame und intuitiv einleuchtende Voraussetzungen;
+ Motivation und Begründung fallen weitgehend zusammen;
– alle selbstlosen Handlungen müssen aus dem Eigeninteresse erklärt und gerechtfertigt werden;
– ethische Handlungen besitzen keinen Eigenwert;
– die Argumentation legt einen verkürzten Vernunftbegriff zugrunde, dessen Implikationen nicht reflektiert werden.

Literatur

Broad (1930); Gauthier (1970); Hume (1751); Nagel (1970); Parfit (1984)

5.3.2 Diskursethik

Die Diskursethik ist ebenso wie die „Vertragstheorie" (die in Abschnitt 5.1.3 vorgestellt wurde) ein Verfahren zur Ermittlung ethischer Prinzipien; sie ist keine inhaltlich ausgearbeitete Theorie. Ihre Entwicklung ist eng mit dem 1929 in Frankfurt gegründeten „Institut für Sozialforschung" und der „Frankfurter Schule" verbunden, die maßgeblich von Theodor W. Adorno, Max Horkheimer und Jürgen Habermas (* 1929) geprägt wurde. Die Kernthese der Diskursethik ist, dass die Prinzipien der Ethik durch einen nach vernünftigen Regeln geführten Diskurs ermittelt und begründet werden können: Ethische Prinzipien sind ein Ausdruck dessen, worauf sich alle Mitglieder einer Gemeinschaft einigen können. Die diskursive Festlegung ethischer Prinzipien führt dazu, „dass nur diejenigen Normen Geltung beanspruchen dürfen, die die Zustimmung aller Betroffenen als Teilnehmer eines praktischen Diskurses finden könnten“ [Habermas (1991) 12; vgl. 32].

Das Hauptanliegen der Frankfurter Schule war ein Gesamtblick auf die herrschenden gesellschaftlichen Verhältnisse und ihre mögliche Fortentwicklung im Geist der Aufklärung. Dieses Unternehmen verfolgte sie mit der sogenannten „Kritischen Theorie“. Deren erklärtes Ziel war die Veränderung der gesellschaftlichen Verhältnisse, und zwar mit der Vorgabe, diese für den Einzelnen durchschaubarer zu machen. Dadurch sollte er in die Lage versetzt werden, sein Leben in größerer Selbstbestimmung zu führen. Vor diesem theoretischen Hintergrund verzichtet die Diskursethik bewusst auf konkrete inhaltliche Vorgaben und fordert statt dessen nur, dass der Prozess der diskursiven Ableitung und Begründung ethischer Grundsätze *formalen* Rationalitätskriterien genügt. Im Unterschied zu Kant (dessen Theorie in Abschnitt 5.3.3 besprochen wird) setzt die Diskursethik dabei allerdings auch auf die *empirischen* Gegebenheiten der menschlichen Kommunikation, so dass die rationalen Standards um pragmatische Bedingungen ergänzt werden. Neben den „rationalen“ Kriterien der Widerspruchsfreiheit, des konsistenten Gebrauchs von Prädikaten und der Verständlichkeit der Diskursbeiträge werden auf der pragmatischen Ebene gleiche Argumentationsrechte für alle Teilnehmer gefordert, der Wille zur Wahrheit und zur kooperativen Wahrheitsfindung, die Bereitschaft jedes Einzelnen, bei der Beurteilung ethischer Fragen einen unparteiischen Standpunkt einzunehmen, und die Bereitschaft aller, sich den Ergebnissen einer kommunikativen Einigung unterzuordnen. Diese Voraussetzungen und Kriterien sollen für alle Diskursteilnehmer gleichermaßen gelten, also auch für diejenigen, die die Gültigkeit bestimmter Normen in Zweifel ziehen.

formale und pragmatische Diskursbedingungen

Mit ihrem Ansatz knüpft die Diskursethik nicht nur an die Tradition der Aufklärung und an die Überlegungen Kants an, sondern sie integriert auch eine wichtige Entwicklung, die bestimmend für die Philosophie des 20. Jahrhunderts ist: die Hinwendung zur Sprache. Der Optimismus, der dem Erfolg bei der Klärung traditioneller Probleme und Fragen der Philosophie durch die sorgfältige semantische Analyse entspringt, überträgt sich hier auf die Ethik und eröffnet ihr mit der Betrachtung der Bedingungen eines vernünftigen

„kommunikative Vernunft"

Diskurses und der sozialen Konsensfindung ebenfalls neue Möglichkeiten. Da der Diskurs rationalen Vorgaben genügen soll, hat sich in diesem Zusammenhang auch die Bezeichnung „kommunikative Vernunft" durchgesetzt. Dies ist insofern bemerkenswert, weil es anzeigt, dass nun das verkürzte Vernunftverständnis, das Adorno und Horkheimer ihrem frühen Werk, der einflussreichen *Dialektik der Aufklärung*, zugrunde legten (vgl. die Ausführungen in den Abschnitten 3.3.1 f.), einer um die Diskursvoraussetzungen erweiterten Rationalitätskonzeption gewichen ist.

Der unbestreitbare Vorteil der Diskursethik besteht darin, dass sie ein Verfahren zur Klärung ethischer Fragen vorstellt, das sich eng an der Lebenspraxis orientiert. Sie animiert dazu, immer dann, wenn eine bisher geltende Übereinkunft fragwürdig geworden ist, in die Diskussion über Handlungsprinzipien einzutreten [Habermas (1991) 34]. Damit ermäßigt sich ihre Begründungslast gegenüber vielen anderen Theorien erheblich, denn die diskursethische „Rechtfertigung" von Handlungsprinzipien erfolgt nicht abstrakt und *vor* jeder Vergesellschaftung, sondern je nach Bedarf und von Fall zu Fall. Die Diskursethik muss aus diesem Grund offensichtlich auch keine vollständig ausgearbeitete Theorie vorstellen, die von vornherein jeden Aspekt des menschlichen Zusammenlebens erfasst. Ihr Ziel ist es vielmehr, im konkreten Fall unter Einbeziehung der Wertvorstellungen, die in einer Gemeinschaft gelten, jeweils einen neuen Konsens zu finden. Die Einhaltung der genannten pragmatischen und rationalen Kriterien soll dabei die Allgemeingültigkeit des Ergebnisses sicherstellen und auch, dass das Ergebnis am Ende von allen Beteiligten mitgetragen werden kann. Kurz: Es geht darum, „die Gehalte einer universalistischen Moral aus den allgemeinen Argumentationsvoraussetzungen zu gewinnen"; allerdings setzt dies voraus, dass „der Diskurs eine anspruchsvollere, über konkrete Lebensformen hinausgreifende Kommunikationsform darstellt, in der die Präsuppositionen verständigungsorientierten Handelns verallgemeinert, abstrahiert und entschränkt, nämlich auf eine ideale, alle sprach- und handlungsfähigen Subjekte einbeziehende Kommunikationsgemeinschaft ausgedehnt werden" [Habermas (1991) 18]. So stellt die Diskursethik, im Unterschied zu anderen (Verfahrens-)Ethiken, deutlicher auf den „Zwang des besseren Arguments" ab, wie Habermas beteuert [Habermas (1991) 13 f.].

Trotz dieser Vorzüge – ob der Zwang zum besseren Argument wirklich stärker ausgeprägt ist als in anderen Theorien, muss hier offen bleiben – gibt es auch gegen die Diskursethik substantielle Einwände. Ein erster und vielleicht auch der gewichtigste lautet: Die Aufforderung zur Begründung von Handlungsgrundsätzen ist eine Auforderung zur *Wahrheit* und keine Aufforderung zum *Konsens*. So wie die allgemeine Einigung darauf, die Erde sei eine Scheibe, offensichtlich diese Behauptung nicht begründen kann, werden Handlungsgrundsätze nicht dadurch begründet, dass sie einem allgemeinen Konsens entsprechen. Zweitens: Auch der diskursethische Ansatz rechtfertigt Handlungsgrundsätze im besten Fall für eine Gruppe von Menschen, und zwar nur für diejenigen, die an ihrer Aushandlung beteiligt waren. Diejenigen, für die dies nicht gilt, haben keinen Anlass, ihr Verhalten entsprechend auszurichten. Drittens scheint es Diskurse zu geben, bei denen prinzipiell keine Aussicht auf einen Konsens besteht, entweder weil sich tatsächlich unvereinbare Extrempositionen gegenüberstehen oder weil wenigstens eine Partei keinerlei Interesse an einer Einigung hat. Anders als bei den ersten beiden Einwänden liegt hier allerdings eine Entgegnung auf der Hand; denn schließlich ist eine der zentralen Behauptungen der Theorie ja gerade, dass sich jeder Diskursteilnehmer bereits durch seine Teilnahme auf bestimmte Spielregeln festlegt. Er ist per Definition an einer Einigung interessiert – oder aber kein Teilnehmer des Diskurses. Ein vierter allgemeiner und eher theoretischer Vorwurf gegen die Diskursethik lautet, dass bereits das Verfahren selbst, beziehungsweise die Einberufung eines Diskurses, ethische Entscheidungen vorwegnimmt. Damit geriete die Theorie in den Verdacht, von vornherein parteiisch zu sein und damit eine wesentliche Anforderung an eine Ethik zu verletzen. Schließlich, fünftens, entstehen der Diskursethik pragmatische Schwierigkeiten, sobald der Kreis der Personen, auf den sie Anwendung finden soll, eine gewisse Größe erreicht: Es ist schwer zu sehen, wie in modernen Gesellschaften alle Betroffenen hinreichend in die Konsensfindung eingebunden werden können. Und schon bevor es überhaupt zu dieser Frage kommt, scheint es schwierig zu sein, auch nur den Kreis der Betroffenen festzulegen. Denn ähnlich wie bei der Abwägung von Handlungsfolgen wäre hier zu entscheiden, ob nur die direkt oder auch die indirekt Betroffenen, die wahrscheinlich oder die nur unter speziellen Bedingungen Betroffenen zu berücksichtigen sind.

Zusammengefasst: Die Vorteile der Diskursethik sind ihre Nähe zur *Alltagspraxis*, ihre Betonung eines *vernünftigen* Verfahrens der Konfliktlösung und ihr fallweises Vorgehen. Ethische Konflikte entstehen aus der sozialen Praxis und nicht im Abstrakten. Ein Ansatz, der die vernünftigen Regeln der sozialen Konfliktbewältigung sichtbar macht und sie nachvollziehbar und konkret mit der Alltagserfahrung verbindet, hat damit einen klaren Vorteil. Einer der gravierenden Nachteile der Diskursethik ist ihre zentrale Unterstellung, dass ethische Grundsätze schon dann begründet sind, wenn ein sozialer Konsens gefunden ist.

These

Die Grundsätze der Ethik lassen sich durch einen nach vernünftigen Regeln geführten Diskurs ermitteln und begründen.

Kennzeichen

- Die Diskursethik stellt ein Verfahren bereit, das ausdrücklich dem besseren Argument den Vorzug geben soll;
- sie berücksichtigt, dass ethische Diskussionen in aller Regel dann geführt werden, wenn Werte und Normen tatsächlich in Frage gestellt werden.

Vor- und Nachteile der Position

+ praxisnah und konkret;
+ empfiehlt die Überprüfung von Grundsätzen dann, wenn dazu ein konkreter Anlass besteht;
– der Konsens kann keine Begründung ersetzen;
– der Ansatz ist relativistisch und nicht allgemeingültig.

Literatur

Apel (1973); Apel (1992); Habermas (1991); Honneth/Joas (1991); Horkheimer (1937)

5.3.3 Kant

Immanuel Kant versucht ausdrücklich, ethische Grundsätze allgemeingültig zu begründen, d. h.: ihre Verbindlichkeit für *alle Menschen zu jeder Zeit* nachzuweisen. Seine Theorie entwickelt er vor allem in der *Grundlegung zur Metaphysik der Sitten* (1785) und der *Kritik der praktischen Vernunft* (1788); für ein erweitertes Verständnis hilfreich sind seine „Religionsschrift" von 1793 (*Die Religion innerhalb der Grenzen der bloßen Vernunft*) und die *Metaphysik der Sitten* von 1797.

Kants Kerngedanke ist einleuchtend: Allgemeingültig können ethische Grundsätze nur sein, wenn ihre Rechtfertigung sich nicht auf zufällige Gegebenheiten stützt. Da aber die Umstände der Erfahrungswelt – dazu gehören kollektive Traditionen ebenso wie historische Gegebenheiten, besondere Umweltbedingungen oder ein spezifischer Sozialisationsverlauf – allesamt zufällig sind, fallen sie für eine Begründung ethischer Prinzipien aus. Damit bleiben grundsätzlich zwei Möglichkeiten der Rechtfertigung: entweder ihre Ableitung aus weltanschaulichen oder religiösen Axiomen (Dogmen), deren unumstößliche Geltung ihrerseits ohne eine weitere Rechtfertigung behauptet wird – oder aber die Berufung auf die Vernunft, weil dieses Vermögen unveränderlich und allen Menschen gemeinsam ist. Kant verfolgt die zweite Möglichkeit. Von der dogmatischen Setzung unterscheiden den Rückgriff auf die Vernunft vor allem zwei Dinge: Erstens sind die Ansprüche der Vernunft einer argumentativen „Kritik" zugänglich, was für weltanschauliche oder religiöse Dogmen nicht gilt. Von ihren Anhängern wird ein Akt des blinden Glaubens verlangt. Zweitens umfasst die Vernunft, wie Kant in seinem erkenntnistheoretischen Hauptwerk, der *Kritik der reinen Vernunft* (1781; 1787), nachzuweisen versucht, die unverzichtbaren (und nichtempirischen) Voraussetzungen allen Erkennens und Handelns: Ohne Vernunft könnten wir uns in der Erfahrungswelt weder theoretisch orientieren noch in ihr handeln. Auch hierin unterscheidet sich die Berufung auf dieses Vermögen vom Rückgriff auf willkürlich aufgestellte Dogmen, denn diese sind – außer vielleicht für ihre fanatischen Anhänger – eben keine notwendigen Voraussetzungen für menschliches Erkennen und Handeln. Bereits aus diesen wenigen Bemerkungen wird deutlich, dass Kants Vernunftkonzeption erheblich über die zweckrationale Bestimmung dieses Vermögens hinausgeht – auch wenn auf die entsprechenden Ausführungen (vor allem in der *Kritik der reinen Vernunft*) hier nur hingewiesen werden kann.

Wenden wir uns den Details der ethischen Argumentation zu. Kants Ziel ist es zunächst, das „Sittengesetz" zu begründen. So nennt er das oberste Prinzip, dem solche Wesen in ihren Entscheidungen und Handlungen folgen würden, die ausschließlich von Vernunft bestimmt werden. Das Sittengesetz ist daher für solche Wesen in derselben Weise *deskriptiv*, wie etwa das Gravitationsgesetz für die Natur: So wie das Gravitationsgesetz einen notwendigen Zusammenhang der Natur beschreibt, beschreibt das Sittengesetz einen notwendigen Zusammenhang der Vernunft. Der Mensch

Das „Sittengesetz"

wird nun aber offensichtlich nicht ausschließlich von seiner Vernunft geleitet, er unterliegt außerdem Trieben, Wünschen und Neigungen. Deshalb wird das Gesetz für ihn *normativ* sein: Es wird ihm als Gebot gegenübertreten. Und weil es sich beim Sittengesetz um ein Gesetz handelt, das mit *Notwendigkeit* aus der Vernunft folgt, gilt das Gebot *unbedingt* – es ist ein „kategorischer" Imperativ.

Als ein Gesetz der Vernunft kann das Sittengesetz per Definition keine empirischen Elemente enthalten. Das bedeutet: Alles das, was die bisher vorgestellten Theorien hier anzubieten hatten – vom guten Leben über (soziale) Tugenden bis zur Glückseligkeit und der Verbesserung der Lust/Unlust-Bilanz –, scheidet als Inhalt eines *erfahrungsfreien* Gesetzes aus. Dennoch muss das Sittengesetz, sofern es kein gänzlich nichtssagendes Prinzip sein soll, offensichtlich einen Inhalt besitzen. Die Wendung, mit der Kant diesen Inhalt bestimmt, ist ebenso einfallsreich, wie sie seinen Vorschlag der Kritik ausgesetzt hat. Abstrahiert man von allen empirischen Gegebenheiten, so argumentiert er, bleibt als Inhalt des Sittengesetzes allein sein bestimmendes *formales* Merkmal übrig: seine Allgemeingültigkeit. Sein Inhalt besteht daher in der Feststellung, dass die Handlungen bzw. die Entscheidungen, die ihnen zugrunde liegen, verallgemeinerbar sind. Als „praktisches Gesetz der Allgemeingültigkeit der Maximen" *beschreibt* es das Handeln von Wesen, die in ihren Entscheidungen und Handlungen ausschließlich der Vernunft folgen [Kant (1785) 462; vgl. 402; (1788) 27 ff.]. Wesen wie den Menschen, die neben der Vernunft auch Wünschen und Trieben unterliegen, tritt dieses Prinzip, wie erwähnt, als *Forderung* oder „Imperativ" entgegen. In der sogenannten Grundformel des Kategorischen Imperativs lautet es: „handle nur nach derjenigen Maxime, durch die du zugleich wollen kannst, daß sie ein allgemeines Gesetz werde" [Kant (1785) 421; vgl. 402; 434, 437 f.]. Weitere Varianten des Kategorischen Imperativs, die nach Kant alle Ausdruck ein und desselben Gedankens sein sollen [Kant (1785) 421; 436], sind die sogenannten „Naturgesetzformel": „handle so, als ob die Maxime deiner Handlung durch deinen Willen zum *allgemeinen Naturgesetze* werden sollte" [Kant (1785) 421; vgl. 437] und die sogenannte „Zweckformel": „handle so, daß du die Menschheit sowohl in deiner Person als in der Person eines jeden anderen, jederzeit zugleich als Zweck, niemals bloß als Mittel brauchst" [Kant (1785) 429; vgl. 439].

Formeln des Kategorischen Imperativs

Der sachliche Grund für diese verschiedenen Formulierungen ist der naheliegende Einwand, das Prinzip sei in seiner Grundformel

Formalismusvorwurf

immer noch nichtssagend und deshalb in der Praxis wenig hilfreich. Bereits Hegel brachte diesen in der Literatur als „Formalismusvorwurf" diskutierten Einwand prominent gegen Kants Ethik in Stellung [z.B. Hegel (1821) § 135; (1807) 315f.]. Bis heute gehört er zum Standardrepertoire der Kritik. Wenn es zutrifft, dass die verschiedenen Formeln des Kategorischen Imperativs äquivalent sind, wie Kant behauptet, so lässt sich allerdings leicht zeigen, dass der Einwand gegenstandslos ist: Insbesondere das Gebot, andere Menschen nicht bloß als Mittel zur Verwirklichung der eigenen Zwecke zu benutzen, ist so konkret und praxisbezogen, dass der Vorwurf wohl kaum aufrecht erhalten werden kann. Ganz unabhängig davon allerdings beruht der Formalismusvorwurf ohnehin auf einem Missverständnis: Kants Forderung nach der Verallgemeinerbarkeit der „Maximen" bezieht sich schließlich auf deren *Inhalt* – und eben nicht auf ihre *Form*. Wir werden aufgefordert zu überprüfen, ob wir ernsthaft wollen können – beziehungsweise ob wir uns ohne Widersprüche vorstellen können –, dass alle Menschen sich in ähnlichen Situationen nach unserem Grundsatz verhalten. Die Beispiele aus den verschiedenen Schriften Kants [bes. Kant (1785) 421ff.; 397f.; (1788) 27f.; (1797b) 425–30], die oft angeführt werden, um dem Formalismusvorwurf seine Kraft zu nehmen, sind dagegen für diesen Zweck weniger geeignet. Dies liegt vor allem daran, dass sie ausnahmslos ein beträchtliches Maß an Interpretation erfordern, bevor nachvollziehbar wird, in welcher Weise die Verallgemeinerungsforderung hier Anwendung findet.

Der Kategorische Imperativ als Verfahren und Kriterium

Bevor wir zu weiteren Einwänden kommen, zunächst erst noch einmal zurück zur Theorie und zu einer etwas genaueren Betrachtung des Kategorischen Imperativs. Dieser erfüllt nämlich zwei Funktionen gleichzeitig: Erstens formuliert er das Sittengesetz für Wesen, die durch Vernunft *und* Sinnlichkeit bestimmt sind. Damit ist er ein *Kriterium* der moralischen Beurteilung. Zweitens stellt er aber auch ein *Verfahren* zur Verfügung, mit dem sich subjektive Handlungsgrundsätze auf ihre ethische Güte überprüfen lassen: Können diese verallgemeinert werden, dann sind sie ethisch auf jeden Fall unbedenklich. Kants Rechtfertigung des Sittengesetzes und des Kategorischen Imperativs geht vom Begriff der *Pflicht* aus. Anhand der Unterscheidung von „pflichtgemäß" und „aus Pflicht" hebt er hervor, dass es in der Ethik darum geht, aus den richtigen Gründen zu handeln; es reicht nicht aus, nur zufällig das zu treffen, was bei entsprechender Überlegung als das ethisch Gute erkannt würde. Im Gegenteil: Eine Handlung muss deshalb getan werden,

„Pflicht" und Handlungsfolgen

weil der Handelnde Einsicht in ihre ethische Güte hat; das bedeutet auch, dass eine nachträgliche Aufwertung von Handlungen, etwa weil sie zufälligerweise gute Folgen hatte, nicht möglich ist, ebenso wie es ausgeschlossen ist, dass unerwartet schlechte Folgen sie abwerten. Kurz: Für die ethische Qualität einer Handlung spielen deren Folgen keine Rolle.

Nur der „Gute Wille" ist unbedingt gut

Mit dem Kategorischen Imperativ kennen wir das *Kriterium* ethischen Handelns; außerdem verfügen wir mit ihm über ein *Verfahren*, mit dem sich Entscheidungen und Handlungen auf ihre ethische Qualität überprüfen lassen. Wir wissen auch, dass wir eine Handlung deshalb ausführen sollen, *weil* sie gut ist. Doch dies alles nützt nichts, wenn wir nicht *willens* sind, aus den richtigen Gründen zu handeln. Daher kommt dem „Guten Willen" eine zentrale Rolle zu; er ist, so teilt Kant uns im ersten Satz des Haupttextes der *Grundlegung* mit, tatsächlich das Einzige, „in der Welt, ja überhaupt auch außerhalb derselben (...), was ohne Einschränkung für gut könnte gehalten werden" [Kant (1785) 393]. Dies klingt zunächst undurchsichtig, ist aber nur konsequent: Ohne die feste Absicht, tatsächlich nach dem Kategorischen Imperativ zu handeln, erübrigt sich letzten Endes jedes Nachdenken über „richtig" und „falsch". Nebensächlich dagegen ist, wie erfolgreich wir in der Umsetzung sind, solange wir nur alles in unserer Macht Stehende unternehmen:

> „Wenn gleich durch besondere Ungunst des Schicksals, oder durch kärgliche Ausstattung einer stiefmütterlichen Natur, es diesem Willen gänzlich an Vermögen fehlete, seine Absicht durchzusetzen; wenn bei seiner größten Bestrebung dennoch nichts von ihm ausgerichtet würde, und nur der gute Wille (freilich nicht etwa ein bloßer Wunsch, sondern als die Aufbietung aller Mittel, soweit sie in unserer Gewalt sind,) übrig bliebe: so würde er wie ein Juwel doch für sich selbst glänzen, als etwas, das seinen vollen Wert in sich selbst hat" [Kant (1785) 394].

Es gibt mehrere Gründe, warum wir uns in unseren Entscheidungen und Handlungen nach dem Kategorischen Imperativ richten sollten. Der wichtigste ist dieser: wenn das Sittengesetz bzw. der Kategorische Imperativ ein notwendiges Gesetz der Vernunft ist, muss seine Missachtung unsere Selbsteinschätzung als vernünftiges Wesen beschädigen. Wir verlieren die Möglichkeit zu *handeln* [Kant (1785) 412]. Der Gedankengang, den Kant in diesem Zusammenhang präsentiert, ist überzeugend. Die Natur ist durchgängig von Ursachen und Wirkungen bestimmt, jedes Ereignis folgt kausal aus einem anderen. Die nicht-vernünftige Natur – ob dies nun Pflanzen oder Tiere, Atome oder Galaxien sind – kann sich deshalb aus-

Gründe und Ursachen

schließlich nach dem Schema von Ursache und Wirkung *verhalten.* Nach Gründen *handeln* können nur Wesen, die in der Lage sind, sich den Gesetzen der Vernunft zu unterwerfen. Ignorieren wir den Kategorischen Imperativ oder verstoßen wir gegen ihn und lassen uns von unseren Neigungen und Trieben leiten, so ordnen wir uns damit offensichtlich in die erste Kategorie ein, die durchgängig kausal bestimmte Naturwelt; wollen wir dies vermeiden, so müssen wir uns der Vernunft und ihren Regeln beugen. Kant drückt diesen Zusammenhang in der paradoxen Formulierung aus, dass der menschliche Wille nur dann frei sein könne, wenn er ein Wille unter Gesetzen sei – unter den Gesetzen der Vernunft. Offensichtlich setzt diese Entscheidung für die Vernunft und ein Handeln nach Gründen die Freiheit voraus, tatsächlich zwischen ihr und der Bestimmung unserer Handlungen durch empirische Ursachen wie Neigungen und Triebe wählen zu können (vgl. hierzu auch die Abschnitte 2.3.7 und 3.3). Anstatt sich an dieser Stelle auf die ausufernde Diskussion um die transzendentale Freiheit einzulassen, nimmt Kant hinsichtlich dieser Voraussetzung aber einen pragmatischen Standpunkt ein. Er führt die Freiheit auf unser Selbstverständnis zurück und gibt zu bedenken: „Ein jedes Wesen, das nicht anders *als unter der Idee der Freiheit* handeln kann, ist darum in praktischer Rücksicht wirklich frei“ [Kant (1785) 448]. Angesichts der Tatsache, dass wir die Frage der transzendentalen Freiheit prinzipiell nicht beantworten können, ist dies sicher nicht die schlechteste Antwort.

Ziehen wir eine kurze Zwischenbilanz. Erstens: Kants Ethik ist durch den Wunsch motiviert, einen obersten Grundsatz des Handelns zu finden, der für alle Menschen vollkommen unabhängig von ihren jeweiligen Umständen gilt. Seine Begründung setzt voraus, dass Erfahrung (Ursachen) und Vernunft (Gründe) Gegensätze sind und gleichzeitig unsere Welt vollständig bestimmen; deshalb kann nur eine Rechtfertigung aus der Vernunft die Zufälligkeiten der Erfahrungswelt sicher ausschließen. Zweitens: Das für die Argumentation zentrale Moment des guten Willens bestimmt sich nach dem Gesetz der Vernunft, d.h. für den nicht nur von seiner Vernunft, sondern auch von seinen Trieben geleiteten Menschen: nach dem Kategorischen Imperativ. Auf eine schlichte Formel gebracht ist das Gute für Kant das Vernünftige. Auch wenn diese Gleichsetzung nicht neu ist – sie findet sich bereits im Mittelalter, etwa in der *Summa theologica* Thomas von Aquins –, so *begründet* Kant diesen Gedanken nun ohne den Rückgriff auf religiöse Glaubenssätze. Drittens: Der Grundgedanke der Theorie besteht in dem Nachweis, dass ein Selbstverständnis als handelndes Wesen, das sich nicht nur nach den Kausalgesetzen der Natur „verhält", nur unter der Voraussetzung einer Freiheit möglich ist, die ihrerseits allein durch die Bestimmung unserer Entscheidungen und Handlungen aus Vernunft verwirklicht wird.

Der große Vorzug der Theorie ist, dass sie ausdrücklich eine nicht-relativistische Begründung der Ethik unternimmt, und zwar eine Begründung, die für dieses Vorhaben nicht auf religiöse oder weltanschauliche Dogmen zurückgreift. Kant nutzt die engen wechselseitigen Abhängigkeiten von Handeln, Freiheit und Vernunft für seine Begründung des Sittengesetzes bzw. des Kategorischen Imperativs. Er stellt mit diesem Prinzip zugleich ein *Kriterium* des Guten vor und ein *Verfahren*, mit dem sich Entscheidungen und Handlungsabsichten auf ihre ethische Güte überprüfen lassen.

Selbstverständlich ist Kants Argumentation nicht frei von Schwierigkeiten und bietet Anlass für eine Vielzahl von Einwänden. Der „Formalismusvorwurf" wurde bereits genannt. Ein zweiter und eher allgemeiner Einwand betrifft, noch vor allen Inhalten, die Präsentation seiner Gedanken: Wer sich auf die Lektüre der Originaltexte einlässt, stellt schnell fest, dass die Diktion den Lesern und Leserinnen nicht nur große Aufmerksamkeit abverlangt, sondern dass Kants Formulierungen in aller Regel vielschichtig sind und einer (wohlwollenden) Interpretation oft erhebliche Widerstände entgegensetzen. Außerdem setzt sie eine Kenntnis der Terminologie voraus, die sich in vollem Umfang nur durch die Vertrautheit mit seinen anderen theoretischen Schriften erwerben lässt.

Ein weiterer Standardeinwand gegen Kants Ethik ist der Vorwurf des Rigorismus. Mit der Forderung, die Güte ethischer Handlungen messe sich allein daran, ob der Handelnde aus den richtigen Gründen gehandelt habe, legt Kant einen strengen Maßstab an. Bemängelt wird in diesem Zusammenhang, dass ausschließlich die richtige „Gesinnung" für die ethische Bewertung ausschlaggebend sein soll, nicht aber der Erfolg oder die Folgen einer Handlung. Obwohl Kant tatsächlich dieser Meinung ist, so ist es aber immerhin problematisch, daraus einen Einwand abzuleiten. Denn gerade gegen die Bewertung aufgrund der Folgen sprechen schwerwiegende Gründe. So ist es schon schwierig, überhaupt zu ermitteln, welche Folgen zu berücksichtigen wären: Nur die wahrscheinlichen oder auch die unwahrscheinlichen? Alle nur möglichen für alle nur möglichen Betroffenen oder eine subjektive und zufällige Auswahl? Oder alle „relevanten" Folgen? Und, wenn wir uns für diese letzte Variante entscheiden: Setzte dies nicht bereits voraus, was es erst zu ermitteln gilt? Die Liste lässt sich beliebig verlängern. So gesehen wäre es nicht nur kein Mangel, sondern gerade eine *Stärke* der Theorie Kants, dass sie es erlaubt, die ethische Güte von Entscheidungen und Handlungen unabhängig von ihren Folgen zu bestimmen.

Eine Auswahl von Beanstandungen, die sich weniger allgemein auf einzelne Äußerungen oder Elemente der Theorie beziehen, sind die folgenden. Erstens entzündet sich die Kritik gern an Kants Forderung, eine ethische Handlung müsse „aus Pflicht" und nicht etwa nur „pflichtgemäß" erfolgen. Dies wird häufig so verstanden, als sei die ethische Qualität einer Handlung, eine Handlung „aus Pflicht", nur dann gewährleistet, wenn wir jeweils *gegen* unsere Neigungen und Triebe handelten. Folgt man dieser Kritik, befindet man sich in der Gesellschaft von Kants Zeitgenossen Friedrich Schiller, der die entsprechende Interpretation bereits mit einigem Spott vertrat. Dennoch beruht sie auf einem Missverständnis: Kant weist mit der Unterscheidung von „pflichtgemäßem" Handeln und Handeln „aus Pflicht" nur darauf hin, dass Neigungen und Triebe nicht *handlungsbestimmend* sein dürfen. Ob zu einer Handlung, die *aus* Pflicht geschieht, darüber hinaus eine Neigung besteht, ist vollkommen unerheblich.

„aus Pflicht" und „pflichtgemäß"

Zweitens: Eine weitere populäre Kritik setzt bei den subjektiven Handlungsabsichten (Maximen) an, die es gemäß dem Kategorischen Imperativ zu verallgemeinern gilt. Dieser Einwand bezieht seine Überzeugungskraft aus der situationsspezifischen Formulierung von Maximen. Denn je detailreicher die Maxime, desto einfacher ist es (widerspruchsfrei) zu wollen, dass alle anderen Menschen sich ebenfalls so verhalten wie wir – eben weil schon sichergestellt ist, dass die entsprechenden Bedingungen so schnell kein zweites Mal auftreten werden. Sowohl dem Text als auch der Sache nach ist die Kritik aber abwegig und beruht ebenfalls auf einem Missverständnis. Kants Ausdruck für spezifische Handlungsabsichten ist „praktische Regel"; versucht man, anstelle von Maximen „praktische Regeln" durch Verallgemeinerung auf ihren ethischen Wert zu überprüfen, so ist das Ergebnis in der Tat häufig irritierend. Aber Maximen sind eben auch weit weniger spezifisch, als es dieser Einwand nahe legt; Kant weist ausdrücklich darauf hin, dass sie immer schon als eine Zusammenfassung mehrerer praktischer Regeln verstanden werden müssen [vgl. Kant (1788) § 1].

Maximen enthalten „praktische Regeln"

Drittens: Anlass für weitere Kritik bieten Kants Überlegungen zum Motivationsproblem. Dies nicht zuletzt deshalb, weil Kant sich selbst hier die Hürde sehr hoch legt. Um die Allgemeingültigkeit des Begründungsprogramms nicht zu gefährden, so meint er, sei es notwendig, dass auch die Motivation zu ethischen Handlungen frei von jeglicher Erfahrung sei. Sein Vorschlag eines „durch einen Vernunftbegriff selbstgewirkte[n] Gefühl[s]" der „Achtung" vor dem Sittengesetz [Kant (1785) Fn. 401], das diese Bedingung erfüllen soll, hat auf viele befremdlich gewirkt, schon deshalb, weil ein „vernunftgewirktes Gefühl" eine eher gewöhnungsbedürftige Konstruktion ist. Dies gilt umso mehr, wenn man bedenkt, dass das „Vernunft"-Gefühl der Achtung in der Lage sein soll, sich gegen die motivierende Kraft von empirischen Trieben und Neigungen durchzusetzen. Hier kann man allerdings feststellen, dass Kant sich die Angelegenheit unnötig schwer macht: Für seine Befürchtung, die Allgemeingültigkeit der *Begründung* werde durch den Rückgriff auf empirische Momente in der *Motivationsfrage* beeinträchtigt, gibt es keinen sachlichen Grund. Die Qualität einer Entscheidung oder ihrer Rechtfertigung bemisst sich offensichtlich nicht daran, ob die Motivation, eine entsprechende Handlung auszuführen, auf die Erfahrung zurückgreift oder nicht. Um es anders zu formulieren: Mit seinem ausdrücklichen Verzicht auf eine Untersuchung der empirischen Seite der Ethik verstellt sich Kant die Möglichkeit, in diesem Zusammenhang auf die Überlegung zurückzugreifen, dass Maximen eine motivierende Kraft besitzen, weil sie bereits Grundsätze sind, nach denen wir handeln *wollen*.

Eine Motivation aus Vernunft?

Und schließlich, viertens, lässt sich gegen Kants Theorie einwenden, dass es fraglich ist, ob der Kategorische Imperativ tatsächlich Handlungen *gebietet*, denn aufgrund der Dreiteilung in gebotene, freigestellte und verbotene Handlungen ist offensichtlich eine Handlung nicht schon dadurch geboten, dass sich ihre Maxime widerspruchsfrei verallgemeinern lässt. Selbst wenn die Betonung der „Pflicht" in Kants Ethik das Gegenteil nahelegt, scheint es die Sache eher zu treffen, wenn man den Kategorischen Imperativ als ein *negatives* Kriterium auffasst. Wenn also die Maxime einer Handlung *nicht* verallgemeinert werden kann, ist die Handlung ethisch *verboten.* Auf die Frage „Wie sollen wir handeln?" würden wir mit Kants Theorie dann nur die Auskunft erhalten: „So jedenfalls nicht!". Um von hier zu *gebotenen* Handlungen zu gelangen, wäre vermutlich die Beziehung genauer zu untersuchen, in der freigestellte zu gebotenen Handlungen stehen – was die Angelegenheit nicht gerade einfacher macht [s. z.B. Ebert (1976)]. Ein negatives Kriterium jedenfalls ist weniger, als man sich von einer Ethik erhofft

Der Kategorische Imperativ als negatives Kriterium?

und weniger auch, als man aufgrund der Beispiele, die Kant etwa in der *Grundlegung* gibt, vielleicht erwartet. In jedem Fall wird es auch mit Kants Ethik deutlich komplizierter, unsere „Pflichten" zu ermitteln, als es zunächst den Anschein hat. Dennoch: Im Gegensatz zu vielen anderen Theorien scheinen zumindest ethische Verbote mit Kant allgemeingültig begründet werden zu können. Und schon dies ist erheblich mehr, als die meisten konkurrierenden Ansätze bieten können, denn damit würde Kants Theorie ethischem Handeln wenigstens einen verlässlichen Rahmen abstecken.

Alles in allem lässt sich festhalten: Kants Ethik versucht, das anspruchsvolle Vorhaben, ein allgemeingültiges oberstes Handlungsprinzip zu rechtfertigen, auf der Grundlage eines gehaltvollen Vernunftbegriffs umzusetzen. Seine Rechtfertigung soll den obersten Grundsatz als ein *notwendiges* Gesetz der Vernunft ausweisen und deshalb ihrem Anspruch nach nicht auf die *zufälligen* Gegebenheiten der Erfahrung zurückgreifen. Voraussetzung für Kants gesamte Argumentation ist also eine Zweiteilung der Welt in den Bereich der Naturkausalität und den Bereich der vernünftigen Gründe: Nur durch die Unterwerfung seines Willens unter das Gesetz der Vernunft, so meint er, kann sich der Mensch von den kausalen Zwängen der Naturgesetze befreien und sein Verhalten als bewusstes *Handeln* verstehen. Dabei tritt ihm das Gesetz der Vernunft als unbedingt gebietender normativer Satz, als die unbedingte Forderung gegenüber, die eigenen Handlungsabsichten auf ihre Gesetzmäßigkeit, d. h. ihre widerspruchsfreie Verallgemeinerbarkeit, zu überprüfen.

These

Das Kriterium ethischen Handelns ist das Sittengesetz. Es tritt dem Menschen als Kategorischer Imperativ gegenüber, der ihn auffordert, seine Handlungsabsichten auf ihre widerspruchsfreie Verallgemeinerbarkeit zu überprüfen.

Kennzeichen

- Dem Anspruch nach eine nicht-relativistische Begründung des obersten Handlungsprinzips;
- Rechtfertigung aus der Vernunft ohne Rückgriff auf zufällige Gegebenheiten der Erfahrung.

Vor- und Nachteile der Position

\+ Allgemeingültig;

+ argumentiert über die enge wechselseitige Abhängigkeit von Freiheit, Handeln und Vernunft;
+ stellt mit dem Kategorischen Imperativ zugleich ein Kriterium der ethischen Güte und ein Verfahren zu ihrer Ermittlung bereit;
– komplexer Gedankengang, der sich nur mit erheblichem Interpretationsaufwand plausibel darstellt;
– die Argumentation ist Teil eines philosophischen Systems und in diesem Sinn sehr voraussetzungsreich;
– der Kategorische Imperativ ist ein negatives Kriterium, d. h. er führt nicht ohne Weiteres zu Geboten.

Literatur

Allison (1990); Beck (1960); Bittner (1974); Cramer (1991); Ebert (1976); Henrich (1960); Hepfer (1997); Hepfer (2001); Kant (1785); Kant (1788); O'Neill (1989); Paton (1947)

6 Scheinbegründungen

Im letzten Abschnitt dieser Einführung geht es um Theorien, die den Maßstäben einer philosophischen oder wissenschaftlichen Begründung nicht genügen, sich aber aus unterschiedlichen Gründen anhaltender Popularität erfreuen. Meistens sind sie besonders naheliegend und intuitiv einleuchtend, oder aber sie stellen eine besonders einfache Begründung der Ethik in Aussicht; oft trifft auch beides zu. In diese Rubrik gehören Modelle, die ethische Prinzipien aus weltanschaulichen oder religiösen Glaubenssätzen ableiten, ebenso wie biologistische Ansätze; hierher gehört die kasuistische Argumentation, die für jeden Einzelfall eine eigene Betrachtung erfordert, ebenso wie der Utilitarismus mit seinem Prinzip der Glücksmaximierung. Gemeinsam ist allen Theorien, die im Folgenden vorgestellt werden: Die Gründe, die gegen sie sprechen, sind so zwingend, dass sie nicht als ernst zu nehmende Optionen für eine Rechtfertigung ethischer Handlungsgrundsätze in Frage kommen.

6.1 Dogmatismus

Am Einfachsten ist dies beim Dogmatismus (δόγμα/*dọgma*: Meinung, Lehrsatz) in seinen verschiedenen Ausprägungen zu sehen. Strukturell unterscheiden sich religiöse Ansätze hier nicht von weltanschaulich motivierten; denn sie gründen sich gleichermaßen auf wenigstens eine zentrale Behauptung, deren Gültigkeit unter keinen Umständen in Frage gestellt wird. Ob es sich dabei um die Behauptung handelt, es gebe ein höheres Wesen, oder um die Behauptung, eine Gruppe von Menschen sei allen anderen – etwa aufgrund ihrer Zugehörigkeit zu einer Elite oder einer bestimmten Rasse – überlegen, oder um die Behauptung, nur die Partei oder ihr Führer kennten die wahren Bedürfnisse der Menschen (und nur sie seien deshalb in der Lage, durch ihre Vorschriften etwa den paradiesischen Endzustand der Geschichte herbeizuführen), spielt keine Rolle. Behauptungen dieser Art erfordern alle gleichermaßen einen blinden Akt des Glaubens und schließen jede weitere ernsthafte Diskussion aus.

Der entscheidende Einwand gegen eine Ableitung ethischer Prinzipien aus Glaubenssätzen liegt auf der Hand: Die „Begründung" kann allenfalls diejenigen überzeugen, die zu einem entsprechenden Glaubensakt bereit sind. Für alle anderen, d.h. alle diejenigen, die nicht gewillt sind, das Dogma zu akzeptieren, bleibt die Argumentation unplausibel – und zwar schlicht deshalb, weil sie deren Voraussetzung nicht teilen. Indem dogmatische Modelle die Möglichkeit einer Kritik an ihrem obersten Grundsatz kategorisch ausschließen, verletzen sie überdies ein wesentliches Merkmal jeder philosophischen oder wissenschaftlichen Begründung: Sie sperren sich gegen die unparteiische Überprüfung. Es ist sicher kein Zufall, dass dogmatische Systeme in ihren historischen Ausprägungen auf Einwände in aller Regel nicht mit Argumenten, sondern mit Unterdrückung und physischer Gewalt reagieren. Die Geringschätzung des Individuums, die sich im Arsenal engagierter dogmatischer „Überzeugungsarbeit" artikuliert – soziale Ächtung, Internierung, Gehirnwäsche, Folter etc. –, widerspricht nicht nur dem aufgeklärten Menschenbild der Moderne, sondern es disqualifiziert solche Ansätze als ernst zu nehmende ethische Rechtfertigungsmodelle von vornherein. Wer nicht bereit ist, seine Meinung mit Argumenten zu vertreten, wer die Diskussion über seine Voraussetzungen schlicht verweigert, wer auf Kritik an seinen Behauptungen mit „Inquisition", „heiligen" Kriegen oder dem Gulag reagiert, kann der Suche nach der besten Begründung offensichtlich nichts abgewinnen.

Dogmatismus schließt jede offene und unvoreingenommene Diskussion aus

6.2 Naturalismus und evolutionäre Ethik

Der Naturalismus ist aus einem anderen Grund zur Rechtfertigung ethischer Grundsätze ungeeignet. Die Kernthese dieses Ansatzes lässt sich auf die folgende Formel bringen: „Ethische Begriffe, Aussagen und Phänomene lassen sich auf nicht-ethische (naturwissenschaftliche) Begriffe, Aussagen und Phänomene reduzieren". Der Naturalismus bestreitet also, dass es einen eigenständigen Gegenstandsbereich des Ethischen gibt; seine Strategie ist es, in den Worten G. E. Moores, „für ‚gut' eine bestimmte Eigenschaft eines natürlichen Gegenstandes oder einer Anzahl natürlicher Gegenstände einzusetzen und auf diese Weise die Ethik durch eine bestimmte Naturwissenschaft zu ersetzen", wobei „Natur" oder „natürlich" al-

Ethik auf naturwissenschaftlicher Grundlage?

les das umfassen soll, was Gegenstand der Naturwissenschaften sein kann [Moore (1903) 77 f.].

Die Attraktivität des ethischen Naturalismus geht im Wesentlichen auf zwei Faktoren zurück. Erstens steht dieser Ansatz im Einklang mit dem wissenschaftlichen Natur- und Weltverständnis der Neuzeit und greift für seine Argumentation ausdrücklich nicht auf Annahmen zurück, die diesen Rahmen verlassen. Dadurch ergibt sich zweitens eine Erklärung unserer sozialen Praxis, die sich auf weithin akzeptierte Voraussetzungen stützen kann. Ein ethischer Naturalismus verspricht so einen ethischen Kognitivismus auf der Grundlage der modernen Naturwissenschaften; deren Erfolg begründet seine Überzeugungskraft. Herausragend unter den Versuchen, ethische Grundsätze „naturalistisch" herzuleiten, ist die sogenannte „evolutionäre Ethik". Ihr Grundgedanke besteht darin, ethische Prinzipien und Verhaltensweisen als einen *Vorteil im Überlebenskampf* zu deuten. Wenn sich belegen lässt, dass „ethische" Gebote und Verbote für das Funktionieren menschlicher Gemeinschaften von Vorteil sind und dass der Zusammenschluss zu Gemeinschaften einen Selektionsvorteil für deren Mitglieder darstellt, wäre damit in der Tat eine einleuchtende Erklärung dafür gefunden, dass Menschen sich an ethischen Grundsätzen orientieren. Auch wäre damit die weite Verbreitung ethischer Regeln zu erklären: Individuen, die sich grundsätzlich gegen ethische Prinzipien sträuben, sind im Überlebenskampf auf Dauer im Nachteil. Es ist für sie erheblich schwerer, ihre Gene erfolgreich weiterzugeben.

Ethische Prinzipien als Selektionsvorteil im Überlebenskampf?

Auch gegen diesen Ansatz gibt es durchschlagende Einwände, selbst wenn er auf den ersten Blick durchaus attraktiv ist. Erstens: Ethische Grundsätze fordern oft zur Überwindung des Eigeninteresses auf, gerade die Evolutionstheorie aber führt das Überleben des Individuums in erster Linie darauf zurück, dass es seine eigenen Interessen wahrnimmt und dabei erfolgreicher ist als die Konkurrenz. Vor allem aber, zweitens: Eine *Erklärung* des Zustandekommens ethischer Prinzipien, wie gut verankert in einer empirischen Theorie sie auch sein mag, ist keine *Rechtfertigung* ihrer Geltung. Selbst wenn das Vorhaben einer naturalistischen Reduktion der Ethik in weiten Teile gelänge, so würden wir dadurch immer noch keine Begründung dafür erhalten, warum wir so und nicht anders handeln *sollen*. Kurz: Eine naturalistische Theorie erklärt allein historische *Ursachen*, sie liefert keine Gründe für oder gegen die Geltung bestimmter ethischer Prinzipien. Der Hinweis auf biologische Tatsachen hilft uns in der Frage, wie wir handeln *sollen*, nicht weiter.

Literatur
Bayertz (1988); Huxley (1894); Moore (1903); Nagel (1979); Sober (1994); Spencer (1879)

6.3 Kasuistik

Entscheidungen ohne Regeln?

Ebenso ungeeignet für die Begründung der Ethik wie dogmatische oder naturalistische Theorien ist ein kasuistisches Vorgehen (lat. *casus*: Fall), wie es vor allem im Bereich der Rechtsprechung stellenweise üblich ist. Zwar sind manchmal erhebliche Anstrengungen nötig, um allgemeine ethische Prinzipien auf spezifische Situationen anzuwenden, daraus aber zu schließen, Ethik solle deshalb doch ganz auf Grundsätze verzichten und jeweils konkret und fallweise entscheiden, ist dennoch abwegig. Erstens: Wenn eine Entscheidung nicht vollkommen zufällig sein soll, muss sie nach irgendwelchen Kriterien oder Regeln gefällt werden – andernfalls kann man kaum von einer bewussten „Entscheidung" sprechen. Dieser Bezug auf Regeln lässt sich nicht durch die Konzentration auf Einzelfälle umgehen. Insofern wäre eine „kasuistische Ethik" ein durchsichtiges Manöver, um sich der Diskussion über Regeln und Grundsätze zu entziehen. Zweitens: Auch durch die naheliegende Berufung auf eine Liste von Präzedenzfällen ist in der Sache nichts gewonnen. Denn offensichtlich unterliegen auch sie dem gleichen Einwand: Entweder wurde zu einem früheren Zeitpunkt zufällig so und nicht anders „entschieden", oder aber die Entscheidung ist das Ergebnis einer Abwägung nach Regeln und Grundsätzen – und damit nicht im eigentlichen Sinn kasuistisch. In diesem Fall diente das Etikett „kasuistisch" also eher der Verschleierung der Tatsache, dass hier Entscheidungen nach Prinzipien getroffen werden, die uneingestanden und unreflektiert bleiben.

6.4 Utilitarismus

Betrachten wir abschließend den Utilitarismus (lat. *utilitas*: Nützlichkeit, Nutzen). Die Wirkung dieser Theorie und ihr Erfolg reichen weit über die Fachphilosophie hinaus, und sie wird bis heute als ernsthafte Begründungsoption für ethische Grundsätze propagiert. Bekannte Vertreter dieses Ansatzes in der aktuellen Fachdebatte sind etwa Richard B. Brandt; J. J. C. Smart, Michael Slote und Peter Singer.

Die Geschichte des Utilitarismus beginnt im Großbritannien des 18. und 19. Jahrhunderts. In seiner klassischen Form ist er besonders mit den Namen Jeremy Bentham (1748–1832) John Stuart Mill und, zu einem geringerem Maß, Henry Sidgwick (1838–1900) verbunden. Bentham gilt dabei gemeinhin als sein eigentlicher „Erfinder“, auch wenn er selbst den Ausdruck „Utilitarismus“ nicht verwendete. Auf den ersten Seiten der *Einführung in die Grundsätze von Moral und Gesetzgebung* (*Introduction to the Principles of Morals and Legislation*) von 1789 formuliert er dennoch bereits den zentralen Gedanken der Theorie:

> „Mit dem Utitlitätsprinzip ist das Prinzip gemeint, das jede Handlung jeweils danach zustimmend oder ablehnend bewertet, ob sie in ihrer angenommenen Tendenz das Glück der betroffenen Partei vergrößert oder verringert: oder, was dasselbe heißt: dieses Glück fördert oder behindert. Ich betone, [dies gilt] gleichermaßen von jeder Handlung; und daher nicht nur von jeder Handlung einer Privatperson sondern von jeder Maßnahme der Regierung“ [Bentham (1781) 1.2].

In einer gut 70 Jahre späteren Darstellung heißt es bei Mill 1863 ganz ähnlich, ein Utilitarist zeichne sich dadurch aus, dass er die Auffassung vertrete, „dass Handlungen jeweils richtig sind, wenn sie eine Tendenz haben, Glück (*happiness*) zu fördern, falsch, wenn sie die Tendenz haben, das Gegenteil von Glück hervorzubringen“. Und er erläutert sofort: „Glück zielt auf Lust und die Abwesenheit von Unlust; Unglück zielt auf Schmerz und die Abwesenheit von Lust“ [Mill (1863) 2.2; vgl. 2.10].

Merkmale der klassischen Position

Im Gegensatz zu früheren britischen Denkern wie Francis Hutcheson oder David Hume, die der Nützlichkeit *neben* anderen Kriterien – wie etwa einem ursprünglichen Wohlwollen – ebenfalls bereits eine wichtige Rolle für die Erklärung und Bewertung menschlichen Handelns beimaßen, erheben Utilitaristen nun das Glücks- oder Nützlichkeitsprinzip zum *alleinigen* Maßstab. Schon in den Anfängen der Theorie erfährt es eine *hedonistische* Interpretation: Glück hat mit „Lust“, Unglück mit „Schmerz“ oder „Leid“ zu tun [Bentham (1781) 1.1; Mill (1863) 2.2]. In *normativer* Hinsicht verbinden seine Befürworter es darüber hinaus mit einer Maximierungsforderung. Es geht dann darum, die Bilanz nicht nur zu *verbessern*, sondern darum, das Glück zu *maximieren*, und zwar für alle von einer Handlung Betroffenen [Bentham (1781) 1.1 Fn. 1; Mill (1863) 2.9; Sidgwick (1874) 411]. Und schließlich deuten die gerade zitierten Passagen bereits ein weiteres Merkmal an, das die klassische Theorie auszeichnet: Die wichtige Stellung der Handlungsfolgen. Diese grundsätzlichen Thesen und Merkmale, die bereits die klassische Position des 18. und 19. Jahrhunderts kennzeichnen, sind bis heute einschlägig. Auch moderne Verfechter der Theorie übernehmen sie ohne große Änderungen für ihre Argumentation.

Die Vorzüge der Theorie sind offensichtlich. Sie kommt mit *einem einzigen* obersten Prinzip aus. Dieses ist zudem einfach, durchsichtig und intuitiv einleuchtend. Dadurch scheint dieser Ansatz ohne weiteres praxistauglich zu sein. Nicht nur gerät ein einziges Prinzip, anders als eine Liste von Grundsätzen, wie sie etwa die Tugendethik vorschlägt, nicht so leicht in Konflikt mit sich selbst und lässt auch in schwierigen Situationen auf klare Antworten hoffen, sondern das Nützlichkeitsprinzip vermeidet, wenigstens in seiner hedonistischen Interpretation, zugleich auch das Akrasia-Problem. Menschen sind bereits von sich aus dazu motiviert, Schmerzen bzw. Unlust zu vermeiden und ihr Gegenteil herbeizuführen. Das bedeutet: Wenn eine Handlung im Verhältnis dazu „gut" sein soll, wie sie Unlust vermeidet und Lust herbeiführt, so wird es kaum eine Lücke zwischen der *Erkenntnis* des Guten und dem *Handeln* nach dieser Erkenntnis geben. Diese Vorzüge, die der Utilitarismus auf den ersten Blick ohne Zweifel besitzt, haben der Theorie zu einer eindrucksvollen Karriere nicht nur in der Philosophie, sondern auch in den Wirtschafts- und Sozialwissenschaften verholfen. In der Philosophie wird er bis heute besonders von vielen angelsächsischen Denkern als eine echte Alternative zur Ethik Kants gehandelt; in den Wirtschaftswissenschaften wird seine ökonomische Brauchbarkeit spätestens seit Arthur Cecil Pigous (1877–1959) wirkungsmächtiger Monografie *The Economics of Welfare* (1920) eingehend diskutiert [s. auch Sen (1970)]. Und viele aktuelle politische und sozialpolitische Entscheidungen orientieren sich implizit oder explizit am Grundgedanken dieser Theorie.

Auch hier stehen den Vorteilen eine Reihe von Schwierigkeiten gegenüber. Zunächst zu den Standardeinwänden. Diese wurden zum Teil bereits von den klassischen Vertretern des Utilitarismus selbst diskutiert. Das vielleicht wichtigste Problem der Theorie stellt die Gerechtigkeit dar. Der Einwand lautet, die Forderung, das Glück per Saldo zu *maximieren*, führe hier zu kontraintuitiven Konsequenzen; d. h. durch das Utilitätsprinzip würden einige Handlungen als gut und wünschenswert ausgezeichnet, die unserem Gerechtigkeitsempfinden eklatant zuwiderlaufen. So müssten im Namen dieses Prinzips unter Umständen Menschen zu drastischen Strafen

Das Utilitätsprinzip führt zu Ungerechtigkeit

verurteilt werden, obwohl das Gericht weiß, dass sie unschuldig sind – nämlich dann, wenn hinreichend viele andere Menschen davon einen Vorteil haben, die Gesamtbilanz sich also durch diese Maßnahme verbessert. Ebenso wären Minderheiten zu unterdrücken, wenn dies die Gesamtbilanz an Glück verbessert. Und auch gegen eine feudale oder sklavenhalterische Gesellschaft, die von der Ausbeutung einer Minderheit lebt, wäre unter utilitaristischen Vorzeichen nichts einzuwenden, solange dadurch insgesamt mehr Glück erzeugt wird als Unglück entsteht. Die Liste der Beispiele lässt sich beliebig fortsetzen. Der Gerechtigkeitseinwand ist nach Mill denn auch der *einzige*, der ernsthaft gegen den Nützlichkeitsstandpunkt in Stellung gebracht werden kann [s. Mill (1863) 5.58]. Im umfangreichsten fünften Kapitel seiner Abhandlung setzt er sich entsprechend ausführlich mit ihm auseinander. Die Lösung, die er dort anbietet, kann allerdings nur dann überzeugen, wenn man seine Einschätzung teilt und meint, Gerechtigkeit sei *nur dann* etwas Positives, wenn sie im Dienst der Glücksmaximierung steht. Trotz einer großen Zahl weiterer subtiler Argumente – einen guten Überblick über die verschiedenen Aspekte der Gerechtigkeitsdiskussion gibt Frey (1985) – bleibt dies aus utilitaristischer Sicht wohl tatsächlich die erfolgreichste Strategie, um dem Einwand entgegenzutreten, auch um den Preis, dass die entsprechende Bedeutungsverengung des Gerechtigkeitsbegriffs unser Alltagsverständnis dieser Tugend verfehlt. Weit weniger überzeugend ist es, eine Umkehr der Beweislast zu fordern, wie es auch in der modernen Diskussion immer wieder vorgeschlagen wird [für ein neueres Beispiel s. Höffe (1992) 299].

Glücksmaximierung und das „Greatest Happiness Principle"

Ein zweiter Standardeinwand entsteht dem Utilitarismus aus der Forderung, die (Gesamt-) Bilanz an Glück zu erhöhen, oder, wie es bereits sowohl Bentham als auch Mill – mit ihrem „Greatest Happiness Principle" – fordern, sie sogar zu *maximieren*. Dies setzt nämlich eine Abwägung der Folgen voraus, die in mehrfacher Hinsicht problematisch ist. Es sei an dieser Stelle nur auf zwei offensichtliche Probleme hingewiesen. Erstens: Die Folgen einer Handlung sind zufällig und nicht mit Sicherheit vorherzusagen. Deshalb fällt die Entscheidung schwer, auf welche Weise Folgen in die Bewertung eingehen sollen. Sollen die wahrscheinlichen oder auch die unwahrscheinlichen, die direkten und naheliegenden oder auch die indirekten und entfernteren Folgen für unsere Überlegungen eine Rolle spielen? Erschwerend kommt hinzu, dass wir normalerweise nicht wirklich glauben, der ethische Wert einer Handlung sei von

Die Verrechnung von Glück

Vorhersagen abhängig. Zweitens: Selbst wenn die Folgen, die in der Überlegung zu berücksichtigen sind, hinreichend genau bestimmt werden könnten, so bliebe weiterhin unklar, wie deren Glückswerte ermittelt und gegeneinander verrechnet werden sollen. Auch diese Schwierigkeit wird bereits von Bentham und Mill diskutiert. Bentham begegnet ihr dadurch, dass er Lust bzw. Glück als eine rein *quantitative* Größe bestimmt. So sollten sich dann diskrete Glückseinheiten ermitteln lassen, die gegeneinander verrechnet werden können. Auf diesen naheliegenden Gedanken greifen auch moderne wohlfahrtsökonomische Ansätze gern zurück. Bedauerlicherweise löst Benthams Vorschlag das Problem aber nicht, denn so sparsam er in seinen Voraussetzungen ist, so wenig überzeugend ist es, völlig verschiedene *Arten* von Lust oder Glück miteinander zu vergleichen. Außerdem ist es fraglich, ob Lust aus verschiedenen und sogar aus gegensätzlichen *Quellen* so einfach gegeneinander verrechnet werden kann. Sind Lust aus wohlwollenden Handlungen und Lust aus Sadismus, Lust aus gemeinnützigem und Lust aus antisozialem Verhalten tatsächlich gleich zu bewerten? Diese Bedenken lassen Mill später eine *qualitative* Differenzierung von Glück bzw. Lust vorschlagen. Doch auch dagegen gibt es Einwände. Zum einen ruft dieser Vorschlag, das Problem der Be- und Verrechnung von Lust und Unlust erneut auf den Plan: Wie soll die Lust, die jemand aus einem gelungenen Abend zieht, mit der Unlust aus einem Strafmandat verrechnet werden? Zum anderen hat das von Mill vorgeschlagene Modell der „Experten", die zwischen den „wertvolleren" und den „weniger wertvollen" Formen der Lust oder des Glücks unterscheiden sollen [Mill (1863) 2.5 ff.], den großen Nachteil, dass die Frage ungelöst bleibt, was geschieht, wenn – wie das gerade bei „Experten" vorkommt – das Urteil nicht einhellig ausfällt. Soll in diesem Fall die Mehrheit den Ausschlag geben? Und was, wenn die eine Hälfte der „Experten" gegen die andere steht – soll dann das Los entscheiden? Wie schon der Gerechtigkeitseinwand hat auch das Problem der Abschätzung und Bewertung von Handlungsfolgen eine uferlose Diskussion nach sich gezogen.

Schließlich gibt die Maximierungsforderung in diesem Zusammenhang Anlass für noch einen weiteren ernst zu nehmenden Einwand. Er wurde schon früh von William Paley (1743–1805) [s. Paley (1785)] in die Diskussion gebracht und ist kürzlich von Derek Parfit (*1942) mit großem Erfolg wiederbelebt worden. Der Gedanke ist folgender: Wenn es bei der Betrachtung der Folgen einzig und allein um die Maximierung der Glücksmenge geht, so läuft dies zwangsläufig auf das Gebot hinaus, die Bevölkerungszahlen mit allen Mitteln solange in die Höhe zu treiben, wie das Leben für den Einzelnen gerade noch einen positiven Glückssaldo aufweist. Denn offensichtlich erfüllt ein solcher Weltzustand die Maximierungsforderung in beispielhafter Weise allein schon aufgrund der *enormen* Zahl von Menschen, die in der Bilanz gerade noch glücklich sind. Nicht zu Unrecht nennt Parfit diese Konsequenz „repugnant", abstoßend [Parfit (1984) 388 ff.].

Der Paley/Parfit-Einwand gegen die Maximierungsforderung

Auf einige weitere Schwierigkeiten soll an dieser Stelle nur hingewiesen werden, ohne ausführlichere Diskussion. Erstens: Entweder kann im Utilitarismus jede nur mögliche Handlung, also auch Sklaverei, Folter und Mord, ethisch gerechtfertigt werden, solange sich dadurch der Glückssaldo *insgesamt* erhöht, oder aber sein oberstes Prinzip muss durch starke Zusatzannahmen ergänzt werden, um einige Wege der Glücksmaximierung auszuschließen. Zweitens: Auch wenn man die schon genannten Schwierigkeiten mit der Bewertung und Verrechnung von Handlungsfolgen einmal außer acht lässt, so bleibt immer noch unklar, wann in einer utilitaristischen Theorie der ethische Gehalt von Handlungen feststehen kann: Erst am „Ende der Zeit", wenn (theoretisch) wirklich alle Wirkungen zusammengerechnet werden könnten? Oder soll oder muss die Aufrechnung der Folgen an irgendeinem Punkt abbrechen, damit in der Praxis überhaupt eine Bewertung möglich ist? Wenn man sich für diese Option entscheidet, so stellt dies unsere Bewertungen auf eine Grundlage, die von Willkür und Zufall geprägt ist – was dem Vorhaben der Ethik, der Suche nach verlässlichen Prinzipien, offensichtlich zuwiderläuft. Drittens: Wenn Glück hedonistisch interpretiert wird, wenn es also allein darum geht, ein möglichst großes Übergewicht von Lust über Unlust herzustellen, liegt es nahe, das Ideal ohne Umwege zu erreichen, durch psychoaktive Chemikalien etwa oder durch eine virtuelle „Erlebnismaschine", die dem Individuum ohne (schmerzhafte) Nebenwirkungen fortgesetzt höchste Lust beschert. Gemäß ihrer eigenen Argumentation müssten (hedonistische) Utilitaristen es begrüßen, sich zur Lustmaximierung dauerhaft in virtuelle oder chemisch induzierte Parallelwelten zurückziehen zu können – eine in ihrer Allgemeinheit eher wenig überzeugende Annahme.

Weitere Fragen

Verfechter des Utilitarismus sind den Schwierigkeiten und Einwänden – die gerade genannten sind eine sehr unvollständige Auswahl – mit immer neuen Modifikationen der Theorie entgegengetreten, so dass es heute eine fast unüberschaubare Vielfalt „utilita-

Varianten des Utilitarismus

ristischer" Positionen und eine große Zahl zum Teil stark divergierender Varianten dieses Ansatzes gibt. Fast hinter jeder Unterscheidung, welche die Theorie im Lauf der Zeit bereichert hat, verbirgt sich die Reaktion auf einen möglichen Einwand. So gibt es Varianten, die einzelne Handlungen (Akt-Utilitarismus) und solche, die Handlungsregeln betrachten (Regel-Utilitarismus), so gibt es positive und negative Formen des Utilitarismus und Ansätze, die sich vor allem mit den Vorlieben und Abneigungen des Menschen beschäftigen (Präferenz-Utilitarismus), Versionen, die den Durchschnittsnutzen betrachten, und solche, für die der Gesamtnutzen entscheidend ist, Varianten, für die allein die Quantität des „Glücks" wichtig ist, und solche, die auch dessen Qualität berücksichtigen. Kurz: „Utilitarismus" ist heute eine Sammelbezeichnung für Theorien, die versuchen, Entscheidungen und Handlungen im Rückgriff auf Kosten-Nutzen-Erwägungen und das Ziel der Verbesserung des Glückssaldos zu rechtfertigen. Dabei sind die bisher genannten Schwierigkeiten und Einwände allesamt „interne" Probleme der Theorie, die die verschiedenen Varianten unterschiedlich stark in Bedrängnis bringen.

Gravierender ist denn auch ein weiterer Einwand, der sich auf die zentrale Voraussetzung der Theorie bezieht, alle Menschen strebten nach Glück. Kann er überzeugen, dann ist es in der Tat fraglich, ob der Utilitarismus – und zwar in allen seinen Spielarten – überhaupt als ernsthafte Option für die Rechtfertigung ethischer Grundsätze in Frage kommt. Es steht zwar außer Frage, dass „Glück" eines der Ziele ist, die Menschen tatsächlich verfolgen, doch die sehr viel stärkere Behauptung, auf die die Argumentation des Utilitarismus abstellt, nämlich dass *alle* Menschen das Streben nach Glück als den obersten Grundsatz ihres Handelns anerkennen, ist absurd. Hinlänglich groß ist die Zahl der Fälle, in denen die Verfolgung anderer „oberster" Ziele als der Glückseligkeit offensichtlich ist: das Streben nach „Wahrheit" unter Inkaufnahme großer persönlicher und kollektiver Einbußen an Glück; der Versuch, seine Macht zu erhalten, um den Preis erheblichen eigenen und kollektiven Leids; oder auch Handlungen, die, beispielsweise vom Rachegedanken geleitet, explizit die Verminderung des Glückssaldos einiger oder sogar aller Beteiligten, den Handelnden eingeschlossen, zur Folge haben. Friedrich Nietzsche behauptete deshalb sogar: „Der Mensch strebt nicht nach Glück; nur der Engländer thut das" [Nietzsche (1889) 55.12].

Das Streben nach Glück als oberstem Ziel ist nicht universell

Selbst wenn Nietzsches polemische Zuspitzung zu stark ist: Bereits die schwächere Behauptung, nicht alle Menschen strebten in erster Linie nach Glück, ist für den Utilitarismus mehr als unerfreulich, denn schließlich baut die gesamte Theorie auf der Voraussetzung auf, ausnahmslos jedes menschliche Handeln sei in letzter Konsequenz auf genau dieses Prinzip zurückzuführen [Bentham (1781) 1.12; Mill (1863) 1.4; 2.2f.; 2.9f.]. Vor allem weil sich die „Nützlichkeit", die dem Utilitarismus seinen Namen gibt, allein über Glück definiert, bekräftigt Jeremy Bentham, dass wer die universale Gültigkeit dieses Grundsatzes in Frage stellt, sich entweder nicht im Klaren über die Konsequenzen seiner Äußerungen ist oder sich in einen performativen Widerspruch verstrickt [Bentham (1781) 1.11–1.14]. Rhetorischer Nachdruck kann allerdings ebensowenig ein Argument ersetzen wie die Gegenbeispiele ausräumen. Um als Theorie nicht von vornherein unplausibel zu sein, muss der Utilitarismus also mehr unternehmen, als seine zentrale Voraussetzung kategorisch zu bekräftigen.

Zwei Strategien drängen sich in diesem Zusammenhang auf. Die erste besteht darin, den Glücksbegriff so umfassend zu formulieren, dass unter ihn tatsächlich alles fällt, was Menschen überhaupt als oberstes Ziel erstreben oder erstreben können. Martin Seel merkt in seinem *Versuch über die Form des Glücks* an, dies sei in der Tat die Strategie des Benthamschen Utilitarismus – sowie auch diejenige Kants, in dessen Theorie, wie wir gesehen haben, der Glücksbegriff allerdings keine überragende Rolle spielt. Die moderne Ethik, so bemerkt Seel, „wollte, wenn überhaupt, mit einem leeren Glücksbegriff auskommen. Denn es schien Bentham, Kant und ihren Nachfolgern aussichtslos und auch gefährlich, einen nicht-trivialen allgemeinen Begriff des menschlichen Glücks zu entfalten" [Seel (1995) 50]. Auf diesem Weg würde der Einwand per Definition beseitigt. Ob sich dadurch allerdings auch nur die eben genannten Beispiele für andere oberste Ziele überzeugend auf die Glückseligkeit zurückführen lassen, ist dennoch zweifelhaft. Eine Verfolgung der Wahrheit ohne Rücksicht auf den persönlichen oder kollektiven Glückssaldo mag man unter dieser Voraussetzung noch mit dem Hinweis umdeuten können, dass die Glücksbilanz sich wenigstens langfristig erhöht. Schwieriger wird es aber schon beim Machterhalt um jeden Preis und vollends unmöglich vermutlich im zuletzt genannten Fall, in dem die Verminderung des kollektiven Glückssaldos ausdrücklich angestrebt oder doch zumindest in Kauf genommen wird. Der Preis für dieses argumentative Manöver ist zudem nicht gering. Denn durch eine derart allgemeine Bestimmung wird „Glück" zu einer nichtssagenden Variable für das, wonach Men-

Definitorische Inflation des Glücksbegriffs...

schen streben. Die Behauptung „Alle Menschen streben in letzter Konsequenz nach Glück" formulierte dann den trivialen Sachverhalt, dass Menschen überhaupt Ziele verfolgen. Oder anders: Eine derart allgemeine Fassung seines obersten Prinzips würde den Utilitarismus als Theorie ausweisen, die im besten Fall der Verrechnung des Nutzens oder des Lustgewinns dient, den Individuen aus den Tätigkeiten ziehen, die ihnen nützen oder Lust verschaffen. Vor allem das Versprechen, das bereits die klassischen Vertreter des Utilitarismus mit ihrer Theorie verbunden hatten, nämlich ethische Prinzipien zu begründen, bliebe uneingelöst.

Die Alternative zur definitorischen Inflation des Glücksbegriffs ist die entgegengesetzte Strategie, also eine *genauere* inhaltliche Bestimmung von Glück, verbunden mit dem Nachweis, dass alle Menschen in der Tat genau dieses nun näher spezifizierte Glück als oberstes Ziel anstreben. Wenn dies gelingt, wäre der Einwand tatsächlich gegenstandslos. Misslich ist allerdings, dass es, wenn überhaupt, auch hier nur mit großem Aufwand gelingen dürfte, Fälle wie die oben genannten zu integrieren: Es lässt sich kaum vorstellen, wie das Bestreben, die eigene Macht um jeden Preis zu erhalten, oder auch die Verfolgung von Rachegelüsten, Teil einer spezifischen Glückskonzeption sein können, die auch nur in einem weiten Sinn „ethisch" zu nennen wäre. Sollte der Utilitarismus wegen dieser Schwierigkeit von vornherein mit der Einschränkung antreten, eine Theorie nur für diejenigen Menschen zu sein, deren oberstes Ziel seiner nun näher spezifizierten Glückskonzeption entspricht, so gäbe er damit offensichtlich den universalistischen Anspruch auf, für *alle* Menschen zu gelten.

... oder unplausible Spezifizierung

Egal mit welcher dieser beiden Strategien der Utilitarismus also versucht, dem Einwand entgegenzutreten, die Grundvoraussetzung seiner gesamten Argumentation sei unzutreffend: Er befindet sich in einem echten Dilemma. Entweder wird er zu einer nichtssagenden Theorie, die ihre anfängliche Überzeugungskraft allein der Tatsache verdankt, dass sie ihr oberstes Ziel so unbestimmt lässt, dass es jedem freisteht, hier seine individuellen Vorlieben einzusetzen. Oder aber er operiert mit einem spezifischen Glücksbegriff, was seine Attraktivität als allgemeingültige Rechtfertigung ethischen Handelns untergräbt. So hängt die intuitive Überzeugungskraft des Utilitarismus wohl tatsächlich wesentlich davon ab, dass er die Diskussion über sein oberstes Prinzip auszublenden vermag. Leicht gemacht wird ihm dies nicht zuletzt dadurch, dass er sich innerhalb des Rahmens, in dem er diskutiert wird, auf ein Vorverständnis von Glück berufen kann, das einer weitgehend homogenen Wertegemeinschaft entstammt. Sowohl zu seiner Entstehungszeit als auch heute trifft er auf Diskussionsteilnehmer, die kaum wirklich divergierende Grundwerte vertreten: Der gebildeten Oberschicht des britischen Empire entspricht der akademische Diskurs einer „Scientific Community", die in weiten Teilen einem westlich geprägten Wertekanon anhängt. Um es kurz zu machen: Bei genauerer Betrachtung stellt sich die vermeintliche Stärke des Utilitarismus – die Offenheit des Glücksbegriffs für eine Präzisierung durch jeweils individuelle Vorstellungen – als seine *entscheidende* Schwäche heraus. Der Anspruch, mit dem der Utilitarismus auftritt, nämlich ein Modell zur Verfügung zu stellen, das alles menschliche Handeln erklärt und einen allgemeingültigen Grundsatz ethischen Handelns formuliert [z.B. Bentham (1781) 1.12], ist maßlos überzogen. Eine Theorie, deren entscheidende Voraussetzung falsch ist, wird auch dadurch nicht richtiger, dass sie bei oberflächlicher Betrachtung einfach und plausibel erscheint. Und obwohl der Utilitarismus, besonders in Ökonomie und Politik, bis heute viele Anhänger hat, ist er bei genauerer Betrachtung keineswegs eine echte Alternative zu den in Abschnitt 5 vorgestellten Begründungsmodellen, selbst wenn seine Anhänger dies häufig, gerne und mit Nachdruck behaupten.

These

Eine Entscheidung oder Handlung ist genau dann ethisch gut, wenn sie das Glück aller fördert (maximiert) und ihr Unglück verringert (minimiert).

Kennzeichen (der „klassischen" Position)

- Handlungsfolgen spielen die überragende Rolle bei der ethischen Bewertung
- wägt Kosten und Nutzen gegeneinander ab;
- das „Glück" der Menschen wird durch Lust und Unlust spezifiziert;
- ist dem Anspruch nach universalistisch.

Vor- und Nachteile der Position

\+ Intuitiv plausibel;
\+ dem ersten Anschein nach einfach und praxisnah;
– eine große Zahl interner Probleme u.a. im Hinblick auf „Gerechtigkeit", die Verrechnung unterschiedlicher Glücks-

momente, die Berücksichtigung und Abwägung von Handlungsfolgen;
- die grundlegende Voraussetzung der Theorie ist falsch: Das Streben nach Glück ist weder universell noch exklusiv.

Literatur
Bentham (1781), (1843); Brandt (1963), (1979), (1992); Frey (1985); Hutcheson (1725); Mill (1863); Seel (1995); Sen (1970); Shaw (1999); Sidgwick (1874); Singer (1979); Slote (1985); Smart/Williams (1973)

7 Übungen

Übung 1: Auserwählt

Jahrelang sind Sie öffentlich dafür eingetreten, auch denjenigen offen und tolerant zu begegnen, deren Lebensentwürfe und Meinungen stark vom Mehrheitskonsens abweichen. Dies hat Sie zu einem gefragten Ansprechpartner in dieser Frage gemacht; Ihr Wort hat Gewicht. Wieder einmal werden Sie zu einer Podiumsdiskussion eingeladen. Doch dieses Mal sind nicht nur die üblichen Worthülsenproduzenten geladen. Die Redaktion des neuen Formats „Schlau durch Radau" hat sich erfolgreich bemüht, auch eine bekannte Person auf das Podium zu bekommen, deren erklärtes Ziel die Abschaffung der Meinungsvielfalt ist. Natürlich handelt es sich um jemanden, der dies so geschickt betreibt, dass die Staatsanwaltschaft bisher nicht ernsthaft etwas in der Hand hat. Dies ändert allerdings nichts an den tatsächlichen Zielen dieses Menschen, nämlich Ihre demokratische Gesellschaft in einen totalitären Staat auf der Basis einer fanatischen Auserwähltheitslehre umzuwandeln.

Ordnen Sie die verschiedenen Antworten jeweils einem der oben vorgestellten Rechtfertigungsmodelle zu, treffen Sie eine eigene Entscheidung und begründen Sie sie.

- Sie begreifen die Einladung als Chance: Schließlich geht es ja gerade darum, Toleranz auch dann zu üben, wenn es einmal etwas ungemütlicher wird.
- Sie lehnen die Einladung ab: mit radikalen Vertretern der Intoleranz erübrigt sich die Diskussion. Natürlich hoffen Sie, dass alle Gäste, die ebenso wie sie selbst für eine tolerante Gesellschaft eintreten, ähnlich handeln und damit der Redaktion von „Schlau durch Radau" eine Strich durch die Rechnung machen.
- Mit gemischten Gefühlen folgen Sie der Einladung. Sie ahnen, dass es schwer sein wird, dem geschickten Demagogen der Intoleranz überzeugend entgegenzutreten. Sie glauben aber, dass eine Verweigerung die Glaubhaftigkeit Ihres zukünftigen Eintretens für eine offene Gesellschaft stark beeinträchtigen wird.

Übung 2a: Inkasso

Sie sitzen zum Bier bei ihrem besten Freund, als zwei stämmige Eintreiber einer Inkassofirma vor der Tür stehen. Deren Forderung, das wissen Sie, ist gegenstandslos. Ihr Freund hat die geliehene Summe bereits mit Zins und Zinseszins zurückgezahlt. Als die beiden Herren versuchen, Ihren Freund einzuschüchtern, ihn bedrängen und Anstalten machen, ausgewählte Einrichtungsgegenstände einzusammeln, hat ihr Freund plötzlich das große Küchenmesser in der Hand und droht glaubhaft, es auch einzusetzen. Alle Ihre Versuche, die Situation durch Appelle an den unwillkommenen Besuch zu entschärfen, schlagen fehl. Wie verhalten sie sich?

- Hier geht es darum, einen möglicherweise nicht wieder gut zu machenden Schaden abzuwenden. Sie versuchen mit allen Mitteln, Ihren Freund von seinen Drohungen abzubringen, auch wenn Sie damit den beiden Eintreibern in die Hände spielen.
- Sie erinnern sich vage an die zwei Semester Jura, die Sie einmal studiert haben, an Begriffe wie „Hausfriedensbruch“ und „Notwehr“, greifen sich den Hockeyschläger Ihres Freundes und stehen ihm bei.
- In einem unbeobachteten Moment greifen Sie zum Handy, vertrauen auf das staatliche Gewaltmonopol und hoffen auf eine prompte Reaktion der Ordnungshüter.

Machen Sie klar, auf welche Prinzipien Sie sich für die Begründung Ihrer Antwort berufen.

Übung 2b: Die dunkle Seite der Straße

Nach einer ausgelassenen Nacht gehen Sie und Ihre beste Freundin auf das Angebot des athletischen jungen Mannes ein, Sie beide nach Hause zu bringen. Die Tatsache, dass er trotz seines jugendlichen Alters einen Neuwagen der automobilen Oberklasse fährt, macht weder Sie noch Ihre Freundin stutzig. Dass er nach kurzer Fahrt an einer einsamen und wenig beleuchteten Stelle anhält und Ihre Freundin, die neben ihm auf dem Beifahrersitz Platz genommen hat, bedrängt, allerdings schon. Sie sehen, wie Ihre Freundin in Panik nach ihrer Gaspistole greift, wohl, um sie aus nächster Nähe einzusetzen.

- Sie versuchen Ihre Freundin an ihrem Vorhaben zu hindern, um einen möglicherweise nicht wieder gut zu machenden Schaden abzuwenden, selbst wenn Sie damit dem auf einmal sehr unangenehmen jungen Mann in die Hände spielen.
- Sie erinnern sich vage an die zwei Semester Jura, die Sie einmal studiert haben, besonders an den Begriff der „Notwehr“, und durchwühlen eilig Ihre Handtasche nach dem Pfefferspray, um Ihre Freundin nach Kräften unterstützen zu können.
- Sie greifen zum Handy, vertrauen auf das staatliche Gewaltmonopol und hoffen auf eine prompte Reaktion der Ordnungshüter.

Machen Sie klar, auf welche Prinzipien Sie sich für die Begründung Ihrer Antwort berufen.

Übung 3: Strahlende Zukunft

Auf dem Weg zu Ihrem Arbeitsplatz werden Sie an der Ampel vor dem Werkstor von einigen Maskierten höflich, aber bestimmt aus Ihrem schon etwas in die Jahre gekommenen Wagen gebeten. Als Mitarbeiter der Sicherheitsabteilung haben Sie ungehinderten Zugang zur gesamten Anlage und zum Überwachungssystem des Atommeilers. Sie sollen nur einige Türen entriegeln und ein paar Sicherheitsroutinen ausschalten, dann können Sie unbehelligt gehen. Den Rest übernehmen Ihre neuen Freunde. Sollten Sie allerdings diese kleine Gefälligkeit verweigern, werden Sie wohl nie mehr eine Steuererklärung ausfüllen müssen. Um Ihr Zögern zu beenden, verbessert man das Angebot: Sie bekommen nach der Erfüllung Ihres Auftrags ihr Handy zurück, so dass Sie sofort allen Menschen, die Ihnen nahestehen, den vermutlich lebensrettenden Informationsvorsprung verschaffen können.

- ► Sie erinnern sich an die entsprechenden Diskussionen aus dem einen Semester Philosophie, das Sie hinter sich gebracht haben, bevor Ihnen klar wurde, dass Sie in einem (normalerweise) ruhigen, krisensicheren und gar nicht einmal so schlecht bezahlten Job besser aufgehoben sind. Angesichts der Gefahr für Ihr eigenes Leben und das Leben Ihrer engsten Freunde und Verwandten kommt Ihnen heute der Vorschlag, auf den sich die meisten ihrer Kommilitonen und Kommilitoninnen damals einigten, reichlich weltfremd vor, nämlich sich unter keinen Umständen zum Komplizen von Verbrechern zu machen. Um ihr eigenes Leben und das Ihrer Angehörigen zu retten, tun Sie daher, was man von ihnen verlangt.
- ► Sie gehen zum Schein auf die Forderung ein und warten auf einen günstigen Augenblick, um den Alarm auszulösen oder die Erpresser irgendwie außer Gefecht zu setzen. Vielleicht überleben Sie den heutigen Tag nicht, doch dies Risiko scheint wohl der unvermeidliche Preis dafür zu sein, das Leben unzähliger Menschen zu retten.
- ► Sie wollen auf keinen Fall die Mitschuld an einer Katastrophe tragen, die unzählige Menschen das Leben kosten wird. Sie sind sich nicht sicher, ob nicht schon ein vorgetäuschtes Eingehen auf die Forderung die Schurken ihrem Ziel gefährlich nahe bringen würde. Außerdem: Kann man von Leuten, die sich ernsthaft eine strahlende Zukunft wünschen, erwarten, dass Sie sich an Absprachen halten? Ein Kraftwerks-GAU ist mit Ihnen definitiv nicht zu veranstalten und das teilen Sie den vermummten Gestalten auch unverblümt mit.

Übung 4: Unter südlicher Sonne

Die Kreuzfahrt durch die Südsee stand von Anfang an unter einem unglücklichen Stern. Erst Ihre Tante, die sich kurz vor Fahrtantritt ein Bein gebrochen und deshalb Ihnen die Karte überlassen hatte, dann, kaum waren Sie in internationalen Gewässern, der Piratenüberfall und die Durchsage des Kapitäns, dass das Schiff am Sinken sei. Wie sich herausstellt, wurde durch das Feuergefecht nicht nur der Schiffsrumpf beschädigt, sondern es hat auch über die Hälfte der Rettungsboote und -inseln erwischt. Da Sie deutlich jünger als der Durchschnitt der Passagiere sind, gelingt es Ihnen mühelos, einen der begehrten Rettungsplätze zu erobern. Als kein Boot mehr genügend Freibord hat, um auch nur eine weitere Person aufzunehmen ohne zu kentern, schwimmen immer noch viele Menschen im Wasser. Diejenigen, die einen der begehrten Rettungsplätze ergattern konnten, beginnen in Panik mit den Riemen auf die Neuankömmlinge einzuschlagen. Wie verhalten Sie sich?

- Wer zuerst kommt, malt zuerst. Damit nicht alle untergehen, müssen Sie verhindern, dass sich weitere Personen am Boot festhalten oder sich gar an Bord ziehen. Darum helfen Sie natürlich, weitere Passagiere abzuwehren.
- Sie versuchen ihre Mitpassagiere von ihrem Tun abzubringen.
- Sie sind hin und hergerissen, können sich aber letztlich nicht dazu durchringen, sich ihren Mitpassagieren entgegenzustellen. So profitieren Sie von deren Verhalten, ohne dass Sie aktiv in das Geschehen eingreifen.

Übung 5: Glücklich in Euphorien

Während eines Austauschjahres an der Universität von Eudoxia, der Hauptstadt von Euphorien (dem Land der unbegrenzten Glückseligkeit), begegnen Ihnen einige Sitten und Gebräuche, die so gar nicht zu Ihrer Vorstellung einer Gesellschaft „glückseliger“ Menschen passen wollen. So scheint niemand in ihrem Gastland Anstoß daran zu nehmen, dass ein großer Teil des euphorischen Wohlstandes auf Sklavenarbeit und Leibeigenschaft zurückgeht. Auf Nachfrage erklärt man Ihnen bereitwillig, dass es sich hier um althergebrachte, fast schon heilige Bräuche handelt: Wer seine Schulden nicht bezahlen kann, verliert alle Bürgerrechte und wird eben auf dem Sklavenmarkt versteigert.

- Als Ihnen der Zynismus der Euphorier in seinem vollen Ausmaß klar wird, packen Sie Ihre Koffer. Mit solchen Leuten wollen Sie nichts zu tun haben.
- Andere Länder, andere Sitten: Sie sind ein höflicher Mensch und respektieren die althergebrachten Bräuche der Euphorier. Die Andersartigkeit des sozialen Miteinanders in Euphorien betrachten Sie als eine bereichernde Erfahrung.
- Sie gründen mit anderen Austauschstudenten und Austauschstudentinnen eine Aktionsgruppe und versuchen, Ihren Gastgebern die ethische Verwerflichkeit der Sklaverei nahezubringen.

Versuchen Sie in allen Fällen die argumentativen Grundmuster in Ihren Antworten zu erkennen. Was unterscheidet beispielsweise eine Überlegung, die sich auf die möglichen Folgen beruft, von einer, die besonderen Wert legt auf bestimmte Tugenden oder „Werte“ wie Freundschaft, Verantwortung, Anstand oder Hilfsbereitschaft? Wie wichtig ist die Wahrung der eigenen Integrität? Welcher Stellenwert kommt der Verallgemeinerbarkeit einer Handlungsabsicht, welcher der Vermeidung von Leid zu? Sind die vorgeschlagenen Antwortmöglichkeiten für Sie ausreichend oder finden Sie überzeugendere Lösungen?

8 Tabellen

8.1 Zeitübersicht: wichtige Werke und Autoren

um 370 v. Chr.	*Der Staat*	Platon (427–347 v.)
um 350 v. Chr.	*Nikomachische Ethik*	Aristoteles (384–332 v.)
1651	*Leviathan*	Thomas Hobbes (1588–1679)
1677	*Ethik nach geometrischer Methode*	Baruch de Spinoza (1632–1677)
1689/90	*Zwei Abhandlungen über die Regierung*	John Locke (1632–1704)
1699	*Eine Untersuchung der Tugend und des Verdienstes*	Lord Shaftesbury (1671–1713)
1725	*Eine Untersuchung des Ursprungs unserer Vorstellungen der Schönheit und Tugend*	Francis Hutcheson (1694–1746)
1751	*Eine Untersuchung der Grundlagen der Moral*	David Hume (1711–1776)
1759	*Theorie der moralischen Gefühle*	Adam Smith (1723–1790)
1762	*Der Gesellschaftsvertrag oder die Grundsätze des Staatsrechts*	Jean-Jacques Rousseau (1712–1778)
1785	*Grundlegung zur Metaphysik der Sitten*	Immanuel Kant (1724–1804)
1788	*Kritik der praktischen Vernunft*	
1789	*Principien der Gesetzgebung*	Jeremy Bentham (1748–1832)

1821	*Grundlinien der Philosophie des Rechts*	Georg Wilhelm Friedrich Hegel (1770–1831)
1863	*Utilitarismus*	John Stuart Mill (1806–1873)
1874	*Die Methode der Ethik*	Henry Sidgwick (1838–1900)
1886	*Jenseits von Gut und Böse: Vorspiel einer Philosophie der Zukunft*	Friedrich Nietzsche (1844–1900)
1903	*Principia Ethica*	George Edward Moore (1873–1958)
1913; 1916	*Der Formalismus in der Ethik und die materiale Wertethik*	Max Scheler (1874–1928)
1926	*Ethik*	Nicolai Hartmann (1882–1950)
1930	*Five Types of Ethical Theory*	Charlie Dunbar Broad (1887–1971)
1944	*Ethics and Language*	Charles Leslie Stevenson (1908–1979)
1947	*Dialektik der Aufklärung*	Theodor Wiesengrund Adorno (1903–1969) und Max Horkheimer (1895–1973)
1958	*Die Sprache der Moral*	Richard Mervyn Hare (1919–2002)
1970	*Die Möglichkeit des Altruismus*	Thomas Nagel (*1937)
1970	*Collective Choice and Social Welfare*	Armatya Sen (*1933)
1971	*Eine Theorie der Gerechtigkeit*	John Rawls (1921–2002)
1971	*Ethik ohne Metaphysik*	Günther Patzig (*1926)
1973	*Kritik des Utilitarismus*	Bernard Williams (1929–2003)
1974	*Anarchie, Staat, Utopia*	Robert Nozick (1938–2002)

1977	*Ethik. Auf der Suche nach dem Richtigen und Falschen.*	John Leslie Mackie (1917–1981)
1981	*Der Verlust der Tugend*	Alasdair MacIntyre (*1929)
1984	*Reasons and Persons*	Derek Parfit (*1942)

8.2 Rechtfertigungsmodelle

8.2.1 Übersicht 1: Ethiken aus der Bestimmung des Menschen

sozial	emotional	rational
↓ Tugendethik	↓ Emotivismus	↓ Egoismus
(Kommunitarismus)	„Moral-Sense"- und Sympathie-Modelle	Diskursethik
Vertragstheorien	Materiale Wertethik	Kant

8.2.1 Übersicht 2 a: „soziale" Begründungen

	Tugendethik	Vertragstheorien
Kernthese	**Die ethische Qualität einer Handlung ist auf eine Reihe von Verhaltensnormen zurückzuführen, deren Beachtung das Leben sowohl des Einzelnen als auch das der Gemeinschaft „gut" verlaufen lässt.**	**Die Regeln des Zusammenlebens sind durch Verhandlung freier und gleicher Individuen zustande gekommen; in einem (impliziten) Vertrag wird die Einsetzung einer Instanz vereinbart, die über die Einhaltung konkreter Kooperationszusagen wacht und deren Durchsetzung garantiert.**
Vorteile	► konkret, enger Bezug zur sozialen Praxis ► beantwortet die Motivationsfrage	► stellt ein vernünftiges Verfahren des Interessenausgleichs vor ► erklärt die Voraussetzungen menschlicher Zusammenarbeit in durchsichtiger Weise
Nachteile	► vorgefundene Normen werden verabsolutiert ► kein neutrales Korrektiv gegen eine faktisch gegebene Praxis möglich ► führt unter Umständen zu widersprüchlichen Handlungsempfehlungen ► Übertragung auf moderne Gesellschaften problematisch ► relativistisch	► ethische Grundsätze ergeben sich nur auf Umwegen ► Ethik hat keinen Eigenwert; es genügt bereits der Anschein „ethischen" Handelns, d. h.: Regelkonformität in den Situationen, in denen ein Verstoß von anderen wahrgenommen werden könnte

8.2.2 Übersicht 2 b: „emotionale" Begründungen

	Emotivismus	„Moral-Sense"-und Sympathie-Modelle	Materiale Wertethik
Kernthese	**Gefühle sind die Grundlage der Ethik und nicht etwa Vernunft und Argument.**	**Der Mensch besitzt ein eigenes Vermögen moralischer Gefühle, den „moralischen Sinn"„ (moral sense) oder die moralische Wahrnehmung (Sympathie).**	**Werte sind eine eigene Klasse von Gegenständen, jenseits des Materiellen; sie lassen sich unmittelbar emotional erfassen.**
Vorteile	► kann die Motivation unseres Handelns erklären ► trägt zum Verständnis ethischer Fragen und Probleme bei	► die Wahrnehmung der emotionalen Befindlichkeiten anderer Menschen ist eine wichtige Voraussetzung für den Erfolg ethischer Reflexion	► tritt einer Reduktion der Ontologie auf die Gegenstände der Naturwissenschaften entgegen
Nachteile	► deskriptiver Ansatz, der ethische Motivationen erklären, aber ethische Grundsätze nicht rechtfertigen kann ► die jeweiligen Erklärungen sind zudem subjektivistisch und relativistisch	► basiert auf subjektiven Eindrücken, keine Möglichkeit zur Objektivierung; und damit auch keine Möglichkeit der Einigung bei ethischem Dissens ► Weiterentwicklung von Gefühlen ist (abhängig von der Theorievariante) ausgeschlossen ► der postulierte „moralische Sinn" ist wenig durchsichtig	► das Postulat eines eigenen Reichs der Werte ist wenig plausibel ► geringe Erklärungs- und Rechtfertigungsleistung ► subjektivistisch und relativistisch

8.2.3 Übersicht 2c: „rationale" Begründungen

	Egoismus	Diskursethik	Kant
Kernthese	**Ethisch gut heißt hier: (für eine Person) auf lange Sicht instrumentell vernünftig.**	**Die Grundsätze der Ethik lassen sich durch einen vernünftigen Diskurs ermitteln und begründen.**	**Kriterium ethischen Handelns ist der Kategorische Imperativ (KI); er fordert dazu auf, die eigenen Handlungsabsichten auf ihre widerspruchsfreie Verallgemeinerbarkeit zu überprüfen.**
Vorteile	► Motivation und Begründung fallen weitgehend zusammen ► sparsame und intuitiv einleuchtende Voraussetzungen	► Überprüfung von Grundsätzen nur bei konkretem Anlass ► praxisnah und konkret	► belastbare Begründung aus der wechselseitigen Abhängigkeit von Freiheit, Handeln und Vernunft ► der KI stellt sowohl ein Kriterium als auch ein Verfahren bereit ► allgemeingültig
Nachteile	► ausnahmslos alle (vermeintlich) „selbstlosen" Handlungen müssen durch Eigeninteresse erklärt und gerechtfertigt werden ► stützt sich auf einen verkürzten Vernunftbegriff, ohne dessen Voraussetzungen explizit zu machen ► ethische Handlungen haben keinen Eigenwert	► Konsens kann keine Begründung ersetzen ► relativistisch, nicht allgemeingültig	► sehr komplexe Argumentation, die erst durch großen Interpretationsaufwand einsichtig und überzeugend wird ► stützt sich auf ein voraussetzungsreiches philosophisches „System" ► der KI ist ein negatives Kriterium; er führt nicht ohne weiteres zu Geboten

9 Literatur

9.1 Zitierte Werke

Adorno, Th. W./Horkheimer, M. (1947). *Dialektik der Aufklärung.* Frankfurt: 2004

Allison, H. (1990). *Kant's Theory of Freedom.* Cambridge

Apel, K.-O. (1973). *Das Apriori der Kommunikationsgemeinschaft. Zum Problem einer rationalen Begründung der Ethik im Zeitalter der Wissenschaft.* In: K.-O. Apel. Transformationen der Philosophie. Bd. 2. Frankfurt. 359–435

Apel, K.-O. (1992^2). *Diskurs und Verantwortung.* Frankfurt

Aristoteles. *Die Nikomachische Ethik.* Übers. O. Gigon. München: 1991

Axelrod, R. (1984). *Die Evolution der Kooperation.* München: 1988

Ayer, A. J. (1936). *Sprache, Wahrheit und Logik.* Stuttgart: 1970

Baruch de Spinoza. (1677). *Ethica ordine geometrico demonstrata* (Ethik nach geometrischer Methode). In: Opera 2. Hrsg. C. Gebhardt. Heidelberg: 1925

Bayertz, K. (1988). *Evolutionäre Ethik. Biologische Grundlagen von Moral und Recht?* In: Philosophische Rundschau 35. 277 -296

Beck, L. W. (1960). *Kritik der praktischen Vernunft* (A Commentary on Kant's Critique of Practical Reason) München: 1995

Bentham, J. (1781). *The Principles of Morals and Legislation.* New York: 1988

Bittner, R. (1974). *Maximen.* In: Akten des 4. Internationalen Kant-Kongresses 2.2. Berlin. 485–498

Blackburn, S. (1998). *Ruling Passions. A Theory of Practical Reasoning.* Oxford

Blanshard, B. (1961). *Reason and Goodness.* London

Brandt, R. B. (1963). *Toward a Credible Form of Utilitarianism.* In: Morality and the Language of Conduct. Hrsg. H.-N. Castañeda/G. Nakhnikian. Detroit

Brandt, R. B. (1979). *A Theory of the Good and the Right.* Oxford

Brandt, R. B. (1992). *Morality, Utilitarianism, and Rights.* Cambridge

Broad, C. D. (1930). *Five Types of Ethical Theory.* London

Carson, Th./Moser, P. K. (Hrsg.). (1997). *Morality and the Good Life.* Oxford

Cramer, K. (1991). *Metaphysik und Erfahrung in Kants Grundlegung der Ethik.* In: Neue Hefte für Philosophie 30/1. 15–68

Crisp, R./Slote, M. (Hrsg.). (1997). *Virtue Ethics.* Oxford

Darwall, S. (1995). *The British Moralists and the Internal „Ought": 1640–1740.* Cambridge

Dawkins, R. (1976) *The Selfish Gene.* Oxford

Ebert, Th. (1976). *Kants Kategorischer Imperativ und die Kriterien gebotener, verbotener und freigestellter Handlungen.* In: Kantstudien 67. 570–583

Edwards, P. (1955). *The Logic of Moral Discourse.* Glencoe (Ill.)

Foot, P. (1978). *Virtues and Vices and Other Essays in Moral Philosophy.* Berkeley

Frankena, W. K. (1963). *Analytische Ethik. Eine Einführung.* Übers. N. Hoerster. München: 1972

French, P./Uehling, Th./Wettstein, H. (Hrsg.). (1988). *Ethical Theory: Character and Virtue.* Notre Dame

Frey, R. G. (Hrsg.). (1985). *Utility and Rights.* Oxford

Gähde, Ulrich. (Hrsg.). (1992). *Der klassische Utilitarismus: Einflüsse, Entwicklungen, Folgen.* Berlin

Gauthier, D. (Hrsg.). (1970). *Morality and Rational Self-Interest.* Princeton

Geach, P. (1977). *The Virtues.* Cambridge

Habermas, J. (1991). *Erläuterungen zur Diskursethik.* Frankfurt

Hare, R. M. (1958). *The Language of Morals.* Oxford

Hartmann, N. (1926). *Ethik.* Berlin: 1949

Hegel, G. W. F. (1807). *Phänomenologie des Geistes.* Frankfurt: 1993

Hegel, G. W. F. (1821). *Grundlinien der Philosophie des Rechts oder Naturrecht und Staatswissenschaft im Grundrisse.* Frankfurt: 1970

Henrich, D. (1960). *Der Begriff der sittlichen Einsicht und Kants Lehre vom Faktum der Vernunft.* In: Die Gegenwart der Griechen im neueren Denken. Tübingen. 77–115

Hepfer, K. (1997). *Motivation und Bewertung. Eine Studie zur praktischen Philosophie Humes und Kants.* Göttingen

Hepfer, K. (2001). *„... der Stein der Weisen": Motivation und Maximen.* In: Kant und die Berliner Aufklärung, Akten des 9. Internationalen Kant-Kongresses 3. Berlin. 220–229

Hobbes, Th. (1651). *Leviathan or the Matter, Forme, and Power of a Commonwealth, Ecclasiasticall and Civil.* Cambridge: 1996

Höffe, O. (1992). *Schwierigkeiten des Utilitarismus mit der Gerechtigkeit. Zum 5. Kapitel von Mills „Utilitarismus".* In: Gähde (1992). 292–317

Honneth, A./Joas, H. (Hrsg.). (1991). *Communicative Action.* Cambridge

Hope, V. M. (1989). *Virtue by Consensus.* Oxford

Horkheimer, M. (1937). *Traditionelle und kritische Theorie.* In: Traditionelle und kritische Theorie. Frankfurt: 2005. 205–259

Horkheimer, M./Adorno, Th. W. (1947). *Dialektik der Aufklärung.* Frankfurt: 2004

Hume, D. (1739/40). *Ein Traktat über die menschliche Natur.* Übers. Th. Lipps. Hamburg: 1973

Hume, D. (1741). *Politische und ökonomische Essays.* (z. T. aus *Essays Moral and Political*, 1741/2; *Political Discourses*, 1752). Übers. S. Fischer. Hamburg: 1988

Hume, D. (1751). *Eine Untersuchung der Grundlagen der Moral.* Übers. und hrsg. K. Hepfer. Göttingen: 2002
Hursthouse, R. (1999). *On Virtue Ethics.* Oxford
Hutcheson, F. (1725). *An Enquiry into the Original of Our Ideas of Beauty and Virtue.* In: Works. Hildesheim: 1971
Huxley, T. H. (1894). *Evolution and Ethics.* Princeton: 1989
Kant, I. (1781). *Kritik der reinen Vernunft.* Hrsg. J. Timmermann. Hamburg: 1998
Kant, I. (1785). *Grundlegung zur Metaphysik der Sitten.* Hrsg. J. Timmermann. Göttingen: 2004
Kant, I. (1788). *Kritik der praktischen Vernunft.* In: Kant (1902) 5
Kant, I. (1793). *Die Religion innerhalb der Grenzen der bloßen Vernunft.* In: Kant (1902) 4. 1–202
Kant, I. (1797a). *Metaphysik der Sitten.* In: Kant (1902) 4. 203–494
Kant, I. (1797b). *Über ein vermeintes Recht aus Menschenliebe zu lügen.* In: Kant (1902) 8. 425–30
Kant, I. (1902) *Kants Werke.* Hrsg. Preußische Akademie der Wissenschaften. Berlin
Kersting, W. (1994). *Die politische Philosophie des Gesellschaftsvertrages.* Darmstadt
Kruschwitz, R./Roberts, R. (1987). *The Virtues: Contemporary Essays on Moral Character.* Belmont
Locke, J. (1689/90). *Zwei Abhandlungen über die Regierung.* Übers. H. J. Hoffmann. Frankfurt: 1995
MacIntyre, A. (1981). *After Virtue.* Notre Dame
Mackie, J. L. (1977). *Ethik: auf der Suche nach dem Richtigen und Falschen.* Übers. R. Ginters. Stuttgart: 1983
McNaughton, D. (1988) *Moral Vision.* Oxford
Mill, J. S. (1863). *Utilitarianism.* Oxford: 1998
Moore, G. E. (1903). *Principia Ethica.* Übers. B. Wisser. Stuttgart: 1996
Nagel, T. (1979). *Mortal Questions.* Cambridge
Nagel, T. (1970). *Die Möglichkeit des Altruismus.* Übers. und hrsg. M. Gebauer und H.-P. Schütt. Berlin: 2005
Nietzsche, F. (1889). *Götzen-Dämmerung* In: Werke 6.3. Berlin: 1996
Nowell-Smith, P. H. (1954) *Ethics.* London
O'Neill, O. (1989). *Constructions of Reason. Explorations of Kant's Practical Philosophy.* Cambridge
Paley, W. (1785). *The Principles of Moral and Political Philosophy.* London: 1799
Parfit, D. (1984). *Reasons and Persons.* Oxford
Paton, H. J. (1947). *The Categorical Imperative.* Philadelphia: 1971
Patzig, G. (1983^2). *Ethik ohne Metaphysik.* Göttingen
Platon (2001). *Werke in acht Bänden.* Gr./dt. Hrsg. G. Eigler. Darmstadt
Platon. (Staat). *Der Staat.* In: Platon (2001) 4
Platon. (Theaetet). *Theätet.* In: Platon (2001) 6
Quante, M. (2003). *Einführung in die allgemeine Ethik.* Darmstadt

Quine, W. O. (1948). *On what there is.* In: From a Logical Point of View. Cambridge: 1980. 1–19

Rawls, J. (1971). *A Theory of Justice.* Cambridge (Mass.)

Rorty, R. (1988). *Der Vorrang der Demokratie vor der Philosophie.* In: Solidarität oder Objektivität? Drei Philosophische Essays. Stuttgart: 1988. 82–125

Rousseau, J.-J. (1762). *Der Gesellschaftsvertrag oder die Grundsätze des Staatsrechts.* Übers. H. Denhardt. Frankfurt: 2005

Scanlon, T. M. (1988). *What We Owe to Each Other.* Cambridge/Mass.

Scheler, M. (1913). *Der Formalismus in der Ethik und die materiale Wertethik. Neuer Versuch der Grundlegung eines ethische Personalismus.* In: Werke 2. Bern: 1954

Scheler, M. (1923). *Wesen und Formen der Sympathie.* In Werke 7. Bern: 1973

Schopenhauer, A. (1841). *Preisschrift über die Grundlage der Moral.* In: Werke 3. Stuttgart: 1962

Seel, M. (1995). *Versuch über die Form des Glücks.* Frankfurt

Sen, A. (1970). *Collective Choice and Social Welfare.* San Francisco

Shaftesbury, A. A. C. (1699). *An Inquiry Concerning Virtue and Merit.* In: Characteristics of Men, Manners, Opinions, and Times. Hrsg. D. Walford. Manchester: 1977

Shaw, W. H. (1999). *Contemporary Ethics. Taking Account of Utilitarianism.* Oxford

Sidgwick, H. (1874). *The Methods of Ethics.* New York: 1966

Singer, M. (1963). *Generalizations in Ethics.* London

Singer, P. (1979). *Practical Ethics.* (Praktische Ethik). Cambridge: 1993

Slote, M. (1985). *Common-Sense Morality and Consequentialism.* London

Slote, M. (1995). *From Morality to Virtue.* Oxford

Smart J. J. C./Williams, B. (1973). *Utilitarianism: For and Against.* Cambridge

Smith, A. (1759). *The Theory of Moral Sentiments.* Oxford: 1976

Smith, A. (1776). *An Inquiry into the Nature and Causes of the Wealth of Nations.* Oxford: 1976

Sober, E. (1994). *Prospects of Evolutionary Ethics.* In: From a Biological Point of View. Cambridge

Spencer, H. (1879). *Principles of Ethics.* London

Stevenson, C. L. (1944). *Ethics and Language.* New Haven

Stevenson, C. L. (1963). *Facts and Values: Studies in Ethical Analysis.* New Haven

Tönnies, F. (1935). *Gemeinschaft und Gesellschaft. Grundbegriffe der reinen Soziologie.* Darmstadt: 1991

von Kutschera, F. (1999^2). *Grundlagen der Ethik.* Berlin

Weber, M. (1922). *Wirtschaft und Gesellschaft. Grundriss der verstehenden Soziologie.* Tübingen: 1956

9.2 Empfohlene Literatur

9.2.1 Klassische Texte

Adorno, Th. W./Horkheimer, M. *Dialektik der Aufklärung.* Frankfurt: 2004

Aristoteles. *Die Nikomachische Ethik.* Übers. O. Gigon. München: 1991

Baruch de Spinoza. *Ethik nach geometrischer Methode.* In: Opera 2. Hrsg. C. Gebhardt. Heidelberg: 1925

Bentham, J. *Principien der Gesetzgebung.* Frankfurt: 1966

Hartmann, N. *Ethik.* Berlin: 1949

Hobbes, Th. *Leviathan oder Stoff, Form und Gewalt eines kirchlichen und bürgerlichen Staates.* Frankfurt: 2004

Hume, D. *Eine Untersuchung der Grundlagen der Moral.* Übers. und hrsg. K. Hepfer. Göttingen: 2002

Hutcheson, F. *Eine Untersuchung über den Ursprung unserer Ideen von Schönheit und Tugend.* Übers. und hrsg. W. Leidhold. Hamburg: 1986

Kant, I. *Grundlegung zur Metaphysik der Sitten.* Hrsg. J. Timmermann. Göttingen: 2004

Mill, J. S. *Der Utilitarismus.* (Engl./dt.). Übers. und hrsg. D. Birnbacher. Stuttgart: 2006

Moore, G. E. *Principia Ethica.* Übers. B. Wisser. Stuttgart: 1996

Platon. *Der Staat.* In: Werke in acht Bänden 4. Gr./dt. Hrsg. G. Eigler. Darmstadt: 2001

Scheler, M. *Wesen und Formen der Sympathie.* In Werke 7. Bern: 1973

Schopenhauer, A. *Preisschrift über die Grundlage der Moral.* In: Werke 3. Stuttgart: 1962

Sidgwick, H. *Die Methode der Ethik.* Leipzig: 1909

Smith, A. *Theorie der ethischen Gefühle.* Übers. und hrsg. W. Eckstein. Hamburg: 2004

9.2.2 Moderne Darstellungen zur Einführung

Kersting, W. *Die politische Philosophie des Gesellschaftsvertrages.* Darmstadt: 1994

MacIntyre, A. *Der Verlust der Tugend.* Frankfurt: 2006

Mackie, J. L. *Ethik. Auf der Suche nach dem Richtigen und Falschen.* Übers. R. Ginters. Stuttgart: 1983

Nagel, T. *Die Möglichkeit des Altruismus.* Übers. und hrsg. M. Gebauer und H.-P. Schütt. Berlin: 2005

Nozick, R. *Anarchie, Staat, Utopia.* Übers. H. Vetter. München: 2006

Patzig, G. *Ethik ohne Metaphysik.* Göttingen: 1983[2]

Rawls, J. *Eine Theorie der Gerechtigkeit.* Übers. H. Vetter. Frankfurt: 1979

Williams, B. *Kritik des Utilitarismus.* Übers. und hrsg. W. R. Köhler. Frankfurt: 1979

9.3 Weitere Einführungen und Überblickswerke

Anzenbacher, A. *Einführung in die Ethik.* Düsseldorf: 2003[3]

Apel, K.-O. *Funkkolleg praktische Philosophie, Ethik.* Frankfurt: 1980 ff.

Birnbacher, D. *Analytische Einführung in die Ethik.* Berlin: 2003

Blackburn, S. *Gut sein: eine kurze Einführung in die Ethik.* Übers. A. Hetzel. Darmstadt: 2004

Einführung in die utilitaristische Ethik. Hrsg. O. Höffe. München: 1975

Fischer, P. *Einführung in die Ethik.* München: 2003

Foot, P. *Die Wirklichkeit des Guten: moralphilosophische Aufsätze.* Übers. A. Leist, hrsg. U. Wolf. Frankfurt. 1997

Frankena, W. F. *Analytische Ethik.* München: 1972

Pieper, A. *Einführung in die Ethik.* Tübingen: 2003[5]

Quante, M. *Einführung in die allgemeine Ethik.* Darmstadt: 2003

Ricken, F. *Allgemeine Ethik.* Stuttgart: 2003[4]

Schweppenhäuser, G. *Grundbegriffe der Ethik zur Einführung.* Hamburg: 2006[2]

Singer, P. *Praktische Ethik.* Stuttgart: 1984

Steinvorth, U. *Klassische und moderne Ethik. Grundlinien einer materialen Moraltheorie.* Reinbek: 1990

von Kutschera, F. *Grundlagen der Ethik.* Berlin: 1999[2]

Wolf, U. *Die Philosophie und die Frage nach dem guten Leben.* Reinbek: 1999

10 Glossar

Argument	in der Philosophie: nach logischen Regeln aufeinander bezogenes Gefüge von Sätzen
Akrasia	von griech. *akrasịa*: Unmäßigkeit; das Akrasia-Problem besteht in der Frage, ob oder wie wir gegen das handeln können, was wir als gut oder vernünftig erkannt haben
Altruismus	von lat. *alter*: der andere; Handlungs- und Denkweise, die sich durch Rücksicht auf andere auszeichnet; Adj. altruistisch
deduktiv	eine Argumentation, in der die Schlussfolgerung mit Notwendigkeit aus den Prämissen folgt; Gegenbegriff: → induktiv
deontologisch	von griech. *to dẹon*: das Nötige; Theorie, die behauptet, dass wir etwas tun müssen, weil es in sich gut ist
deskriptiv	von lat. *de-scribere*: beschreiben: beschreibend; Gegenbegriff: → präskriptiv
Determinismus	Hypothese, die behauptet, die Welt – und mit ihr der Mensch – sei durch die (Kausal-) Gesetze der Natur vollständig bestimmt, Adjektiv: deterministisch; Gegenbegriff: → Indeterminismus
dianoetisch	von griech. *dịanoia*: Denkvermögen, Verstand; dianoetische oder Verstan-

destugenden sind beispielweise Weisheit, Auffassungsgabe und Klugheit

Dilemma
Zwangslage, die eine Wahl zwischen zwei Möglichkeiten verlangt

Diskursethik
Theorie, die vorschlägt, ethische Konflikte durch einen allgemeinen Diskurs zu lösen, der bestimmten Anforderungen genügt

Disposition
von lat. *dispositio*: Anordnung; hier: die Anlage oder der Hang zu bestimmten Verhaltensweisen

Emotivismus
Sammelbezeichnung für Theorien, die Ethik auf Gefühle gründen

empirisch
Adjektiv zu griech. *empeiria*: Erfahrung

epistemisch
Adjektiv zu griech. *epistēmē*: Wissen → Erkenntnistheorie

Erkenntnistheorie
philosophische Disziplin, die sich mit der Begründung von Wissensansprüchen beschäftigt und den Fragen, was und wieviel der Mensch überhaupt wissen kann; auch: „theoretische Philosophie“

Ethik
von griech. *ēthos, ĕthos*: Sitte; philosophische Disziplin, die sich systematisch und methodisch mit den Grundsätzen unseres (moralischen) Handelns auseinandersetzt; → praktische Philosophie

Eudaimonismus
von griech. *eudaimonịa*: Glück, Glückseligkeit, glückliche Lage; Theorie, die behauptet: „Gut ist all das, was zu einem glücklichen oder gelungenen Leben beiträgt.“

Externalismus
Hypothese zur Handlungsmotivation, die behauptet, das Wissen um die ethi-

sche Güte einer Handlung stelle noch keine hinreichende Motivation für deren Ausführung dar; Gegenbegriff: → Internalismus

Gefangenendilemma ein Modell der → Spieltheorie, das die Schwierigkeiten der Kooperation veranschaulicht

Hedonismus von griech. *hedonḗ*: Lust, Genuss, Begierde, Vergnügen; Theorie, die behauptet: „gut ist das (und nur das), was Vergnügen beziehungsweise Lust bereitet"

Heuristik von griech. *heurískein*: finden, entdecken; Verfahren zur oder Lehre von der Entdeckung neuer Erkenntnisse

Humes Gesetz Behauptung über das Verhältnis von → deskriptiven zu → präskriptiven Behauptungen, nämlich: Aus Beschreibungen können keine Vorschriften abgeleitet werden.

Indeterminismus Hypothese, die behauptet, die Welt (und mit ihr der Mensch) sei durch die (Kausal-) Gesetze der Natur nicht vollständig bestimmt, Adjektiv: indeterministisch; Gegenbegriff: → Determinismus

induktiv Argumentation, die von einer Menge von Einzelfällen ausgeht und in der die Schlussfolgerung nur mit Wahrscheinlichkeit aus den Prämissen folgt; Gegenbegriff: → deduktiv

instrumentell rational → zweckrational

Internalismus Hypothese zur Handlungsmotivation, die behauptet, das Wissen um die ethische Güte einer Handlung stelle (im Extremfall) bereits eine hinreichende

	Motivation für deren Ausführung dar; Gegenbegriff: → Externalismus
Kasuistik	von lat. *casus*: Fall; eine Argumentation, die jeden einzelnen Fall gesondert betrachtet und sich nicht auf Regeln oder Grundsätze bezieht
Kategorischer Imperativ	oberstes Prinzip menschlichen Handelns in Kants Ethik, eine Vorschrift, die ohne Einschränkungen und Bedingungen gilt
kausal	von lat. *causa*: Grund, Ursache; nach dem Grundsatz von Ursache und Wirkung
Kognitivismus	von lat. *cognitio*: Erkenntnis; Sammelbezeichnung für Theorien, die behaupten, ethische Aussagen seien begründungs- oder wahrheitsfähig; Gegenbegriff: → Nonkognitivismus
Kommunitarismus	von lat. *communitas*: Gemeinschaft, Gemeinsinn; moderne Version der → Tugendethik, die die Gemeinschaft ins Zentrum ethischer Überlegungen und der Begründung eines Wertesystems stellt
Konklusion	Schlusssatz in einem → Argument
Kontraktualismus	→ Vertragstheorie
Metaethik	*im engen Sinn*: Disziplin, die sich mit der Bedeutung moralischer Ausdrücke beschäftigt *im weiten Sinn*: Disziplin, die sich mit Begründungsverfahren und Argumentationsformen der Ethik auseinandersetzt
Moral	von lat. *mōs*: Sitte; der Bereich unseres Handelns, in dem es um konkrete Entscheidungen und Handlungszusam-

	menhänge geht und nicht um eine prinzipielle Begründung
moralischer Realismus	die Auffassung, dass moralische Eigenschaften „real" (und nicht nur Phantasieprodukte) sind; was „real" in diesem Zusammenhang genauer bedeuten soll, ist umstritten
Naturalismus	die Hypothese, dass ethische Begriffe, Aussagen und Phänomene sich auf nicht-ethische (naturwissenschaftliche) Begriffe, Aussagen und Phänomene reduzieren lassen. Der Naturalismus bestreitet der Ethik einen eigenständigen Gegenstandsbereich
naturalistischer Fehlschluss	die Behauptung, dass der nicht-natürliche Gegenstand „gut" sich nicht auf Gegenstände reduzieren lässt, wie sie in der Natur vorkommen; bei seinem „Erfinder" G. E. Moore ursprünglich in einen voraussetzungsreichen → moralischen Realismus eingebettet
Nonkognitivismus	Sammelbezeichnung für Theorien, die bestreiten, dass ethische Aussagen begründungs- oder wahrheitsfähig sind, häufig mit der Behauptung verbunden, ethische Aussagen seien vor allem ein Ausdruck von Gefühlen; Gegenbegriff: → Kognitivismus
normativ	von lat. *norma*: Maßstab, Richtschnur, Regel; „normativ" ist der weitere, → „präskriptiv" der engere Begriff
Ontologie	von griech. *on*: seiend, und *lọgos*: Wort, Lehre; philosophische Disziplin, die sich mit dem „Sein" von Gegenständen beschäftigt, Adjektiv: ontologisch

Paradigma
von griech. *parạdeigma*: Modell, Beispiel; seit der Wissenschaftstheoretiker Thomas S. Kuhn (1922–1996) den Begriff für seine Erklärung von Veränderungen in den Wissenschaften verwendete (*The Structure of Scientific Revolutions*; 1962), ein Standardbegriff zur Bezeichnung von Theoriegebilden, die bestimmte Merkmale aufweisen

Paradoxie
von griech. *parạdoxon*: Seltenheit, Ausnahme; widersprüchliche Aussage oder Überlegung. Eine der bekannten philosophischen Paradoxien handelt von dem Barbier, der ausschließlich denen in seinem Dorf den Bart abnimmt, die sich nicht selbst rasieren; dies bringt ihn offensichtlich in eine ungute Lage, sofern er nicht ständig einen Vollbart tragen möchte

Pareto-Effizienz
nach dem italienischen Wirtschaftswissenschaftler Vilfredo Pareto eine Bedingung, die fordert, Entscheidungen so zu organisieren, dass keiner der Beteiligten mehr besser gestellt werden kann, ohne dass dies zu Lasten anderer ginge

Positivismus
Theorie, für die nur das tatsächlich Vorhandene, das „Positive", eine Bedeutung hat. In den zwanziger und dreißiger Jahren des 20. Jahrhunderts als „Logischer Positivismus" eine wissenschaftstheoretische Bewegung, die versuchte, alle philosophischen Fragen auf ihren empirischen Gehalt (oder auf rein begriffliche Zusammenhänge) zurückzuführen

praktisch
von griech. *prạ̄gma, prạ̄xis*: Handlung; in der Philosophie: auf unsere Hand-

lungen bezogen; Gegenbegriff: → theoretisch

praktische Philosophie — *im weiten Sinn*: alle philosophischen Disziplinen, die sich mit den Grundlagen unseres Handelns beschäftigen (Ästhetik, politische Philosophie, Handlungstheorie, Ethik)
im engen Sinn: Ethik (und Handlungstheorie)

Prämisse — Voraussetzung in einem philosophischen → Argument

präskriptiv — von lat. *prae-scribere*: vorschreiben, befehlen; vorschreibend; Gegenbegriff: → deskriptiv

rational — von lat. *ratio*: Vernunft; vernünftig, oft als Gegenbegriff zu emotional oder → empirisch

Relativismus — Theorie, die behauptet, (ethische) Grundsätze gälten immer nur relativ zu bestimmten Umständen; verschiedene Theorien (über denselben Gegenstandsbereich) können deshalb gleichberechtigt nebeneinander stehen, ohne dass eine der anderen vorzuziehen wäre; Gegenbegriff: → Universalismus

sapere aude — angesichts des Versuchs, geisteswissenschaftliche Studiengänge durch internationale Standardisierung abschussfähig zu machen, die wieder einmal hochaktuelle Maxime der Aufklärung

semantisch — von griech. *sēma*: Zeichen; Adjektiv zu Semantik: Wissenschaft, die sich mit der Bedeutung sprachlicher Ausdrücke beschäftigt

Skeptizismus — von griech. *skępsis*: Betrachtung, Untersuchung; in der Philosophie: Sammelbegriff für Positionen, die darauf

	zielen, durch stichhaltige Gründe Zweifel an einer Theorie oder einer ihrer zentralen Behauptungen zu wecken
Spieltheorie	Disziplin, die → rationale Entscheidungsprozesse erforscht
tautologisch	von griech. *ta auta* und *logos*: auf dieselbe Weise und Aussage, Wort; Bezeichnung derselben Sache durch mehrere Ausdrücke mit gleicher Bedeutung. Tautologische Aussagen sind immer wahr; z.B. „eine Rose ist eine Rose ist eine Rose", „2+2 = 1+3"; Substantiv: Tautologie
teleologisch	von griech. *telos*: Ziel, Zweck; eine teleologische Ethik betrachtet Handlungen als Mittel zu einem Zweck; wir sollen so und nicht anders handeln, weil dadurch ein „guter" Zweck erreicht wird
theoretisch	in der Philosophie: auf unser Wissen bezogen; Gegenbegriff: → praktisch
transzendental	von lat. *transcendere*: übersteigen; kennzeichnet in der Diskussion darum, ob der Mensch frei ist, einen Freiheitsbegriff, der sich einer fiktiven Sicht „von außen" bedient; → Determinismus, → Inderterminismus
Tugend	positive Eigenschaft oder vorbildlicher Charakterzug; oft unterscheidet man individuelle Tugenden, die in erster Linie ihrem Träger oder ihrer Trägerin nützen, von sozialen Tugenden, die eine positive Wirkung für die Gemeinschaft entfalten
Tugendethik	Theorie, die behauptet, die ethische Qualität einer Handlung sei auf eine Reihe von Verhaltensnormen zurück-

	zuführen, deren Beachtung das Leben sowohl des Einzelnen als auch das der Gemeinschaft „gut“ verlaufen lässt
Universalismus	Theorie, die behauptet, (ethische) Grundsätze seien universell gültig, unabhängig von Zeit, Ort oder anderen Umständen; Gegenbegriff: → Relativismus
Utilitarismus	Theorie → instrumenteller Rationalität, die „Glück“ als das oberste Motivations- und Beurteilungskriterium des Menschen betrachtet
Vertragstheorie	Modell, das die Regeln des Zusammenlebens so betrachtet, als seien sie durch eine Vertrags-Verhandlung freier und gleicher Individuen zustande gekommen; auch: „Kontraktualismus“
zweckrational	Vernunft, sofern sie sich darauf beschränkt, durch Überlegung die geeigneten Mittel zu vorgegebenen Zwecken zu finden; auch: „instrumentelle Rationalität“